本书获广东省“211工程”三期重点学科建设项目“应急管理理论与实务”基金资助

应急管理理论与实务丛书

非常规突发事件
应急响应管理方法与技术

唐攀　著

暨南大學出版社
JINAN UNIVERSITY PRESS

中国·广州

图书在版编目（CIP）数据

非常规突发事件应急响应管理方法与技术／唐攀著．—广州：暨南大学出版社，2012.12
（应急管理理论与实务丛书）
ISBN 978－7－5668－0081－7

Ⅰ.①非…　Ⅱ.①唐…　Ⅲ.①突发事件—公共管理—研究　Ⅳ.①D035

中国版本图书馆CIP数据核字（2011）第268277号

出版发行：暨南大学出版社

地　址：中国广州暨南大学
电　话：总编室（8620）85221601
营销部（8620）85225284　85228291　85228292（邮购）
传　真：（8620）85221583（办公室）　85223774（营销部）
邮　编：510630
网　址：http：//www.jnupress.com　http：//press.jnu.edu.cn

排　版：广州市天河星辰文化发展部照排中心
印　刷：佛山市浩文彩色印刷有限公司

开　本：787mm×960mm　1/16
印　张：13
字　数：255千
版　次：2012年12月第1版
印　次：2012年12月第1次

定　价：29.00元

总　序

我国正处在社会转型与体制转轨、机遇与风险并存的社会高风险期，加上各种自然灾害与人为事故纠结在一起，在社会急速变化的过程中，各类公共危机问题被迅速地集中和放大，蕴涵着不可忽视的各类风险。金融、环境、信息、流行疾病、民族分裂主义、自然灾害等非传统安全因素已成为威胁国家安全的组成部分，这些非传统安全危机深刻地考验着中国政府的执政能力。面对非传统安全危机，加强执政能力建设，趋利避害，化解风险，已成为中国政府长期面临的重要课题。从2006年1月国务院颁布《国家突发公共事件总体应急预案》起，就意味着战略性地应对公共危机已被擢升至国家高度。

“突发公共事件”是指突然发生，造成或者可能造成重大人员伤亡、财产损失、生态环境破坏和严重社会危害，危及公共安全的紧急事件。随着各国社会经济的快速发展，各类突发公共事件的危害日益突显。突发公共事件主要分为自然灾害、事故灾难、公共卫生事件、社会安全事件四类；按照其性质、严重程度、可控性和影响范围等因素分成四级，特别重大的是Ⅰ级，重大的是Ⅱ级，较大的是Ⅲ级，一般的是Ⅳ级。一国政府应对突发公共事件的能力已经成为评价其执政、施政能力的重要绩效标准。

北京大学丁元竹教授曾把中国社会的风险归结为十个方面：就业、“三农”、金融、贫富差距、生态与资源、台湾、全球化、国内治理危机、信心和诚信、艾滋病和公共卫生。

这是当代后发展国家现代化、城市化荆棘之路的共性，也是正在进行追赶型、跨越式发展的中国社会不得不面对与思考的问题。能源安全、环境安全、生态安全、金融安全、网络安全、信息安全、卫生安全、文化安全等涉及社会生活的多个领域，具有隐蔽性、危险性、突发性和非确定性的特点。进入21世纪以来，各种自然灾害、事故灾难、公共卫生事件、社会安全事件等频频发生，往往使国家遭受严重损失。研究社会转型期各类重大的突发公共事件和社会经济风险与自然条件状态下的各种自然灾害及次生灾害所带来的应急管理问题，提高突发公共事件应急管理能力成为政府不可回避且具有刻不容缓意义的现实课题。

中央综治办主任陈冀平曾指出，从目前的社会形势看，新的社会矛盾将不断产生，原有的一些社会矛盾可能随之凸显，并呈现出经济领域的新矛盾与其他领域的矛盾相互影响、相互作用的局面，主要表现为涉及农村土地征用、城镇房屋拆迁、国有企业改革、部分军队退役人员等方面的信访问题仍然十分突出，非法集资、股市房市受损、高校毕业生就业、医疗、养老、环境污染、城市公共服务与管理等诱发群体性事件的因素也正在增多。由经济纠纷引发的暴力讨债、绑架、哄抢等“民转刑”案件可能更加突出，流动人口犯罪、多发性侵权犯罪和非法集资等涉众型经济犯罪可能更加突出，城市社会治安问题向农村蔓延扩散的趋势可能更加突出，尤其是个人极端事件有可能进一步增多，治安问题的敏感性将会进一步增强，一起普通的刑事案件或治安案件有可能转变为社会热点问题，甚至诱发其他矛盾和问题。

近50年来，世界经济发展步伐加快，在石化能源体系支撑下的高碳工业，形成了火电、石化、钢铁、建材、有色金属等工业，并由此衍生出汽车、船舶、航空、机械、电子、化工、建筑等行业。气候变化主要是由人为活动排放的二氧化碳、甲烷、氧化亚氮等温室气体造成的。全球变暖的后果是冰川融化、海平面上升、生态系统退化和自然灾害频发。从企业应急管理和长远视角来看，企业外部市场变幻莫测，内部管理与控制日趋复杂。外部风险包括市场风险、竞争风险；内部风险则包括品牌风险、战略风险、文化风险、团队风险、领导人风险、财税风险、舆论风险、法律风险和技术风险等。

马凯在《求是》杂志中撰文指出：我国正处于工业化、城镇化快速发展时期，各种传统的和非传统的、自然的和社会的风险、矛盾交织并存，公共安全和应急管理工作面临的形势更加严峻。归纳起来，应急管理面临的态势包括四个方面：一是自然灾害处于频发期。我国是世界上自然灾害最为严重的国家之一，灾害往往具有种类多、分布地域广、发生频率高、造成损失重等特点。特别是近年来，极端气候事件频发，中、强地震呈活跃态势，自然灾害及其衍生、次生灾害的突发性和危害性进一步加重、加大。二是安全生产形势严峻。我国经济发展较快，能源、资源、运输供给长期偏紧，再加上安全生产基础薄弱，一些地方和企业责任不落实、监管不到位，生产安全事故发生率居高不下，重、特大事故时有发生。三是公共卫生事件防控难度增大。公共卫生事件的诱因和影响都呈较强的国际性特点，全球新发的三十多种传染病已有半数在我国出现，重、特大疫情和群体性不明原因疾病时有发生。随着人口流动量的加大和流动速度的加快，疾病的防控难度加大，造成的损失更加严重。而在食品、药品生产经营中市场秩序混乱、源头污染严重、监管力量薄弱等问题尚未得到根本解决。四是社会安全面临新的挑战。

我国改革发展进入关键阶段，各种利益关系错综复杂，国家安全面临的形势更加复杂严峻，维护社会稳定的任务更加艰巨。对当前国际金融危机造成的重大影响和可能引发的各类突发公共事件，我们要有充分的准备。2008 年 3 月 14 日，少数不法分子在西藏拉萨制造了打砸抢烧暴力事件，烧死或杀死藏汉群众 18 人，给当地人民群众生命和财产安全造成重大损失。之后，2009 年乌鲁木齐“7·5”打砸抢烧严重暴力犯罪事件又造成 197 人死亡，其中绝大多数是无辜群众。这起打砸抢烧暴力事件的发生，是由以热比娅为首的境外敌对势力和境内极少数人极力炒作广东韶关旭日玩具厂群殴事件，把一个一般的治安案件说成民族事件，从而极力煽动民族仇恨所致的。虎年春节期间，山西省的晋中、太原、吕梁、长治、晋城、阳泉等地区，到处都是地震将发的议论，一场大规模的群众恐慌在山西蔓延。2010 年 2 月 20 日晚至 21 日凌晨，许多山西人离家，躲避在广场、公园等地，夜不归宿，甚至开车逃往外乡。造谣人利用网络传播大地震谣言，而政府机构最初也处于一片迷乱中，直到 21 日早晨，山西省政府及各地区地震部门通过媒体及移动通信转达了政府公告，称群众这次避震行动是为谣言所惑，要广大群众安心。诸如此类的民生事件，实则是 2007 年哈尔滨水污染事件中短信传播哈尔滨要大地震的翻版，对于非常事件与突发事件，应该由民调机构和覆盖面广的大众媒体联合发布官方信息，以正视听。

应急管理是指政府及其他公共机构在突发公共事件的事前预防、事发应对、事中处置和善后管理过程中，通过建立必要的应急机制，采取一系列必要措施，以保障公众生命和财产安全，促进社会和谐、健康发展的有关活动。佐治亚州州立大学著名应急管理学家威廉·L. 沃认为：“应急管理就是对风险进行管理，以使社会能够与环境或技术危险要素共存，并应对环境、技术危险要素所导致的灾害。”应急管理是对突发公共事件的全过程管理，根据突发公共事件的预警、发生、缓解和善后四个发展阶段，应急管理可分为预测预警、识别控制、紧急处置和善后管理四个环节。应急管理又是一个动态管理，包括预防、准备、响应和恢复四个阶段，均体现在管理突发公共事件的各个阶段。

应急管理是一个完整的系统工程，可以概括为“一案三制”，即突发公共事件应急预案，应急机制、体制和法制。以政府应急管理为主线，围绕政府应急管理决策层次、技术管理层次、社会动员与响应机制等层次展开研究，达到在紧急状态下各行为主体凝聚人心、从容应对、缓解危机、减少缺失的效果。政府危机管理即政府在公共危机事件发生之前、发展过程之中和后危机时期，为减少和消除危机造成的危害和损失，根据危机管理计划和程序而对危机直接采取的对策及管理措施。政府应急管理是在政府常态型危机管理基础上的紧急状态的管理，各种信息资源、物质资源、人力资源如何高效配置与有效运筹，如何防止灾害的蔓延与次生灾害的扩大等，均是政府应急管理在紧急状态下需要解决的关键问题。我国正处于经济体制和经济增长方式双重转轨的特殊时期，存在着诱发公共危机的潜在的制度及非制度因素。高度重视公共危机管理、建立公共危机的预警机制和政府干预公共危机体系尤为必要。应急管理的基础是常规性政府危机管理，只有基础性工作常抓不懈，才能在紧急状态下临危不乱。

发达国家十分重视突发公共事件应急管理的研究，其研究范围覆盖了灾害或危机产生、发展、消亡的整个过程。日本是较早开展城市应急管理研究的国家，研究的领域和能力不断拓展，研究的水平处于世界前列。美国也在“9·11”事件发生后，组建了部级的美国国土安全部（DHS），标志着美国国家级突发公共事件应急管理体系从“综合应急管理”提升到“国家安全应急管理”的高度。相关国际组织也非常重视突发公共事件应急管理。联合国第二届世界减灾大会发表的《兵库宣言》要求各国将防灾减灾、保障国民生命和财产安全“作为国家的第一责任”，并将“确保减灾成为各国政府部门的工作重心之一”列为《兵库行动框架（2005—2015）》提出的五个行动重点之一。世界各国的政府部门、学术团体和专门机构已经开始从事各种针对突发事件的预防、监测、预报、识别、测定、控制、应急预案制定、事发时的快速反应及救灾、灾后的快速评估与重建的研究。

美国的乔治·华盛顿大学、马里兰大学、北达科他州立大学和加拿大的尼加拉瓜学院等国外大学，在一些领域均有较为系统的研究，包括危机与应急管理，流行病及预防医学，危机和应急管理中的信息技术，自然、技术危害以及恐怖袭击之风险管理，大规模恐怖行动的预防和反应，危机管理、灾后重建以及组织持续，减灾管理，健康与医疗应急管理。上述研究系统地对政府层面与技术层面的公共危机与应急管理技术提供了强有力的理论指导。

公共危机与突发事件已成为构建和谐社会和可持续发展的重要隐患，越来越引起社会各界对如何有效应对突发事件、妥善预防和处理危机的高度重视。2006年1月国务院颁布《国家突发公共事件总体应急预案》象征着从战略上应对公共危机已被提升至国家高度。中央进一步明确提出，要建立健全社会预警体系，提高保障公共安全和处置突发事件的能力。2007年8月，全国人大常委会通过了《中华人民共和国突发事件应对法》。汪永清、莫于川、韩大元等学者对该法进行了解释。一些学者则比较研究了国外紧急状态下的法律制度，如徐高、莫纪宏等。目前，我国的研究基本上处于介绍国外经验，对我国应急管理存在的问题及对策等事实进行描述和提出对策措施的以研究为主的阶段，而上升到法理以及制度比较的研究尚欠深入，难以为应急管理的依法行政提供充分的理论支持。另外，对危机处理研究较多，对事后重建和救济研究较少，不利于依法规范政府行政行为，实现缓解公众利益和私人利益的矛盾、维护社会稳定的目的。

关于灾害及突发公共事件应急工程的研究国内外已经积累了大量的研究成果。从第一个应急管理国际组织——国际应急管理工程协会诞生之日起，各类研究成果层出不穷。这些成果几乎囊括了火灾、地震灾害、矿井塌陷、核泄漏事故灾难等具体灾害/危机的各领域。我国从 20 世纪 80 年代末开始创建许多研究学报和学术期刊，如《自然灾害学报》、《环境污染与防治》、《环境卫生工程》、《中国环境管理》、《中国减灾》等，针对我国自然灾害以及事故灾难的防灾减灾研究已经较为深入，目前国内较为集中的研究主要体现在城市灾害应急与管理，区域应急管理实务预案、演练及绩效，突发事件应急管理，现代城市公共安全应急管理，领导干部预防和处置突发公共事件实用指南与案例分析，公共危机与管理，国家与政府的危机管理，灾难性事故与事件应急处置，城市安全学，政府应急管理实务，中央和大城市政府应急机制建设，灾害应急处置与综合减灾，地震应急等研究领域。

政府应急管理和企业应急管理均需要建立应急管理综合平台和预案建设，运筹帷幄，才能在非常态情景下保持临危不乱，但是无论国内还是国外，对于突发公共事件的研究普遍侧重于技术和具体方法应用的应急工程研究，并形成了一类特殊管理理论与方法——应急管理，而蕴涵其中的基础科学问题研究还没有得到广泛关注。这样，构成了面向突发公共事件的应急管理和应急工程两个紧密结合、相辅相成的研究层面。其中，应急管理中的科学问题研究是应急工程问题研究的基础，而后者又是在前者指导下的实践。

从 2008 年暨南大学获教育部批准在全国率先招收应急管理本科生并成立全国首家应急管理学院，到 2009 年广东省“211 工程”三期重点学科建设项目“应急管理理论与实务”正式立项，再到暨南大学应急管理研究中心成立并成为广东省高校重点人文社科研究基地，得到了广东省政府、省政府应急办的大力支持和社会各界的广泛关注，我们深感责任的重大与使命的神圣。应急管理属于新型交叉管理学科，“211 工程”三期重点学科建设项目共设置了二十余个选题，从政治、经济、管理、公共卫生、新闻处置、社区与区域合作、应急管理史、应急管理平台等领域进行研究，试图对完善中国应急管理理论作出富有成效的尝试，也期盼对中国应急管理工作有所指导与借鉴。丛书的出版难免存在疏漏，期待读者给予批评指正。

暨南大学应急管理研究中心　暨南大学应急管理学院
广东省“211 工程”三期重点学科建设项目
应急管理理论与实务丛书编辑委员会
2011 年 1 月

前 言

目前，我国正处在经济社会转型期，社会不稳定因素增多，新情况、新问题层出不穷，重大突发事件时有发生且呈上升趋势，带来巨大的经济损失和严重的社会问题。据统计，我国每年因突发事件造成的死亡约 20 万人，经济损失占 GDP 总量的 5%～6%。例如，2003 年，重庆开县“12·23”特大井喷事故造成 243 人硫化氢中毒死亡，6.5 万人紧急疏散。2005 年，吉化苯胺装置爆炸导致松花江污染，造成沿江城市用水危机和跨区域恐慌，并引发国际争端。2008 年，我国南方地区冰冻雨雪灾害引发了一系列的突发事件：高速公路封道、车站旅客滞留、空港被迫关闭、通信线路不畅；对南方地区电网造成重创，使得受灾地区电气化铁路瘫痪，严重影响煤电油运工作；还给农业、畜牧业和林业等带来了严重损失。此外，2003 年 SARS 的首次出现和蔓延，2005 年禽流感的发作，2008 年“5·12”汶川大地震，2010 年玉树地震和舟曲特大泥石流灾害等突发事件的发生也给我国经济和社会造成了严重冲击，带来了巨大的经济损失和严重的社会问题，已成为我国构建和谐社会和实施可持续发展战略的巨大隐患。

国外重特大突发事件应急响应管理形势同样十分严峻。例如，2001 年，美国“9·11”事件造成 2 752 人死亡或失踪，直接经济损失达数千亿美元；2004 年，印度洋地震及其引发的海啸，涉及 12 个国家，致使 20 多万人丧生，5 万人失踪，超过 50 万人流离失所，并衍生出公共卫生危机；2005 年，“卡特里娜”飓风致使 1 000 多人丧生，50 万人无家可归，受灾人口高达 500 万，经济损失达 2 000 亿至 10 000 亿美元；2011 年，日本 9.0 级特大地震及其引起的海啸和核危机，造成 14 000 多人遇难，13 000 多人失踪，对当地社会和经济造成毁灭性影响，并引起东亚各国的核恐慌。

以上突发事件是一类社会没有或极少经历过的、缺乏其演化规律知识和处置经验的大规模突发事件，称为非常规突发事件。它们往往突然发生，造成或者可能造成严重的社会危害，从而需要社会组织采取行动措施予以应对，对政府和社会如何采取有效的应急响应管理手段和措施提出了挑战。与一般突发事件或灾害不同，非常规突发事件具有复杂性、衍生性、传导变异性、快速扩散性和耦合性等特征，是一种社会非常态，一般表现为全新类型、全新属性或全新危害特征的灾难，其应对过程与一般突发事件的应对过程有很大差异。因此，非常规突发事件应急响应管理工作是我国当前应急响应管理工作的重点和难点，是目前迫切需要解决的问题。

笔者长期从事非常规突发事件应急决策理论及其决策支持技术的研究工作，参与了国家自然科学基金“非常规突发事件应急响应管理”重大研究计划的相关研究工作，积累了一定的非常规突发事件应急响应管理的理论研究和实践探索经验。

应急响应过程是非常规突发事件应急响应管理过程中参与单位最多、管理难度最大的阶段，与一般突发事件应急响应管理过程差异明显。非常规突发事件应急响应管理是其应急响应管理工作中面临的关键问题和瓶颈难题，理论研究工作尚不多见。本书将非常规突发事件应急响应管理过程及其涉及的科学问题作为研究对象，以系统工程理论与方法为指导，对非常规突发事件应急响应管理方法与技术展开研究。本书的内容主要涉及应急响应组织管理、应急预案管理、应急行动方案制定方法与技术以及应急响应信息管理四个方面，共包含 11 章，全面展开针对以上问题的论述和介绍。

本书由暨南大学应急响应管理研究中心林毓铭教授策划，由唐攀提出构思，并撰写和定稿。在此，特别感谢我的博士导师华中科技大学王红卫教授，本书的部分成果是本人攻读博士期间在王老师的指导下完成的。同时，书中参考了国内外同行的相关研究成果，凡属专门引用的都尽可能标明了作者和出处。

由于作者水平所限，书中难免存在缺点和不足，敬请读者批评指正。

作　者

2011 年 10 月于暨南园

目　录

第一章　绪　论

一、问题提出

目前，我国正处在经济社会转型期，社会不稳定因素增多，突发事件时有发生且呈上升趋势。例如2003年SARS蔓延、2005年吉化苯胺装置爆炸造成松花江水污染事件、2008年南方地区冰冻雨雪灾害、“5·12”汶川大地震、2010年玉树地震和舟曲特大泥石流灾害等突发事件，给我国的经济和社会造成了严重冲击，带来了巨大的经济损失和严重的社会问题，已成为我国构建和谐社会和实施可持续发展战略的巨大隐患。

本书涉及的非常规突发事件（Unconventional Events）特指社会没有或极少经历过的、缺乏对其演化规律知识和处置经验的大规模突发事件（Extreme Events）。它们往往突然发生，造成或者可能造成严重社会危害，从而需要社会组织采取行动予以应对，对政府和社会如何采取有效的应急管理手段和措施提出了挑战。与一般突发事件或灾害不同，非常规突发事件具有复杂性、衍生性、传导变异性、快速扩散性和耦合性等特征，是一种社会非常态，一般表现为全新类型、全新属性或全新危害特征的灾难，其应对过程与一般突发事件应对过程有很大差异。

非常规突发事件的突然发生、快速蔓延、影响范围广和后果严重等特征，决定了非常规突发事件应急响应过程参与单位多，工作开展的强度大，是整个非常规突发事件应急管理过程中最核心的阶段，也是开展非常规突发事件应急管理工作的难点和关键。目前，非常规突发事件应急管理的理论研究相当薄弱，缺乏有效的管理手段和经验。本书紧紧围绕非常规突发事件应急响应管理的若干重要问题展开研究，主要包括以下几个方面：

1. *应急响应组织的构建*

非常规突发事件应急响应过程涉及来自不同行政区域和缺乏合作经验的多个单位和人员，各应急响应参与单位之间缺乏明确的指挥和沟通，对实现应急响应过程的协调运作提出了挑战。因此，设计科学和合理的应急响应组织是实现应急指挥与控制的关键和前提，能够将应急响应工作进行组织化运作，有效协调应急响应参与单位的工作。然而，应急响应过程的特征对设计有效的应急响应组织提出了特殊约束条件。因此，如何设计与优化非常规突发事件应急响应组织，从而满足动态变化的应急响应需求，并符合应急态势的特征，是非常规突发事件应急响应管理过程中面临的关键问题之一。

2. 应急预案管理

应急预案是应急领域知识的主要载体，是制定应急行动方案的基础，为开展非常规突发事件应急响应工作提供了依据。因此，应急预案管理是与非常规突发事件应急响应管理工作相关的重要方面。

非常规突发事件应急响应过程涉及多个不同类型的应急预案，分布于参与应急响应的多个缺乏合作经验的单位，且缺乏共同的术语。同时，应急预案主要为非结构化文本，计算机无法识别，导致无法根据预案文本所描述的应急领域知识支持应急行动方案制定决策过程的开展。因此，研究应急预案的建模和管理方法，能够实现应急领域知识有效建模和统一表示，最终对应急预案进行集成管理。另外，应急预案管理是研究应急行动方案制定方法和技术的基础性问题，构成了非常规突发事件应急响应管理的重要内容。

3. 应急行动方案制定

非常规突发事件发生后，应急响应管理人员通过制定和实施应急行动方案（Emergency Action Plan，EAP），协调参与应急响应各单位的行动，保障应急响应工作的成功开展。应急行动方案是当非常规突发事件发生后、应急管理人员在分析和预测应急态势的基础上，结合空间环境信息、应急资源信息、事件现场情况信息，通过对应急领域知识和有关案例进行智能检索和分析，并咨询相关专家从而形成的应对非常规突发事件的应急流程与行动方案。应急行动方案是应急响应管理人员开展应急指挥工作的基础和前提，能够降低行动风险，管理时间压力，减少环境破坏状态下造成的混乱，是协调各应急响应参与单位应急行动的根本手段。因此，及时规划和制定应急行动方案是减少应急响应过程中存在的冲突，促进应急响应过程协调开展的有效方法，也是开展非常规突发事件应急管理工作的基础和核心。应急行动方案制定决策问题的本质是面对非常规突发事件应急响应所构成的复杂应急态势，应急管理人员对多个相关单位的应急领域知识进行选择和重构，形成完成识别的事件目标集合的行动方案。根据以上分析，我们认为非常规突发事件应急响应过程的实质是应急管理人员在应急响应过程中科学和有效地制定并实施应急行动方案。

然而，非常规突发事件应急响应构成的具体决策情景对该决策过程提出了特殊约束条件。首先，应急行动方案制定决策问题是一种典型的复杂非结构化决策问题，利用数学建模与优化方法难以进行建模和求解且缺乏有效的决策模型来支撑该决策过程的开展；其次，非常规突发事件应急响应环境具有动态性、复杂性、时间紧迫性等特征，对应急管理人员制定应急行动方案提出了挑战；最后，应急响应管理人员无法根据应急预案设定的应急业务流程直接生成应急行动方案，应对多个单位的异构的应急领域知识进行选择和重组。

根据以上分析，本书以应急指挥团队在非常规突发事件应急响应过程中制定应急行动方案的决策过程为研究对象，紧紧围绕该决策问题进行建模和求解，研究符合应急响应决策情景特征的应急行动方案制定方法及技术。

4. 应急响应信息管理

非常规突发事件应急管理过程涉及地理上分布的多个单位的信息和数据，需要综合运用多种手段获取突发事件的相关数据和信息，并进行有效集成，从而保证整个应急响应过程的高效进行。应急响应信息管理的主要内容是采集、存储、处理和传输应急管理的相关信息，保证信息在应急响应组织内安全、畅通的传递，加强非常规突发事件应急响应参与单位的整体性和联动性，从而提高应急响应工作的效率。

然而，由于非常规突发事件应急管理涉及的信息种类多、数量大且具有不同的结构，造成对应急响应过程相关信息进行集成管理存在困难。针对以上问题，本书将应急响应信息管理过程作为研究对象，对应急响应信息管理技术展开研究，能够有效支持非常规突发事件应急响应信息管理过程，提高应急响应工作的效率。

二、研究目的与意义

如何提高应急响应管理水平是当前的热点问题和国家的重大需求，包含了十分广泛的研究问题。本书通过对非常规突发事件应急响应管理过程中涉及的以上四个问题展开研究，能够深刻揭示非常规突发事件应急响应管理的内涵，并提出开展非常规突发事件应急响应管理的理论、方法和技术，从而有效提高非常规突发事件应急管理水平。

本书的研究工作具有以下重要意义：

(1) 研究应急响应组织管理的理论与方法，提出一种适合我国应急管理行政体系特征的非常规突发事件应急响应组织结构，有助于建立清晰的应急指挥链和信息交流系统，是一种从组织结构上对多个非常规突发事件应急响应工作参与单位进行协调的有效方法。因此，开展应急响应组织管理是非常规突发事件应急响应管理过程中十分重要的环节，能够对参与应急响应的多个缺乏合作经验的单位进行组织化运作，实现应急响应过程的“统一指挥，协同应对”。

(2) 应急预案是应急领域知识的重要载体，是开展非常规突发事件应急响应管理与决策工作的主要依据。研究应急预案文本的建模和管理方法能够促进多个应急响应参与单位进行信息交互和知识共享，并支持应急响应组织对应急行动方案制定过程涉及的相关信息和领域知识进行有效管理。另外，对应急预案进行建模能够使得计算机有效识别和利用应急领域的信息和知识，为支撑应急行动方案制定决策过程的自动开展奠定基础。

(3) 非常规突发事件应急响应管理的本质是制定和执行应急行动方案。同时，利用统一的应急行动方案，能够从行动和过程上协调多个应急响应参与单位的应急行动。因此，研究应急行动方案制定方法和技术是应急决策支持技术的重要研究内容，也是提高应急决策水平的基本手段和有效途径。首先，分析应急管理人员在非常规突发事件应急响应决策情景条件下制定应急行动方案的决策过程及其特点，能够深化对应急行动方案制定过程的理解，揭示其内涵和本质；其次，针对非常规突发事件应急响应过程中态势动态变化，事件目标动态识别和应急资源稀缺等特征，研究应急领域 HTN（Hierarchy Task Net）规划模型，能够有效支持应急指挥团队制定应急行动方案的决策过程，提高应急指挥团队制定应急行动方案的决策水平。

（4）研究应急响应信息管理理论与技术，能够揭示非常规突发事件应急响应信息管理的内涵，为多个应急响应工作参与部门实现信息沟通和共享提供有效的途径。同时，对应急响应相关信息进行有效管理，能够为应急决策过程的开展提供数据支持。

三、研究思路

本书从非常规突发事件应急响应管理的背景出发，分析应急响应管理过程中存在的突出问题和瓶颈，将非常规突发事件应急响应管理工作归结为应急响应组织管理、应急预案管理、应急行动方案制定和应急响应信息管理四个方面。其中，应急响应管理人员在非常规突发事件应急响应特殊条件下如何科学、有效地制定应急行动方案是本书展开研究的核心问题，其他三个方面的研究内容能够为研究应急行动方案制定方法与技术提供支持。

在此基础上，本书以管理科学与工程理论和系统工程理论与方法为指导，按照决策支持技术的研究方法与步骤，对非常规突发事件应急响应管理方法与技术展开研究，主要研究思路如下：

本书分析了非常规突发事件的特征及其生命周期，从而提出非常规突发事件应急管理的若干重要阶段，重点针对应急响应管理过程进行分析，并提出了应急响应管理的知识体系。

在此基础上，本书紧紧围绕非常规突发事件应急响应过程及其涉及的相关问题，对非常规突发事件应急响应管理的四个重要方面展开研究，主要包括以下内容：

第一，以组织设计理论为基础，根据我国应急管理行政体系的特征，提出非常规突发事件应急响应组织设计方案。同时，应急响应组织能够作为非常规突发事件应急行动方案制定的决策主体。

第二，根据应急预案是应急领域知识的重要载体的特征，研究应急预案建模与管理方法，为应急行动方案制定决策过程提供知识基础。为完成该研究目的，本书以应急预案文本为建模对象，分析应急预案的结构要素及其特征，基于本体知识建模的方法和技术，提出一种应急预案本体模型，实现对应急行动方案制定决策过程涉及的应急领域知识和信息进行知识建模和统一管理。

第三，针对应急行动方案制定这一类最为重要的应急决策问题，紧紧围绕该问题的建模和求解，以知识建模理论和智能规划技术为基础，根据非常规突发事件应急行动方案制定决策过程构成的特殊约束条件，对应急行动方案制定方法及技术展开研究。首先，对非常规突发事件应急行动方案制定决策问题进行科学界定，分析决策主体、决策对象和决策环境及其特征，根据应急决策理论现有研究成果，提出一种应急指挥团队制定应急行动方案的决策过程模型，揭示应急行动方案制定决策过程的特征及其规律，并对该决策过程涉及的相关概念进行形式化描述。在此基础上，分析应急响应领域特征，提出应急领域 HTN 规划设计需求，并以此为导向，基于智能规划技术设计和实现了一种应急领域 HTN 规划模型，并提出一种能够处理带优先级的异步事件目标应急行动方案制定决策模型。

第四，根据我国应急管理信息化的现状，分析和提出应急响应管理信息的概念和内涵，介绍应急平台组成要素及其特征，并提出一种区域政府应急管理信息系统的分析与设计方案。

同时，本书所有研究工作以防汛应急管理为案例，用以阐明本书提出的研究问题，并作为本书研究成果的应用领域。

四、研究内容及章节安排

按照以上研究思路，本节提出了本书的主要研究内容和章节安排。

（一）本书的主要研究内容

本书紧紧围绕非常规突发事件应急响应管理过程涉及的若干重要方面展开研究，主要研究内容如下：

1. 非常规突发事件应急响应管理概述

分析非常规突发事件的概念和特征，介绍非常规突发事件应急管理的概念及其内涵，并提出非常规突发事件应急响应管理的内涵。

2. 应急响应组织管理

根据我国应急管理行政体系和非常规突发事件应急管理工作的实践，提出非常规突发事件应急响应组织结构，将参与应急响应工作的相关人员进行组织化运作。

3. 应急预案管理

应急预案是应急领域知识的重要载体，本书提出应急预案管理的概念和内涵，介绍应急预案体系及其分类，并对应急预案的结构要素进行描述。同时，将应急预案文本作为建模对象，研究应急领域知识建模方法和技术。针对应急预案是跨领域的异构知识，缺乏统一的术语且是非结构化的文档，计算机无法理解等问题，在分析应急预案文本组成要素及其结构特征的基础上，研究基于本体的应急预案知识建模方法，实现应急领域知识的建模和共享。

4. 应急行动方案制定方法及技术

围绕应急行动方案制定决策问题的建模和求解，研究基于 HTN 规划的应急行动方案制定方法和技术。分析非常规突发事件应急行动方案制定决策主体、决策对象和决策环境及其特征，提出一种应急指挥团队制定应急行动方案的决策过程模型，并对其涉及的相关概念进行形式化定义。在此基础上，围绕应急行动方案制定决策问题求解，针对非常规突发事件应急响应过程中应急态势高度复杂和存在多个相互耦合的事件目标等问题，基于自动规划理论设计适应应急响应特征的应急领域 HTN 规划模型。同时，在集成应急领域知识建模方法和应急领域 HTN 规划模型的基础上，研究应急行动方案制定决策模型，并针对应急响应过程中事件目标动态识别和具有严格带优先级等特征，提出相应的处理策略和算法，从而支持实际应急行动方案制定决策过程。

5. 应急响应信息管理

分析非常规突发事件应急响应相关信息的类型，提出应急响应信息管理的概念和内涵，着重介绍应急平台组成要素和我国应急平台体系，并提出一种区域应急管理信息系统的分析与设计方法，有助于应急管理人员深刻理解非常规突发事件应急响应信息管理过程及其支持手段。

（二）本书的章节安排

本书的章节安排及逻辑结构如图 1－1 所示，具体章节安排如下：

第一章，介绍本书的研究问题、研究目的与意义，并在此基础上提出本书的研究思路和研究内容。

第二章，对非常规突发事件的应急管理进行概述，提出非常规突发事件的概念和特征以及非常规突发事件应急管理的概念，并着重针对非常规突发事件应急响应管理过程进行分析。最后，提出本书的知识体系。

第三章，全面讨论应急响应组织管理的理论与方法，分析非常规突发事件应急响应相关主体的构成，提出非常规突发事件应急响应组织结构，包括后方应急响应组织和现场应急响应组织，并将提出的应急响应组织模型在防汛过程中展开应用。

第四章，重点针对应急预案这一最重要的应急领域知识文本进行分析，介绍应急预案及应急预案管理的概念，提出应急预案体系及其分类，并深入分析应急预案的主要组成要素和应急预案的管理过程。

第五章，将应急预案文本作为建模对象，在分析预案组成要素及其结构特征的基础上，提出一种应急预案本体模型，并对某区域防汛应急预案进行本体知识建模，开展应用研究。

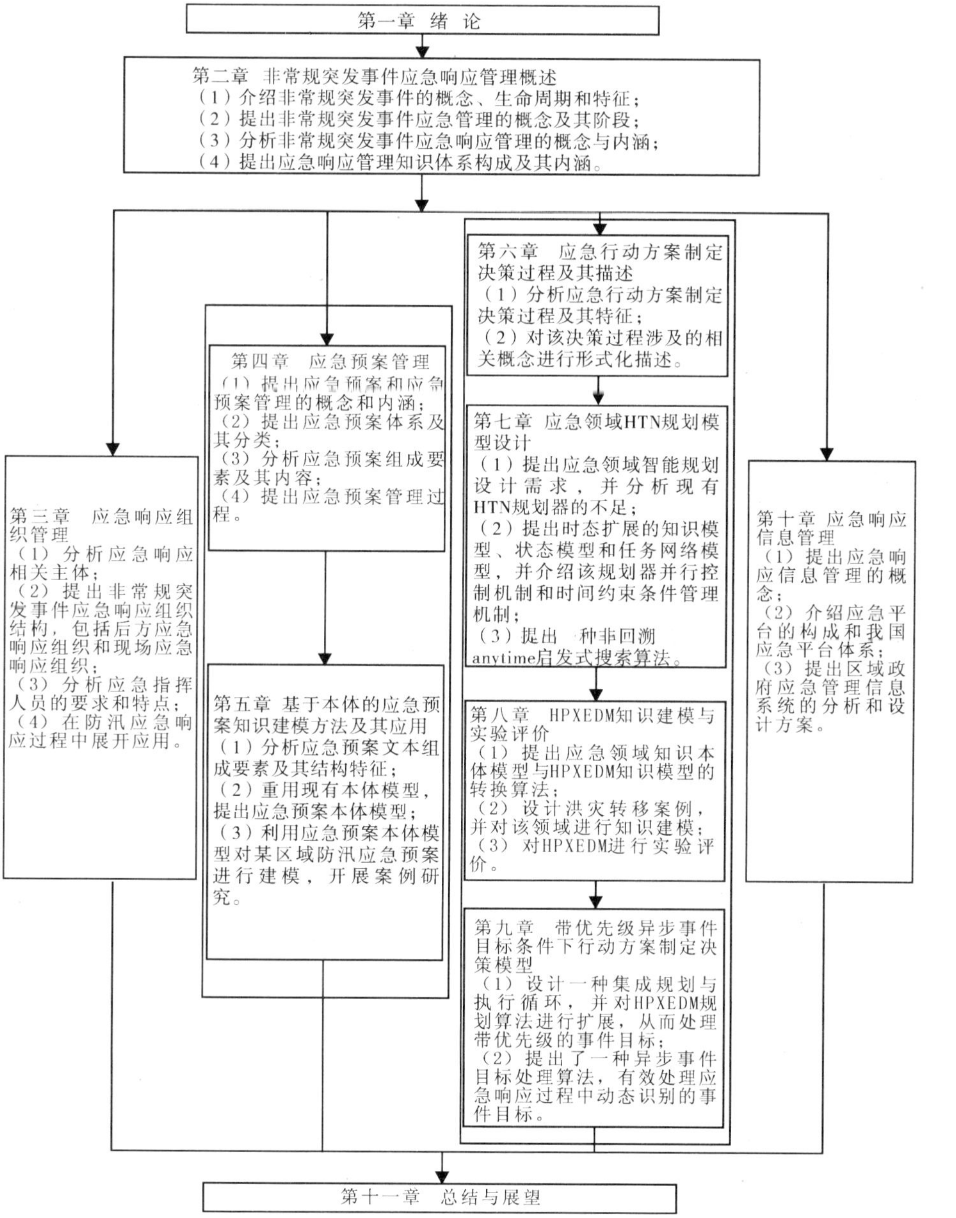

图1-1 本书章节安排及逻辑结构

第六章，分析应急行动方案制定的决策主体、决策对象和决策环境及其特征，根据现有应急决策理论的相关研究成果，提出应急行动方案制定决策过程，并对涉及的相关概念进行形式化描述，为研究应急行动方案制定方法和技术奠定基础。

第七章，在分析应急响应过程特征的基础上，提出应急领域智能规划设计需求，并设计一种 anytime 启发式时态 HTN 规划器 HPXEDM，用以辅助应急指挥团队制定应急行动方案。

第八章，介绍 HPXEDM 软件架构和实现方法，提出一种将应急预案本体知识模型转换为 HPXEDM 知识模型的算法，并基于某区域洪灾转移案例对该算法展开应用研究。同时，根据该领域实例及其知识模型，设计相关测试问题，对 HPXEDM 进行实验评价。

第九章，在集成基于本体的应急领域知识建模方法和应急领域 HTN 规划模型的基础上，提出一种应急行动方案制定决策模型框架，为制定应急行动方案提供全过程支持。针对该模型运行过程中应处理带优先级的异步事件目标的问题，提出一种集成规划与执行过程模型以及有效处理带优先级的异步事件目标的算法，能够在规划过程中处理动态识别的带优先级的异步事件目标，并利用执行过程信息改进规划过程，从而适应应急响应领域特征。

第十章，介绍应急响应信息管理的相关概念和内涵，提出我国应急管理平台体系，并介绍一种区域政府应急管理信息系统分析与设计方案。

第十一章，总结全书研究工作，并结合应急管理领域面临的实际问题和研究趋势，对未来研究工作进行展望。

第二章　非常规突发事件应急响应管理概述

非常规突发事件应急响应管理是当前的社会热点问题，是当前突发事件应急管理工作中的瓶颈和难题，缺乏有效的管理理论与方法作为指导。本章对非常规突发事件应急响应管理涉及的相关概念进行介绍。首先，给出非常规突发事件的相关概念，并分析非常规突发事件的特征。在此基础上，本章探讨非常规突发事件应急管理的概念及其涉及的若干阶段。最后，本章重点讨论非常规突发事件应急响应管理的概念和内涵，提出本书知识体系及其构成，并对其包括的各个部分的研究对象展开分析，为后续各章的研究内容提供指导。

一、非常规突发事件的概念和特征

非常规突发事件是一类特殊的突发事件，其发生、发展、演变和消亡过程与一般突发事件具有明显的差异，从而导致其应急管理工作具有特殊性。如何有效地对非常规突发事件进行干预和抑止是当前突发事件应急管理工作面临的瓶颈和难题。作为开展应急管理工作的对象，深刻理解非常规突发事件的概念和特点，是有效地制定非常规突发事件应急管理方案和措施的基础和前提，也是研究非常规突发事件应急管理工作的首要任务。本节给出非常规突发事件的概念，分析非常规突发事件的主要特征，从而对非常规突发事件进行科学界定，为提出非常规突发事件应急管理的概念和内涵奠定基础。

（一）非常规突发事件的概念和内涵

突发事件是指在一定区域和空间内突然发生，造成或可能造成重大人员伤亡、财产损失、生态环境破坏和严重社会危害，危及公共安全的紧急事件。突发事件构成了开展应急管理工作的客体和对象，应急管理的本质是对突发事件进行干预与控制，从而减小事件损失，保护人民生命和财产安全。

根据突发事件的发生过程、性质和机理，我国将突发事件分为自然灾害、事故灾难、公共卫生事件和社会安全事件四类，具体内容如下：

自然灾害：指那些由于自然原因而导致的突发事件，主要包括水旱灾害、气象灾害、地震灾害、地质灾害、海洋灾害、生物灾害和森林草原火灾等。

事故灾难：主要包括工矿商贸等企业的各类安全事故、交通运输事故、公共设施和设备事故、环境污染和生态破坏事故等。

公共卫生事件：主要包括传染病疫情、群体性不明原因疾病、食品安全和职业危害、动物疫情以及其他严重影响公众健康和生命安全的事件。

社会安全事件：由于人们的主观意愿产生，会危及社会安全的突发事件，主要包括群体性突发事件、恐怖袭击事件、经济安全事件和涉外突发事件等。

按照各类突发事件的性质、严重程度、可控性和影响范围等因素，划分为不同的级别，便于对其实施相应规模层级的应急响应工作。同时，不同类型的突发事件具有不同的特性和规律，导致其应对过程存在很大差异。

通常，开展应急管理工作中将突发事件划分为两种类型：小规模突发事件（Incident）和大规模突发事件（Extreme Event，XE），其概念和特征具体如下：

小规模突发事件，也称一般突发事件，这类突发事件规模较小，应急响应过程涉及的单位少，一个部门动用本单位应急资源便能够完成突发事件应急处置工作。同时，这类突发事件发生的频率较高，应急响应的单位具有一定的处置过程的实践经验，制定了相应的应急预案和标准操作程序，用以指导应急响应工作。例如，小型火灾、一次医疗交互、社区治安事件等。

大规模突发事件，也称非常规突发事件，这类突发事件规模大，后果严重，需要广泛的社会响应和动员，应急响应工作涉及多层次的政府、多个部门和社会单位。同时，这类突发事件发生的概率小，开展应急管理的单位缺乏对事件机理的认识和开展应急管理工作的经验。例如，2008 年“5·12”汶川大地震、2008 年初的冰冻雨雪灾害、2010 年舟曲泥石流灾害、2011 年日本 9.0 级特大地震及其造成的海啸和核泄漏危机等。

根据以上分析和比较，我们认为：非常规突发事件特指社会没有或极少经历过的、缺乏对其演化规律的知识和处置经验的突发事件。它们往往突然发生，造成或者可能造成严重社会危害，从而需要社会采取应急响应措施予以应对。

通常，非常规突发事件表现为一定时间和空间内多个同时发生且相互耦合和关联的突发事件集合。其应对过程往往十分复杂，涉及大范围的社会响应，甚至全国动员，是当前突发事件应急响应管理工作中的难点问题。与传统的灾害或危机相比，人们很少了解非常规突发事件发生、发展和演化的规律，从而很难事先作出预防，且在应急响应的过程中缺乏有效的应对措施和方案。

目前，我国非常规突发事件时有发生，对我国经济和社会造成广泛影响，引起了我国政府的高度重视和社会的广泛关注。例如，2003 年 SARS 的首次出现和蔓延造成了全国范围内的恐慌，对中国经济和社会发展带来了严重的影响。2005 年禽流感的发作亦造成社会性恐慌，对畜牧业造成大范围影响。2008 年元月，我国南方地区遭遇了 50 年来最严重的冰雪袭击，引发了一系列的突发事件：高速公路封闭、春节回家的旅客大批滞留车站、机场被迫关闭；重创华中电网、华东电网和南方电网，造成大范围停电，导致南方地区电气化铁路因断电而瘫痪，部分工矿企业无法正常生产；对南方地区农业、畜牧业、林业等造成了严重影响。2008年，“5·12”汶川大地震对四川省、甘肃省和陕西省40多个县造成较重破坏，导致69 000多人死亡，17 000多人失踪，直接经济损失8 000多亿元，恢复和重建任务十分艰巨。

（二）非常规突发事件的特征

分析非常规突发事件的机理，识别事件发生的原因，发现事件发展、演变和消亡的规律，是制定非常规突发事件应对方案和措施的基本依据，能够达到有效处理突发事件和减少损失的目的。同时，分析和总结非常规突发事件机理性特征对应急响应过程中如何科学和有效地开展突发事件应对工作也具有重要作用。

与一般突发事件不同，非常规突发事件发生、发展、演变和消亡等生命周期的所有阶段具有不同的特征和模式，具有自身的独特规律。非常规突发事件的主要特征如下：

1. 稀缺性

非常规突发事件发生的频率低，导致应急管理人员缺乏处置和控制事件的经验和知识，对非常规突发事件发生和发展的机理和规律不了解，从而造成无法对突发事件进行建模和预测。

2. 突然性

该特征是非常规突发事件在时间方面的描述，指事件的发生和爆发通常是一个很短的过程，出乎人们的意料，无法事先预测和估计，从而导致应急管理人员没有充分的应对准备。

3. 信息高度缺失

信息高度缺失是指信息的不完全性，它在一定程度上是由非常规突发事件的突然性决定的，主要由以下两个方面的原因产生：首先，事件发生时，应急管理人员在有限的时间内无法搜集事件的全面信息，对事件发生的原因、影响范围和发展趋势等不清楚，无法有效地支持应急响应工作的开展。另外，应急管理人员缺乏对非常规突发事件发展和演化规律的知识，导致缺乏有效的知识和信息用以支撑突发事件应对过程。

4. 复杂性

非常规突发事件的复杂性包括以下三个方面的内容：首先，非常规突发事件往往涉及一系列相互耦合和同时发生的突发事件，事件发生的原因具有复杂性，涉及多个致灾因素，应急管理人员无法全面了解。其次，非常规突发事件应急响应的过程中随着应急态势的恶化和事件发展变得更为复杂，导致应急管理人员难以科学和有效地制定应对方案和措施，对当前应急态势进行干预。最后，非常规突发事件影响范围广，产生的后果具有复杂性，无法有效地预测事件可能造成的后果及其严重性。

5. 影响范围广和持续时间长

非常规突发事件在一定的空间范围内发生，并逐步进行扩展和蔓延，能够影响不同行政区域，导致其应急响应过程涉及多个单位和部门共同参与，是一种大规模的社会响应，甚至需要开展全国动员。同时，非常规突发事件的生命周期处在一定的时域内，事件的发生、发展、演变和消亡具有确定和较长的时间范围且不同阶段的事件具有不同的特性，导致对不同阶段的事件应采取具有针对性的应对措施和手段。

6. 破坏性强和后果严重

非常规突发事件影响范围广，对人类社会造成广泛的负面影响，能够或可能造成严重的群众伤亡、财产损失和环境破坏等，集中了社会的广泛关注，具有破坏性强和后果严重等特点。因此，非常规突发事件会造成巨大的社会经济损失或精神伤害，甚至影响政治局面的稳定，中断经济建设，威胁人类的生存。例如，“5·12”汶川大地震对四川省、甘肃省和陕西省40多个县造成较重破坏，导致69 000多人死亡，17 000多人失踪，直接经济损失达8 000多亿元。

同时，非常规突发事件的严重后果将会对社会心理和个人心理造成冲击，导致应急管理人员在应急响应过程中面临巨大的心理压力和高度的风险性，破坏性越强，后果越严重，心理压力越大，风险程度就越高。

7. 高度的不确定性

非常规突发事件高度的不确定性主要体现在以下两个方面：首先，应急管理人员缺乏对非常规突发事件的发生、发展、演变和消亡机理的认识和理解，无法有效地对事件的发展趋势和产生后果作出准确预测。非常规突发事件的发展趋势、影响因素和产生后果等各方面具有多变性，导致应急管理人员无法准确把握以上各要素，采取具有针对性的应对方案和措施。其次，非常规突发事件的突然发生和应急响应过程的时间受限等特性，使得应急管理人员在响应过程中无法充分和有效地搜集突发事件及应急响应过程的全面信息，导致应急响应过程缺乏有效的信息支撑。

二、非常规突发事件应急管理的概念和内涵

为降低非常规突发事件的风险，减少损失，保护群众生命财产安全，需要对非常规突发事件展开适应、有效的管理过程。目前，缺乏普遍接受的关于突发事

件应急管理的定义，针对非常规突发事件应急管理概念的界定和分析尚不多见。本节阐述非常规突发事件应急管理的概念和内涵，并提出非常规突发事件应急管理过程包含的若干阶段及其涉及的主要管理活动。

（一）非常规突发事件应急管理的概念

根据国内外相关学者提出的关于突发事件应急管理的不同定义，本书提出非常规突发事件应急管理的概念，具体如下：

非常规突发事件应急管理是为了降低非常规突发事件的危害，根据对事件发生的原因、发展、演变和消亡过程以及产生的后果及其影响进行科学分析，有效集成不同层次政府和多个部门的资源，对非常规突发事件进行有效应对、控制和处理的过程。

根据以上定义，非常规突发事件应急管理的内涵如下：

首先，非常规突发事件是开展非常规突发事件应急管理工作的对象。因此，非常规突发事件的性质和特征决定了应急管理的工作内容和开展方式，从而导致非常规突发事件应急管理与一般灾害和突发事件的应对过程存在较大差异。

其次，非常规突发事件应急管理的主体是来自多个单位的应急管理人员。非常规突发事件影响范围广、后果严重等特征决定了其应急响应过程涉及不同层级的政府和多个部门，具有社会性特征，从而导致非常规突发事件应急管理的难度大。参与应急响应工作的不同单位和部门共同构成了非常规突发事件的应对体系，应急管理的本质是有效地协调各参与单位的应急管理活动，成功地对非常规突发事件进行干预与抑制。

（二）非常规突发事件应急管理的四个阶段

非常规突发事件应急管理是一个动态过程。在总结相关观点的基础上，按照非常规突发事件的发生、发展、演变和消亡的规律，本部分将非常规突发事件全生命周期应急管理过程划分为四个阶段，包括预防与应急准备、预警与预测、应急响应和恢复与重建。以上四个阶段相互影响，构成了非常规突发事件应急管理活动中不可或缺的四个子过程。尽管在实际情况中，这些阶段往往是相互重叠的，但它们中的每一部分都有自己单独的目标。同时，根据非常规突发事件的发生、发展、演变和消亡的特征，不同阶段的应对过程应采取不同的应急响应策略和措施，各阶段的管理活动具有各自的特征，并且为下个阶段的管理活动服务。

狭义的非常规突发事件应急管理的概念主要是应急响应过程中为应对非常规突发事件而实施的一系列计划、组织、指挥、协调和控制的过程。主要任务是及时有效地处置突发事件，最大限度地减少突发事件的影响，保护群众的生命和财产安全。本书将狭义的非常规突发事件应急管理称为非常规突发事件应急响应管理，具体定义将在下一节给出。

非常规突发事件应急管理不仅要考虑突发事件应急响应阶段的管理活动，而且要考虑事件发生前、即将发生时和应急响应工作完成后各阶段的管理活动，并将其与应急响应阶段的管理活动集成在一起考虑。按照以上关于非常规突发事件应急管理的定义，各阶段的具体含义及其涉及的管理活动如下：

1. 预防与应急准备

本阶段应急管理活动的目标是降低和消除非常规突发事件对人员和财产的风险，减少突发事件造成的潜在影响或后果，并保障应急响应过程所需的应急能力和资源。预防与应急准备阶段的主要工作为应急预案编制、应急培训和演练、危险源辨识和管理、风险评价和控制、应急资源的采购和日常管理。

预防与应急准备阶段中，在假定突发事件必然发生的前提下，根据风险分析的结果，通过预先采取预防措施，降低或减缓非常规突发事件的影响或后果的严重程度。任何具有应急管理职责的单位都应该在日常运营过程中对预防与应急准备工作高度重视，防患于未然。

2. 预警与预测

本阶段应急管理工作的主要目的是在非常规突发事件即将发生时，采取科学的方法和有效的措施对其进行干预和控制，使事件造成的损失降低到最小，并做到早发现、早处置。

预警与预测阶段的主要工作包括在对突发事件信息进行分析的基础上，进行模拟预测，并根据预测结果，分析突发事件的次生灾害、人员伤亡和经济损失等情况，从而采取相关的预警行动。

3. 应急响应

本阶段应急管理活动的目的是在非常规突发事件发生后，针对突发事件的性质、特点和发展趋势，通过采取相关的应急响应行动和措施，对突发事件进行干预和控制，从而保护群众生命和财产安全，控制突发事件的应急态势，最大限度地减少事件造成的影响和损失。

应急响应阶段的主要工作包括营救、疏散和安置受到事件威胁的人员；控制突发事件事态、封锁危险场所；抢修交通、通信、供水、供电等公共设施；调度应急物资和队伍投入应急响应过程；组织公民和志愿者参与应急响应工作等。

应急响应阶段是整个非常规突发事件应急管理过程的核心阶段，参与单位多，响应的强度大，管理过程十分复杂，是本书的重点研究对象。

4. 恢复与重建

恢复与重建工作在突发事件应急响应过程结束后立即进行，主要目的是使事件影响地区恢复相对安全的状态，并逐步恢复到正常状态，并恢复事件影响区域的环境，清理应急响应现场，使受事件影响的各单位恢复日常运营。本阶段涉及的主要应急管理活动包括采取防止次生和衍生事件发生的措施；对事件造成的损失和影响进行评估，并调查事件原因；根据应急响应过程中出现的问题，对应急预案进行评审和修编；补充应急响应过程中使用的相关应急资源；启动区域重建计划，恢复事件影响区域的正常状态。

恢复与重建阶段可能持续数月或数年，甚至更长，例如“5·12”汶川大地震的震后重建工作持续数年之久，动用了全国各省市的力量参与到重建过程中。

非常规突发事件应急管理的各个阶段既相互联系，又存在差异。应急管理的各个阶段的管理活动存在不同之处，导致不同阶段应急管理工作的内容和方法不同。本书仅仅对非常规突发事件应急管理过程的第三个阶段，即应急响应过程，进行介绍和具体分析。

三、非常规突发事件应急响应管理的内涵

本书的重点是讨论非常规突发事件应急响应管理的理论与方法。为完成本书的研究目标，本部分提出应急响应管理的概念，深入分析应急响应的过程及其特征，为提出应急响应的过程的具体管理理论与方法奠定基础。

（一）非常规突发事件应急响应管理的概念和内涵

应急响应阶段是非常规突发事件应急管理过程最核心的阶段，是应急管理过程的重点和关键，也是开展非常规突发事件应急管理工作的难点。

非常规突发事件应急响应管理，即非常规突发事件应急响应过程中应急管理人员开展的一系列管理活动，是应急响应过程中，为保护群众的生命和财产安全，降低事件造成的危害，有效地集成可以动用的社会各方面的资源而开展的各种计划、组织、领导和控制方面的管理活动，与狭义的非常规突发事件应急管理的定义相同。

以上定义包含如下含义：

第一，非常规突发事件应急响应管理的根本目标是保护群众的生命和财产安全，降低事件造成的危害。以上管理目标构成了应急响应组织的组织目标，开展的所有管理活动为实现该目标服务。

第二，非常规突发事件应急响应管理的根本手段是有效地集成可以动用的社会各方面的资源，对突发事件进行干预和控制。非常规突发事件应急响应工作涉及不同层级的政府和多个部门，应急响应过程中需要投入不同单位的应急资源，涉及复杂的多部门协调和资源调配工作。

第三，非常规突发事件应急响应管理工作涉及计划、组织、领导和控制四个方面的管理活动。因此，一般的管理原理和方法，能够为提出非常规突发事件应急响应管理理论和方法提供理论指导。同时，也应满足非常规突发事件应急响应过程的具体特征和要求。

（二）非常规突发事件应急响应管理过程

非常规突发事件影响范围广，涉及不同地理位置上同时发生的多个突发事件且持续时间长，其应急响应工作涉及不同行政区域的多级政府和同级政府的多个部门。与针对一般突发事件开展的战术响应过程不同，非常规突发事件应急响应过程需要跨区域的来自多个单位的应急管理人员开展应急指挥和管理工作，协调各参与单位应急行动和调度应急资源，从而保障应急响应工作的成功开展。因此，非常规突发事件应急响应过程是一种典型的大规模应急响应，需要多个层级的政府和部门联合开展，共同完成，甚至需要全国动员。

非常规突发事件应急响应过程的实质是应急管理人员为实现应急响应过程的管理目标，采取相关措施和行动对突发事件进行干预和控制的过程。非常规突发事件应急响应过程具有工作强度大、影响范围广、各参与单位应急行动相互依赖性强、管理过程复杂和难度大等特征，导致非常规突发事件应急响应管理的核心和焦点是战略管理，应重点关注应急响应过程中协调和监督各参与单位的应急响应行动及其全局优化。

通常，非常规突发事件应急响应过程被划分为若干时间段，称为指挥周期（Operational Period），具有典型的阶段性特征。指挥周期是应急响应过程中实现特定事件目标和执行完成该目标的特定应急行动的时间区间。同时，指挥周期具有不同的时间长度但一般不超过 24 小时。非常规突发事件应急响应过程示意图如图 2－1 所示。

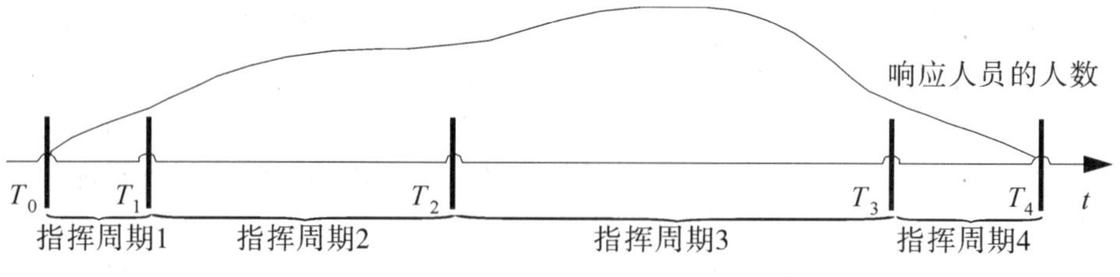

图 2－1　应急响应过程示意图

通过将非常规突发事件应急响应过程划分为不同的指挥周期，对整个应急响应过程进行分阶段管理，能够降低应急响应管理过程的复杂性。各指挥周期内的应急响应管理工作相互衔接，前序指挥周期的应急响应管理工作是后序指挥周期应急响应管理工作的输入。同时，各指挥周期应急响应管理环境和情景、管理人员、管理目标和管理方法不同，导致不同指挥周期应急响应管理的内容和方法存在差异。

不同指挥周期应急响应管理活动的具体比较如下：

第一，管理的环境和情景不同。应急态势构成了不同指挥周期应急响应管理的环境和情景条件，是识别事件目标和制定该指挥周期内应急行动方案的基本依据。然而，在非常规突发事件应急响应过程中，应急态势动态变化，具有高度的不确定性，导致应急响应过程中不同指挥周期内应急管理人员面临的管理环境和情景不同，并对应急决策过程造成重要影响。

第二，应急管理人员不同。在非常规突发事件应急响应过程中，不同指挥周期的突发事件级别不同，导致需要动态调整应急响应的级别以适应当前应急态势的要求。因此，不同指挥周期内参与应急响应过程的单位和负责应急响应行动的人员不同。在该指挥周期结束时，通过应急指挥权限的传递来实现不同指挥周期内应急指挥和管理权限的调整。同时，不同指挥周期内，随着应急态势的变化和应急响应工作内容的调整，来自不同单位的应急响应人员动态参与和退出非常规突发事件应急响应过程，导致参与应急响应过程的单位不同，且人员的数量动态变化。

第三，管理目标的不同。不同指挥周期的管理目标是应急管理人员在指挥周期开始时识别的事件目标集合，为该指挥周期内的应急响应工作提供方向和指导。给定指挥周期内所有管理活动的根本目的是在初始应急态势下实现和完成识别的事件目标集合。由于不同指挥周期应急态势存在差异且参与的响应单位构成不同，导致不同指挥周期应急管理人员识别的是不同的事件目标。因此，造成不同指挥周期的管理目标存在差异。

第四，管理的周期不同。不同指挥周期由应急管理人员确定且不超过 24 小时。通常，当应急态势发生较大变化或新的突发事件发生时，应急管理人员应设置新的指挥周期，并对应急响应管理工作作出调整。

（三）应急响应管理工作的基本特性

为更好地认识和理解非常规突发事件应急响应管理的概念和内涵，在给出以上定义的基础上，本部分将深入分析和讨论非常规突发事件应急响应管理工作的基本特性，主要内容如下：

1. 复杂性

非常规突发事件应急响应过程涉及多个不同的事件目标，反映了不同单位多方面的利益需求，具有多个维度的特征，导致应急响应过程具有复杂性。同时，多个参与应急响应过程的单位和部门之间存在冲突，且整个应急响应过程受到可用的资源、地理环境、交通状况、时间、技术条件等多种因素的制约，导致应急响应过程需要考虑的相关要素十分复杂。

2. 独特性

非常规突发事件应急响应管理工作的独特性是指有自己独特的管理对象、独特的管理活动和独特的管理方法与工具，是一种与其他阶段的应急管理工作完全不同的管理活动。虽然，非常规突发事件应急响应管理也会运用一般的管理原理和方法，但是应急响应管理过程中有许多自己独特的管理原理与方法，从而适应应急响应过程的特征和要求。

3. 高度的动态性

突发事件与应急行动执行过程共同导致应急响应过程具有高度动态性。首先，非常规突发事件具有突然发生、快速蔓延、演变规律不确知等特征，导致应急响应环境和应急态势动态变化，应急管理人员无法作出预知和判断。其次，应急响应实体的应急行动执行效果不确定，应急行动可能产生多种执行后果，从而导致应急响应环境产生多种改变。最后，应急态势的动态性导致应急响应参与人员应根据应急响应工作的要求动态参与和退出应急响应过程，且应急响应组织具有高度的动态性特征，应在应急响应过程中动态调整应急响应组织结构以满足应急态势的动态要求。

4. 时间受限

根据非常规突发事件的机理性特征，应急管理人员应在非常规突发事件造成灾难性后果前，对事件进行干预与控制，减小突发事件造成的影响和后果。因此，在应急响应过程中，应急管理人员应在强烈的时间限制条件下展开应急响应管理活动，制定和执行应急行动方案，对突发事件进行响应，从而控制事态。时间限制条件是应急管理人员开展应急响应管理活动过程中必须考虑的首要因素。

5. 资源稀缺

非常规突发事件影响范围广，强度大，其应急响应过程需要多级政府和部门向事件现场提供大量应急资源和服务，从而满足应急响应工作的需要。然而，相对于实现事件目标的应急行动方案的资源需求，事件现场应急资源往往严重不足，无法在有限的应急资源条件下完成所有识别的事件目标。因此，非常规突发事件应急响应过程中，应按照开展应急响应工作的原则，将识别的事件目标分为若干级别，优先保证完成较高优先等级的事件目标。

6. 强烈的心理压力

非常规突发事件的发生、发展和演变规律决定了事件在生命周期中的某一时刻会产生突变和变异，并产生严重的后果。因此，应急管理人员必须在事件造成灾难性后果前，采取响应措施对事件进行干预与控制，减轻事件造成的影响。因此，应急管理过程中，应急管理人员面临强烈的时间压力。同时，非常规突发事件造成的严重后果与应急响应过程时间受限的特征相互叠加，导致应急管理人员在应急响应过程中具有较大的心理压力，且随着响应过程的进行，压力逐渐变大。

7. 信息缺失

非常规突发事件应急管理响应过程的信息缺失主要表现在以下方面：首先，应急管理人员缺乏非常规突发事件机理性知识，不清楚非常规突发事件发生的原因、发展和演变的规律，无法对非常规突发事件作出预测，导致缺少关于事件评估和预测的信息，影响应急管理人员制定合理的应急响应措施和方案。其次，非常规突发事件应急响应过程具有时间受限，应急管理人员在短时间内无法充分收集应急响应过程的全面信息，需要在信息不足的条件下，开展应急决策工作，快速对突发事件作出响应。

四、本书的知识体系

非常规突发事件应急响应管理知识体系是应急响应管理过程中所要使用的各种知识、理论、方法和工具及其之间相互关系的总称。非常规突发事件应急管理涉及的科学问题非常广泛，本章以非常规突发事件应急响应管理过程为研究对象，根据对应急响应过程涉及的管理活动及其特征进行分析，提出了本书的知识体系及其涉及的关键科学问题，为后续各章的研究工作提供理论框架。

“管理的本质是决策。”按照以上观点，本书认为非常规突发事件应急响应管理活动的核心工作是如何在应急响应环境条件下科学和有效地制定应急行动方案，从而使得应急响应参与单位协调开展应急行动，减少各单位应急行动之间存在的时间或资源冲突，提高应急响应工作的效率。

围绕这一根本目的，本书重点展开应急行动方案的制定方法和技术的研究工作，将其作为本书的核心内容，并对应急行动方案的制定过程相关的知识领域展开介绍和研究，包括应急响应组织管理、应急预案管理、应急行动方案制定方法及技术和应急响应信息管理四个方面的内容。将以上四个方面的研究内容按照合理的方式进行组织，构成了本书的知识体系，明确了后续各章的逻辑结构和相互的关系。

本书知识体系的四个组成部分的具体内容如下：

（一）应急响应组织管理

非常规突发事件应急响应工作参与单位包括不同行政区域的多级政府和多个单位，并需要社会公众和志愿者共同参与，是一种有组织的社会响应，涉及复杂的任务网络、资源和角色。例如，“5·12”汶川大地震造成了巨大的人员伤亡、基础设施损毁以及34处堰塞湖险情等。地震发生后，全国共出动13万人民解放军和武装警察部队、4.8万民兵预备役人员，还有大量的地方救援人员和社会救援力量以及多国救援队伍等参与救援。大地震发生后，大量应急救援队伍立刻投入应急响应过程，开展伤员救护、道路抢修、堰塞湖险情处置等应急响应工作。地震应急响应的具体工作及其分工包括工程救援队伍开展人员搜救；地方政府执行受灾群众安置工作；医疗救护部门执行伤员救护工作；水、陆、空交通运输部门保障交通通畅，负责救灾物资运输以及人员转移等；水利部门负责堰塞湖的监测，并采取工程抢险措施。因此，如何建立应急响应参与单位之间的指挥和协调关系，将参与应急响应工作的所有人员进行组织化运作，是非常规突发事件应急响应工作中面临的关键问题。

为解决以上问题，本书将展开应急响应组织管理的研究工作。应急响应组织管理是应急响应过程中为确保科学、合理和有序地开展应急管理工作而开展的一项专门的管理工作。有效地组织和管理应急响应参与实体是非常规突发事件应急响应过程中的一项重要的管理活动，能够为非常规突发事件应急响应工作提供组织保障。同时，通过设计合理和优化的应急响应组织结构，能够建立应急响应实体之间清晰的指挥链条，从而在组织结构上实现应急响应实体之间的相互协调，并对应急响应工作进行高效的指挥与管理，以满足动态变化的应急态势需求。

（二）应急预案管理

应急领域知识包括非常规突发事件应急响应过程中涉及的应急预案、标准操作程序、应急管理规章制度等。其中，应急预案是应急领域知识的主要载体，是开展非常规突发事件应急响应管理活动的基本依据和规范，也是制定应急行动方案的基础。非常规突发事件应急响应过程中涉及多个单位的应急预案的综合应用。然而，分布于缺乏合作经验的多个单位的不同类型的应急预案，是跨领域的异构性知识，缺乏统一的术语，无法实现知识共享。同时，应急预案的主要表现形式为非结构化文本，计算机无法识别，导致无法根据预案文本所描述的应急领域知识支持应急管理活动过程的有效开展。

根据以上分析，本书展开应急预案管理的研究工作，分析应急预案的组成要素与结构，对非常规突发事件应急响应管理过程中涉及的不同类型的应急预案进行统一建模和高效管理。同时，应急预案管理是非常规突发事件应急响应管理活动中的一项重要内容，并能够为非常规突发事件应急行动方案制定过程解决知识瓶颈。

（三）应急行动方案制定方法及技术

应急决策是非常规突发事件应急响应管理活动的本质和核心工作，即对应急响应过程中涉及的决策问题进行建模和求解。非常规突发事件具有多灾种耦合与多类型突发事件同时发生的特征，影响范围广，强度大，涉及的要素多，导致常规防治手段和处置措施失效，应急响应工作无法仅仅依据某个部门或单位的应急预案开展，需要来自不同区域的缺乏合作经验的多个单位同时启动多个预案，并科学和合理地制定应急行动方案，有效地对突发事件进行干预和处置。因此，非常规突发事件应急响应过程可以看成应急行动方案制定和实施过程。同时，非常规突发事件应急响应过程涉及缺乏合作经验的来自不同行政区域的多个单位和部门，应急响应的规模大，包含十分广泛的工作，通过制定和执行统一的应急行动方案，能够有效协调各应急响应参与单位的应急行动，提高应急响应的效率。

根据以上分析，我们认为：非常规突发事件应急响应过程中如何科学和有效地制定应急行动方案是应急响应过程中面临的核心决策问题。该问题的本质是面对复杂的当前应急态势如何完成识别的事件目标集合。本书将应急管理人员在非常规突发事件应急响应环境条件下制定应急行动方案的决策过程作为重点研究对象，紧紧围绕应急行动方案制定决策问题的建模和求解，研究应急行动方案制定决策方法及其决策支持技术。

（四）应急响应信息管理

应急响应信息管理是对非常规突发事件应急响应过程中涉及的各类信息进行有效组织和管理的一项专项应急响应管理工作，能够对应急响应过程涉及的相关信息进行有效的搜集、管理和传递。因此，研究应急响应信息管理方法和技术，能够有效地对应急响应过程涉及的相关信息进行统一建模和存储，支撑非常规突发事件应急响应管理活动的高效开展。

五、本章小结

非常规突发事件应急管理是当前的社会热点问题，也是我国应急管理工作中面临的难点和挑战。本章探讨了非常规突发事件的概念和特征，分析了非常规突发事件应急管理的概念及其内涵，并将其划分为四个相互联系的阶段。在此基础上，本章重点研究了非常规突发事件应急响应管理过程，将应急响应管理过程划分为不同的指挥周期，并提出了应急响应管理过程的特点。最后，本章分析了本书的主要研究对象和研究问题，提出了本书的知识体系及其构成，为后续各章的研究工作奠定基础。

第三章　应急响应组织管理

应急响应组织管理是非常规突发事件应急响应管理过程中的一项专项管理工作，构成应急响应管理活动的重要内容。非常规突发事件应急响应过程涉及来自不同行政区域和缺乏合作经验的多个单位和人员，设计科学和合理的应急响应组织是实现应急指挥与控制的关键和前提，能够将应急响应工作进行组织化运作，从而有效协调各应急响应参与单位的工作。然而，非常规突发事件应急响应过程的特征对设计有效的应急响应组织提出了特殊约束条件。首先，应急响应组织应满足高度动态的应急态势，能够进行动态调整。其次，应急响应组织结构应适应我国应急管理行政体系的特征，满足应急管理实践工作的要求。因此，如何设计与优化适应我国应急管理国情特征的非常规突发事件应急响应组织，是应急响应组织管理面临的关键问题。

针对以上问题，本章将全面讨论应急响应组织管理的主要内容、理论与方法。首先，本章在分析非常规突发事件应急响应相关主体的基础上，提出一种符合我国国情特征的非常规突发事件应急响应组织总体设计方案，并分别介绍后方应急响应组织结构和现场应急响应组织结构，从而为设计与优化非常规突发事件应急响应组织提出一种解决方案。最后，本章分析应急指挥人员的角色与职责，并利用提出的应急响应组织结构模型对长江中游三峡区域防汛应急响应组织进行建模。

一、应急响应相关主体

非常规突发事件影响范围广，后果严重，其应急响应工作涉及不同行政区域内的多级政府和不同单位。应急响应相关主体是指具有应急管理职责和受非常规突发事件影响的组织或个人，构成了应对非常规突发事件和开展应急响应管理工作的主体。有效识别非常规突发事件应急响应的相关主体，科学分析应急响应相关主体之间的关系，是开展应急响应组织管理工作的首要问题。同时，分析和管理应急响应相关主体的目标和期望，才能保障应急响应工作的成功开展。本节全面识别非常规突发事件应急响应相关主体及其构成要素，并分析相关主体之间的几类重要关系。

（一）应急响应相关主体的构成

非常规突发事件影响范围广，应急响应过程涉及不同行政区域的多级政府或多个部门，需要来自不同单位的人员相互合作、共同参与来完成应急响应工作。通常，在非常规突发事件应急响应过程中，应急响应相关主体主要包括应急响应相关责任单位、应急指挥人员、应急响应工作实施组织和事件发生当事人，具体如下：

1. 应急响应相关责任单位

应急响应相关责任单位是具有相关应急管理职责或受非常规突发事件影响的单位或组织。应急响应相关责任单位是非常规突发事件应急响应工作的发起人和最终责任人，具有应急响应过程的最终决策权，负责向事件现场派遣工作组成立现场应急响应组织，并向事件现场投放应急资源和服务，支持现场应急响应工作开展。

通常，应急响应相关责任单位涉及不同层级的中央和地方政府及其职能部门、非政府组织，私有单位、关键基础设施的所有者和运行人员以及其他承担应急管理角色的组织和个人。

2. 应急指挥人员

应急指挥人员是负责整个事件现场应急响应工作的人员，是事件现场应急响应过程的领导者、组织者、管理者和应急响应管理决策的制定者和执行者。

应急指挥人员履行事件现场应急响应过程决策指挥的职责，领导和组织参与事件现场应急响应工作的所有人员，并全面指挥和协调突发事件应急响应工作，做好应急响应工作的计划、组织、领导和控制等一系列管理活动。应急指挥人员在事件现场应急响应团队中具有很高的权威，是应急响应工作成败的关键，具有较高的专业领域知识、管理技能和业务素质，负责建立事件现场应急响应组织，并识别和实现应急响应过程中不同指挥周期的事件目标。

3. 应急响应工作实施组织

应急响应工作实施组织是在应急响应工作中承担应急响应工作实施责任或完成特定应急响应功能的组织或人员。应急响应工作实施组织接收应急指挥人员下达的指令，完成具体的应急响应任务和工作，是事件现场应急响应工作的具体执行者，并解决执行过程中出现的相关问题。

非常规突发事件应急响应过程中涉及多个应急响应工作实施组织。应急响应工作实施组织可以是应急响应相关责任单位内部的人员，也可以是联系的外部社会单位的人员。通常，应急响应工作实施组织包括专业应急队伍和兼职应急队伍。其中，专业应急队伍具有完善的组织体系，拥有完成特定应急功能的装备，并经常开展训练和演习，是实施应急响应工作的骨干和中坚力量，包括军队、消防队伍、公安部门的小分队、医疗救护队伍、环境监测队伍等。兼职应急救援队伍是开展应急管理区域内的社会单位依托本单位的人员与物资组建的应急队伍，能够完成与该单位所从事工作相关的应急响应任务，并定期开展演练和培训。

4. 事件发生当事人

事件发生当事人是指非常规突发事件发生地点的单位和人员，以及与突发事件具有直接关系的人员。事件发生当事人是非常规突发事件的直接作用对象和最早获取非常规突发事件信息的人员。在突发事件发生后，事件发生当事人应及时向应急管理相关责任单位报告事件相关信息，并在应急响应过程中，续报突发事件相关信息，积极配合应急指挥人员和应急响应工作实施组织人员开展事件现场应急响应工作。

综上所述，非常规突发事件应急响应参与人员是以政府及其相关职能部门人员为主体，吸收其他社会单位和非政府组织人员共同参与，从而组建的对非常规突发事件实施干预与控制的团队，构成了非常规突发事件的应对体系，也称为事件管理团队（Incident Management Teams，IMT）。事件管理团队是为了完成共同的事件目标而组建，团队成员具有特定的角色和各自需要执行的任务，在应急响应过程中相互合作，有效完成应急响应工作，从而对突发事件进行成功的干预和控制。

（二）应急响应相关主体之间的关系

分析非常规突发事件应急响应相关主体之间的关系能够更好地理解非常规突发事件应急响应相关主体的内涵，并为设计合理的应急响应组织结构奠定基础。本节将分析几类应急响应相关主体之间的关系，为提出合理的应急响应组织结构，并有效处理应急响应相关主体之间不同类型的关系打下基础。

1. 应急响应相关责任单位之间的关系

应急响应相关责任单位根据本单位的使命具有不同的组织目标，在非常规突发事件应急响应过程中，具有不同的关注方面，并识别不同的事件目标。不同应急响应相关责任单位的利益与组织目标既有相互一致的一面，也有相互冲突的一面。首先，应急响应相关责任单位的利益与组织目标相互一致的方面使得相关单位共同参与应急响应工作，只有快速和有效地完成非常规突发事件应急响应工作才能履行各单位的责任，实现各单位的组织目标。另外，应急响应相关责任单位的利益与组织目标相互冲突的方面，使得各单位的要求和期望有时是不统一的，甚至会导致应急响应工作的失败。例如，防汛应急响应过程中，政府和社会关心防汛形势，尽量降低洪水水位和发生洪水灾害的风险；水电站运营单位主要关注发电情况，尽量利用洪水发电，产生更大的经济效益；航运部门则关心通航情况，河道水位过高或过低，都会造成封航情况的发生。防汛应急响应过程，以上不同单位应该共同参与防汛方案的制定过程，综合考虑以上三方的组织目标和利益，力求达到防洪、发电和通航的有机统一。

根据以上分析，合理安排和平衡好不同应急响应相关责任单位的要求和利益是非常规突发事件应急响应管理的重要内容。在非常规突发事件应急响应过程的各个阶段，应充分考虑应急响应相关责任单位的全体利益。因此，为有效开展非常规突发事件应急响应管理工作，应将应急响应相关责任单位统一纳入应急响应管理过程，实现应急响应相关责任单位的“全团队”管理，建立各单位之间协商和沟通的平台，从而解决各单位利益之间的冲突和组织目标存在的不一致，提高应急响应工作的效率。

2. 应急响应相关责任单位与应急指挥人员的关系

应急响应相关责任单位是应急响应工作的发起人，负有应急响应工作的最终职责，并为事件现场应急响应工作提供支持。应急指挥人员来自应急响应相关责任单位，接受所属单位的领导和授权，履行事件现场应急指挥的职责，是事件现场的最高决策和指挥人员。

首先，应急指挥人员是应急响应相关责任单位在事件现场的代表，与应急响应相关责任单位具有共同的组织目标，即快速和有效地对突发事件作出响应，从而保护群众的生命和财产安全。其次，应急指挥人员是事件现场应急响应工作的最高决策者和指挥者，统一管理事件现场的所有应急响应活动。同时，应急指挥人员能够向应急响应相关责任单位请求支持，并统一指挥和协调应急响应相关责任单位在事件现场的所有应急资源和应急队伍，解决事件现场应急响应过程中出现的所有问题。

3. 应急响应相关责任单位与应急响应工作实施组织之间的关系

应急响应工作实施组织来自于应急响应相关责任单位，在应急响应过程中接受其所来自的应急响应相关责任单位的领导和指挥，但是在事件现场主要接受应急指挥人员的指令，完成指定的应急响应工作和任务。同时，应急响应相关责任单位应在应急响应过程中动态掌握本单位派出的应急响应工作实施组织的相关情况，并为其参与应急响应工作提供支持和保障。

根据以上分析，在非常规突发事件应急响应过程中，不同应急响应相关主体之间的关系十分复杂。本书利用现代组织设计理论提出合理的非常规突发事件应急响应组织结构，对应急响应相关主体进行科学分工，合理安排和照顾各应急响应相关主体的利益，从而有效协调和管理应急响应相关主体在应急响应过程中的冲突和差异，最终成功完成非常规突发事件的应急响应工作。

二、非常规突发事件应急响应组织

非常规突发事件应急响应组织是由参与应急响应工作的多个来自不同单位的人员组成的团队，团队成员具有共同的目标、规定的角色和职责以及与承担的应急任务相关的领域知识。同时，团队成员在不同的地理位置开展工作，成员的行动之间具有相互依赖性，相互合作共同完成应急响应工作。

非常规突发事件应急响应组织是为完成应急响应相关主体的使命和组织目标而设立的一种满足应急响应特殊情景特征的组织模型。非常规突发事件应急响应管理的一项重要工作是有效组织应急响应工作参与人员，使之产生协调一致的行动模式，从而提高应急响应工作的效率。同时，设计合理的应急响应组织结构是协调各单位应急行动的一种有效手段，能够对参与应急响应工作的各个单位进行统一编组，实现应急响应工作的组织化运作。另外，对于不同的组织目标、资源条件和所处的环境，应急响应组织结构存在差异。

因此，根据非常规突发事件的任务环境和我国应急管理行政体系的基本特征，设计合理的非常规突发事件应急响应组织结构，规定应急响应参与人员的决策权限、职责和通信关系，是实现应急响应协调和组织化运作的关键。本节提出了一种非常规突发事件应急响应组织结构，将其划分为后方应急响应组织和现场应急响应组织，符合我国应急管理行政体系的特征，满足应急管理实践的要求，并能够实现应急响应组织稳定性和动态性的有机统一。同时，本节将分析后方应急响应组织和现场应急响应组织之间的关系，揭示非常规突发事件应急响应组织结构的内涵。

（一）非常规突发事件应急响应组织结构

根据我国应急管理行政体系的特征和应急管理工作的实践经验，本节提出非常规突发事件应急响应组织结构的总体设计方案，能够为构建非常规突发事件应急响应组织提供指导。非常规突发事件应急响应组织结构如图 3 - 1 所示，由后方应急响应组织和现场应急响应组织组成，分别履行后方远程协调和事件现场应急指挥的管理职责。同时，非常规突发事件规模大，影响范围广，往往涉及同时发生且相互耦合的多个突发事件，后方应急响应组织可能成立多个现场应急响应组织，分别指挥和管理不同区域内的事件现场应急响应工作，并统一接受后方应急响应组织的领导和指挥。

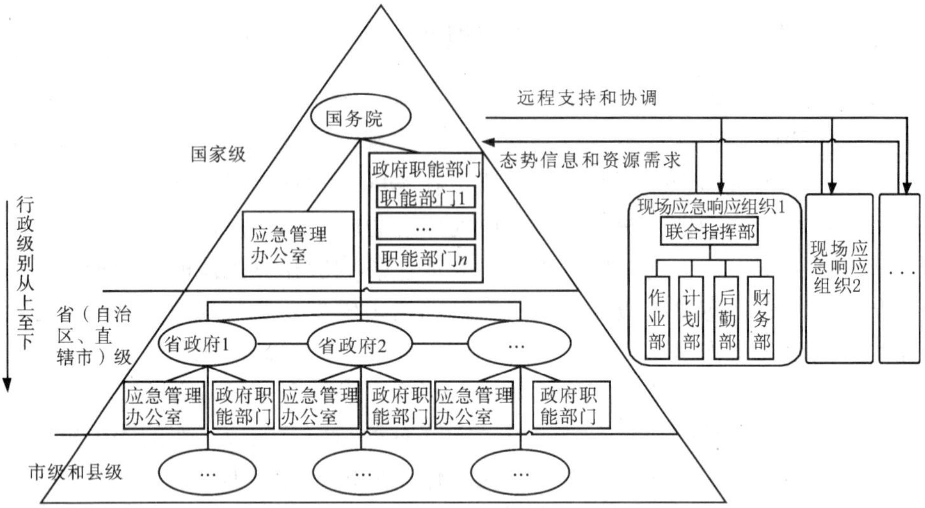

图 3－1　非常规突发事件应急响应组织结构

1. *后方应急响应组织*

非常规突发事件应急响应涉及具有不同管辖权限的多个层级的政府和部门，需要高层次的资源管理和信息管理。按照我国应急管理行政管理体系，各级政府应急管理部门自上而下分为国家级、省（自治区、直辖市）级、市级和县级应急管理责任人及其办事机构（应急管理办公室）以及参与应急响应工作的不同层级政府相关职能部门。非常规突发事件后方应急响应组织按照我国应急管理行政体系层次建立，各级政府及其相关职能部门构成了后方应急响应组织的组成要素，呈金字塔结构，是一种典型的官僚型组织，体现层次性和权威性特点且具有相对稳定的特征。

当非常规突发事件发生时，事件信息接收单位根据事件的当前态势、影响范围和发展趋势，对事件进行分级。同时，按照事件的级别，后方应急响应组织中相应层级的政府启动应急指挥中心（Emergency Operation Center），召集该级政府应急管理相关职能部门和应急专家集中协商，并对应急响应工作进行远程协调，统一调度本单位的应急资源，支持事件现场的应急响应工作。

同时，各层级间下级应急管理实体严格执行上级应急管理实体的应急指令，绝对服从上级的统一领导、指挥和协调。上级应急管理实体在全面掌握应急态势信息和下级应急处置工作执行情况的条件下，基于法定权威下达决策指令，并对下级应急响应行动进行干预和调整。

2. *现场应急响应组织*

非常规突发事件发生后，事件影响区域内或与应急响应相关的责任单位派遣工作组到事件现场，并向现场投放应急资源与服务，从而快速和有效地对突发事件进行干预与控制。现场应急响应组织是为满足突发事件应急响应的需要，从后方应急响应组织中不同层级的政府及其职能部门抽调各种人员，为完成事件现场应急响应工作而组建的项目团队。为有效协调事件现场来自不同单位的应急响应参与人员的应急行动，应成立现场应急响应组织，对事件现场人员进行编组，将事件现场的设施、装备、人员、程序和交流等整合在统一的组织框架中，从而统一协调事件现场的所有应急响应参与人员的工作。

事件指挥系统（Incident Command System，ICS）为设计现场应急响应组织结构提供理论基础。根据ICS组织结构，本书提出的事件现场应急响应组织由联合指挥部、作业部、规划部、后勤部和财务部等若干职能部门组成，采用项目小组结构，具体组织结构及其组成要素将在第四节具体介绍。

当非常规突发事件发生后，后方应急组织中不同层级的政府及其职能部门向事件现场派出工作组，成立联合指挥部。联合指挥部面对当前应急态势，快速识别事件目标及其战略行动，并根据应急响应工作的任务要求，对事件现场的应急响应参与人员进行编组，形成各职能工作组，从而构建现场应急响应组织。同时，联合指挥部与后方应急响应组织保持联系，请求各级政府及其职能部门调度应急队伍和应急物资支援现场应急响应工作。现场应急响应组织中的各职能工作组的设置与具体的非常规突发事件类型及其任务结构有很大关联，各职能工作组接收联合指挥部下达的应急指令，并执行现场应急处置任务。

在非常规突发事件应急响应过程中，现场应急响应组织根据当前应急态势临时成立，并随着应急态势变化动态改变其组织结构和人员构成。同时，当事件现场应急响应工作完成或现场危险状况完全消除后，现场应急响应组织人员回原单位，融合到后方应急响应组织相关层级的政府及其职能部门。因此，现场应急响应组织是完成事件现场特定应急响应任务的临时性团队，具有高度动态性，也具有很大的灵活性。

（二）现场应急响应组织和后方应急响应组织的关系

非常规突发事件应急响应工作由后方应急响应组织和现场应急响应组织相互合作共同完成。本部分对现场应急响应组织和后方应急响应组织之间的关系进行深入分析。

首先，非常规突发事件发生后，后方应急响应组织抽调各单位和部门成员，向事件现场派遣工作组，成立现场应急响应组织，开展事件现场应急响应工作。

其次，现场应急响应组织对事件现场的来自多个单位的人员进行现场协调，随着突发事件规模的扩大和升级，现场应急响应行动需要后方应急响应组织的远程协调和支持。在应急响应过程中，现场应急响应组织负责事件现场应急响应工作以及应急响应过程的战术指挥工作，并向后方应急响应组织汇报实时现场应急态势，提出应急资源需求。后方应急响应组织负责应急响应过程的战略协调工作，识别全局应急目标，统一指挥和调度组织中各层级政府的人力、物力和财力资源，并获取组织外部社会应急资源，向现场应急响应组织提供支持和协调，从而实现现场应急响应组织与后方应急响应组织的协调运作。

最后，非常规突发事件应急响应组织具有矩阵性组织的典型特征，能够从后方应急响应组织中抽调不同层级的政府和职能部门的各种人员，组成不同的事件现场应急响应组织，开展多个事件现场的应急响应工作。同时，当事件现场的应急响应工作结束后，应急响应参与人员回到后方应急响应组织各级政府及其职能部门中。

综上所述，非常规突发事件应急响应组织结构具有稳定性和动态性有机统一的特征。现场应急响应组织动态组建，能够有效地集成事件现场的来自不同单位的应急资源，高效开展事件现场应急响应工作，具有临时性、开放性和动态性等特征。后方应急响应组织具有层次性、权威性和稳定性的特征，体现了我国应急管理行政体系的基本特点，能够实现应急响应工作的统一指挥和协调应对。

三、后方应急响应组织

非常规突发事件后方应急响应组织由负有应急管理职责的各级政府及其相关职能部门组成，不同层次的政府及其相关职能部门按照我国应急管理行政体系进行运作。

通常，非常规突发事件发生后，后方应急响应组织中相应层级的政府及其职能部门启动应急指挥中心，集中应急响应过程中的相关政府人员、各职能部门的代表和相关领域的应急管理专家，对应急响应过程中的重大事项进行会商和决策，并对事件现场应急响应活动提供远程支持，实现多部门之间应急响应工作的远程协调。应急指挥中心成员由后方应急响应组织中相应层级政府及其职能部门中负有事件管理和资源管理职责的人员组成，主要包括应急响应参与部门的管理者、执行人员、授权代表，承诺提供资源支持的单位派出的代表、应急响应工作中涉及的相关领域应急专家。

在非常规突发事件应急响应过程中，应急指挥中心与事件现场应急响应组织保持有效的通信，及时获取事件现场实时信息，并对现场应急响应工作提供支持和指导。同时，各级政府应急指挥中心自身一般不具有应急资源，应急响应过程所需的人、财、物等资源分布在各职能部门中。应急指挥中心组成人员负责对应急响应过程中的重大事项进行会商，并制定应急决策方案，指挥下级各应急指挥协调中心和同级下属的各职能部门参与应急响应工作，并监控其执行情况，必要时对下级的应急决策方案进行干预和调整。最高级的应急指挥中心通过多部门的会商制定针对应急响应过程重大事项的全局应急决策方案，并将方案中包含的应急指令分别下发给相应的下级应急指挥中心和同级下属的相关职能部门。下级的应急指挥中心接收下达的应急指令，完成应急指令规定的相关任务，并处理执行过程中的相关问题。同时，以上应急指挥过程向下延伸，直至最下级的应急指挥中心，构成递推的过程。同级下属的职能部门严格遵守应急指挥中心下达的应急指令，根据应急管理规章制度、应急预案、本部门的工作程序，完成应急指令描述的应急任务。

多部门协调系统（Multiagency Coordination System，MCS）是使得后方应急响应组织中所有层级的政府及其职能部门高效运作的过程，能够作为后方应急响应组织实现多部门协调的一种关键手段。MCS 由参与应急响应过程的多个部门的人员、设施和程序等组成，是一个动态变化的系统，允许所有层级的政府机构和部门有效地共同开展工作。通常，非常规突发事件应急响应涉及多个层级的政府及其职能部门，甚至跨区域的不同政府，能够采用多部门协调的方式，使得参与应急响应工作的多个后方应急响应组织实体在应急响应过程中协调运作。

基于 MCS 的非常规突发事件多部门协调过程由集成在统一系统内的设施、装备、人员、程序、业务惯例和交流集合组成，用以在应急响应过程中协调应急资源，并支持应急响应行动，具体组成要素如下：

（1）设施：开展应急指挥活动的场所，如应急指挥中心。

（2）装备：辅助应急管理活动正常开展的计算机、通信设备和大屏幕展示装备等。

（3）人员：政府及其职能部门的管理者或指派的经过授权能够调动本单位应急资源和资金的代表，其他支持部门、非政府组织和私有单位的代表。

（4）程序：描述应急响应活动、各部门之间关系和特定应急功能的过程、协议、协定和业务惯例。

多部门协调系统为多个后方应急响应组织组成单位在应急响应过程中相互合作提供一种有效的环境和手段。基于 MCS 运行的后方应急响应组织的主要职责如下：

（1）态势评估：搜集、处理和展示与应急响应相关的补充信息、地理信息和状态信息。

（2）事件目标优先级的确定：根据应急态势评估事件对生命和财产的威胁程度、潜在的损失、事件的复杂性、环境影响、经济影响等因素，从而评价和决定事件目标及其优先级。

（3）关键资源的获取和分配：从本级别政府及其相关职能部门获取关键的应急资源，投放到事件现场，并优先满足完成优先级别较高的事件目标的需求。同时，通过互助协议从事件影响区域外的单位获取应急资源，并向事件现场进行投放。

（4）支持相关突发事件管理政策的制定，跨部门的应急行动方案的制定，并实现不同单位之间共享事件的相关信息。

四、现场应急响应组织

非常规突发事件发生后，后方应急响应组织相关层级政府及其职能部门向事件现场派遣工作组，并投放应急资源和服务，从而对突发事件进行干预与控制。通常，非常规突发事件现场的情况十分复杂，汇集了来自不同单位的应急队伍和应急资源，事件现场应急响应工作的组织、指挥和管理是非常规突发事件应急响应工作中面临的关键问题。同时，有效开展应急响应工作需要对事件现场的人员、交流、程序、装备和设施进行系统管理，执行针对突发事件的规划、指挥、协调和控制等管理活动，从而实现应急响应组织目标，对突发事件进行干预与控制，减少事件造成的损失，保护群众生命和财产安全。

现场应急响应组织是根据非常规突发事件应急响应工作需求，从后方应急响应组织不同层级的政府和部门抽调相关人员组成的临时性特别工作组织，不受应急响应人员现存职能结构的束缚，其组织形式具有更大的灵活性和柔性。现场应急响应组织的目标是有效抢救生命和财产，稳定突发事件态势，减少事件对环境的破坏，保护群众生命和财产安全等。同时，现场应急响应组织相关人员根据实时和动态的应急态势识别事件目标，作为现场应急响应组织的具体组织目标。

为使现场应急响应组织实现其组织目标，保证事件现场应急响应工作的有效实施，必须设计和运行现场应急响应组织结构，对事件现场参与应急响应工作的所有人员进行统一的指挥和管理，实现事件现场应急响应人员的协调运作。

（一）现场应急响应组织结构

非常规突发事件应急响应过程中，如何有效地管理和协调来自不同层级的政府及其职能部门以及社会单位的应急响应人员在事件现场应急行动是保证事件现场应急响应工作成功开展的关键。现场应急响应组织将事件现场来自不同单位的应急响应参与人员整合在统一的组织架构中，实现事件现场应急响应工作的组织化运作，为管理和协调事件现场应急响应参与人员提供一种有效途径。非常规突发事件发生后，事件响应现场的多个部门应急响应人员通过构建现场应急响应组织，实现相互合作，协调开展应急响应工作。

通过设计合理的现场应急响应组织结构，能够建立事件现场应急响应参与人员之间清晰的指挥链条，增强各成员之间的信息沟通，是协调事件现场应急响应工作的有效手段。现场应急响应组织的设计原则如下：①目标的一致性和管理的统一性；②有效的管理幅度和层次；③对等的权利和职责；④合理的分工和保证密切配合。

ICS 提出了一种被广泛采用的现场应急响应组织的设计方案，将应急响应工作涉及的设施、装备、人员和程序集成在一个公共的组织框架中，能够提供有效的突发事件现场管理功能。ICS 被广泛地用来组织突发事件现场的管理活动，为事件现场应急响应工作提供一种集成的组织结构，主要包括指挥、作业、规划、后勤和财务五大职能领域，能够用于从简单到复杂等一系列广泛的突发事件，包括自然的、人为的和灾难性的恐怖主义行为。同时，ICS 可被美国联邦、州、地方、部族等各级政府以及许多私营部门和非政府组织使用。

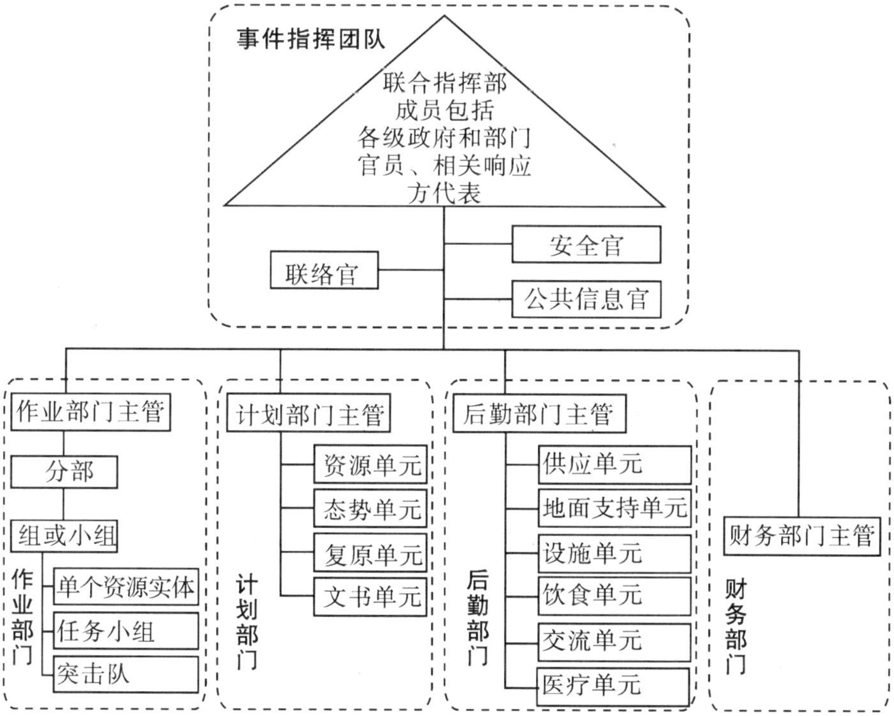

图 3-2　非常规突发事件现场应急组织结构

根据非常规突发事件现场应急响应的特征，在组织设计理论和 ICS 组织框架的基础上，本部分提出一种非常规突发事件现场应急响应组织结构，如图3－2所示，主要组成要素如下：

1. 联合指挥部（Unified Command，UC）

事件指挥功能是ICS的核心要素，负责全面的事件管理，包括现场应急响应组织的构建和支持事件指挥功能的人员的分配，在事件应急响应开始时应清晰建立。非常规突发事件应急响应涉及不同行政区域的具有不同法定责任的多级政府和具有不同功能职责的多个职能部门，需要多个政府和部门共同参与应急响应工作，并实现有效的协调、计划和交互。因此，非常规突发事件现场应急响应组织事件指挥功能按照联合指挥部进行设计，集中主要应急响应参与单位在事件现场的应急指挥人员或代表，通过识别公共的事件目标集合及其战略，制定统一的应急行动方案，避免不同单位和部门之间的重复工作，减少各单位在应急响应过程中存在的冲突，从而有效地提高应急响应工作的效率。

联合指挥部是一个将事件相关主要单位的指挥人员集中在一起的组织单元，使得各单位能够协调和有效地开展应急响应工作。通常，联合指挥部成员包括参与应急响应的主要政府及其职能部门的成员或代表、私有部门的管理人员或代表，具有调动本单位应急资源的权限，能够请求后方应急响应组织中相关组织实体对事件现场应急响应工作进行支援。联合指挥部具体成员组成可由突发事件发生的位置和突发事件类型决定，也可由突发事件的特征、已经存在的应急预案和初始响应过程决定。随着突发事件的发展和演变，联合指挥部的组成人员动态变化，从而适应应急态势动态变化的特征。同时，为提高联合指挥部的指挥与决策效率，组成成员应尽可能少。

在现场应急响应组织中，通过设置联合指挥部，能够建立参与应急响应的多部门集中指挥和协调机制，统一协调不同应急响应参与单位的应急行动，并统一调配多个应急响应参与单位的应急资源。通常，联合指挥部在事件指挥场所（Incident Command Post，ICP）开展全面的事件指挥和管理工作，负责事件目标的全面识别，并对事件目标进行分级，制定实现事件目标的战略行动，共享应急响应过程的信息，并最大限度地有效使用应急资源，具体职责如下：

（1）建立共同的事件目标及其战略，并对事件目标进行分级，从而协调参与应急响应工作的各主要成员单位之间的利益。

（2）通过统一的规划过程，制定实现事件目标及其战略行动的统一应急行动方案，并统一发布与执行。

（3）从后方应急响应组织不同组织实体获取应急资源，对事件现场应急资源进行统一管理，并根据事件目标优先级分配应急资源，优先保证优先级别较高的事件目标的实现。

（4）实现应急响应参与单位战术行动的集成，减少不同单位在应急响应过程中的冲突，并减少应急响应工作的重复，提高应急响应工作的效率。

联合指挥部为主要应急响应参与单位提供一个集中协商的环境，履行非常规突发事件应急指挥的职责，使得应急响应组织能够制定出被共同认可的决策方案，从而提高应急响应工作的效率。成立联合指挥部在组织结构上实现了统一指挥，是一种协调各应急响应参与部门的有效方式。

2. 指挥参谋（Command Staff）

在非常规突发事件应急响应过程中，联合指挥部可将应急响应过程中的信息搜集与发布管理、安全管理以及与应急响应参与各方的通信联系等工作指定给相应的负责人具体承担，称为指挥参谋，各负责人直接同联合指挥部汇报。在非常规突发事件现场应急响应组织中，指挥参谋人员主要包括公共信息官、安全官和联络官。另外，根据突发事件的性质、规模、复杂性和位置以及应急响应过程提出的其他具体要求，联合指挥部可设立法律顾问、医疗顾问等职位。

各指挥参谋的具体职责如下：

（1）公共信息官：负责与公众、媒体和其他事件相关信息的获取部门进行交互，收集、核实、协调和分发准确、及时的事件信息，包括事件发生的原因、事件规模、当前应急态势、使用的应急资源以及其他对内与对外的综合事务。同时，公共信息官负责监视社会公共信息。非常规突发事件应急响应过程中，通过指定唯一的公共信息官，能够实现事件信息统一和权威发布。另外，公共信息官发布的事件相关信息应经过联合指挥部审核批准。

（2）安全官：监视事件现场来自不同单位人员的应急响应行动，并向联合指挥部提出所有与应急响应过程安全相关的建议，包括应急响应人员的健康和安全。同时，在应急响应过程中，安全官负责对遭受危险的环境进行评估，工作内容主要包括制定应急安全方案、从安全方面审查应急行动方案、评估多部门安全方面行动的协调性、促进应急响应人员在应急响应过程中采取安全方面的相关措施。

（3）联络官：联合指挥部与其他应急响应过程涉及的政府部门、非政府组织和私有单位代表的联系人，负责与事件现场应急响应有关支持和协作单位进行联络。在执行本单位领导的指令的基础上，来自各支持和协作单位的代表能够对事件应急响应相关方面的决策问题进行表态，并提供所代表单位的政策、可动用的应急资源和其他事件相关的事务信息。

指挥参谋与联合指挥部组成成员相同，一般处于事件现场附近的事件指挥所，在应急响应过程中辅助联合指挥部成员完成各专项现场应急管理工作。

3. 作业部门

作业部门负责执行为实现减少事件直接危害、抢救生命与财产和建立事态控制等目标而开展的战术应急行动，包括消防与抢险、疏散与安置、医疗救护、警戒与治安、环境监测等。作业部门开展的所有战术行动应依据应急行动方案执行，并向联合指挥部上报应急行动执行情况和实时事件现场信息。

作业部门主管全面管理作业部门的战术行动，对联合指挥部负责，并直接管理事件相关的战术行动，部署和执行应急行动方案，协调各项应急行动的执行过程，并决定作业部门内的组织结构及其人员分配。

根据突发事件的不同范围、规模和复杂程度，作业部门划分为分部、组和资源等若干层次，从而建立合理的管控幅度，一般为 3 ~7 个下级单位。根据突发事件的情景特征，各分部按照功能和地理位置或以上两者的叠加进行划分。同时，当参与应急响应的实体超过联合指挥部规定的管控幅度时，作业部门主管要建立不同的组，从而满足管控幅度合理性的要求。例如，各个小组组织单元可以按照功能划分为消防、警戒、医疗救护和工程建设等分组，也可以按照不同地理区域划分为执行不同地理位置应急任务的分组。应急资源包括单个资源实体、任务小组和突击队三种类型，是能够完成特定应急任务的应急资源基本单元。

4. 计划部门

非常规突发事件规模大，影响范围广，复杂性强，多个应急响应参与部门之间协调的任务重，联合指挥部应设立独立的计划部门，为联合指挥部等应急管理人员收集、评价、分析和发布事件相关信息和情报，并负责相关重要资料的保存和传递。同时，非常规突发事件应急响应过程中，计划部门通过制定统一的应急行动方案，优化各参与单位的应急响应行动，提高应急响应工作的效率。

计划部门主要由资源单元、态势单元、复原单元、文书单元四个基本单元以及协助评估态势，预测需要增加的人员和设备的技术专家组成。

计划部门的具体工作职责如下：

（1）搜集和分发与事件相关的信息和情报，接收其他部门上报的态势报告和应急行动方案执行信息，展示当前应急态势信息，并掌握投入事件现场的应急资源数量及其状态。

（2）计划部门负责收集、评估和传播与事件现场应急响应有关的战术信息。

（3）根据掌握的应急态势和应急资源信息以及联合指挥部成员确定的事件目标及其战略行动，组织相关人员和专家，制定和起草应急行动方案。应急行动方案描述不同层级的政府及其职能部门或私有单位派遣到事件现场的应急响应实体的任务及其相互关系，明确规定当前指挥周期内的战术行动及其支持行动。

5. 后勤部门

后勤部门负责事件应急响应管理所有的服务支持要求，提供设施、设备、交通、供应、装备维修、饮食供应、通信和信息技术保障、应急响应人员的医疗服务等。通常，后勤部门包括供应单元、地面支持单元、设施单元、饮食单元、交流单元和医疗单元。

6. 财务部门

财务部门负责所有与事件应急响应相关的财务管理和事件应急响应过程的成本分析。非常规突发事件应急响应涉及不同渠道的多种资金支持，应在应急响应过程中对资金实行统一管理。财务部门应跟踪事件应急响应过程已经累计的成本和费用，并向联合指挥部进行报告，进行评估，预测需要的资金支持。

（二）现场应急响应组织的生命周期

在非常规突发事件应急响应组织中，后方应急响应组织相对稳定，是一种静态组织，按照我国应急管理行政体系进行设计。现场应急响应组织是突发事件发生后，从后方应急响应组织中不同层级的政府及其职能部门抽调相关人员组成的临时性团队，并随着突发事件的完成而解散，具有确定的生命周期。现场应急响应组织的生命周期包括如下阶段：

1. 成立联合指挥部

非常规突发事件发生后，多个应急响应相关责任单位接收事件上报信息，并根据突发事件应急态势评估结果，派遣工作组赶赴事件现场，对突发事件进行处置和响应。各单位派出的人员到达事件现场后，一般由行政级别最高的应急管理相关责任单位的人员牵头成立事件现场应急响应联合指挥部，从而实现建立现场应急响应组织的事件指挥功能。

随着突发事件规模和复杂性的增加，事件现场联合指挥部逐步扩编，吸收新的单位派遣的应急响应人员。同时，随着某些单位应急任务的完成，该单位成员将退出现场应急响应联合指挥部。

2. 构建现场应急响应组织

现场应急响应组织按照自上而下的方式进行组建。根据联合指挥部识别的事件目标及其战略行动，按照“因事设人”的原则启动现场应急响应组织结构中的相应组成要素，并为组织中相应的职位分配人员，满足需要完成的应急任务的特定要求。同时，现场应急响应组织构建的过程应严格满足管控幅度的要求。

3. 调整现场应急响应组织

非常规突发事件应急响应过程中，随着事件规模扩大或事件态势变化，联合指挥部识别新的事件目标及其战略行动，并制定完成该事件目标及其战略行动的应急行动方案。在此基础上，联合指挥部根据需要完成的应急任务，启动新的现场应急响应组织结构的相关职位，并为其分配新的人员，从而对现场应急响应组织结构进行扩展。

另外，随着相关应急响应任务的完成，联合指挥部要减少现场应急响应组织的相关职位，承担该角色的相关人员退出事件现场，从而完成对现场应急响应组织的调整。

同时，在应急响应过程中，所有进入和退出现场的人员都应进行统一登记和管理，便于联合指挥部掌握参与现场应急响应工作的人员的数量和情况。

4. 事件现场应急组织解散

当事件现场人员得到救护、事态得到控制、危险物资得到清理后，现场应急响应工作完成。此时，联合指挥部宣布现场应急响应组织解散，所有应急响应人员退出事件应急响应现场，并返回后方应急响应组织的相关单位。

（三）现场应急响应组织的特征

非常规突发事件现场应急响应组织结构是对事件现场应急响应人员进行编组的依据，为构建现场应急响应组织提供一种理论依据。本部分认为基于 ICS 组织设计理论构建的非常规突发事件现场应急响应组织具有以下特征：

1. 模块化组织

非常规突发事件现场应急响应组织结构是一种模块化的组织结构，为事件现场应急响应人员提供了一种集成的且与事件复杂性和要求相适应的组织结构。在应急响应过程中，根据事件特征和事件现场应急响应规模，启用现场应急响应组织结构的相应组织模块，从而动态构建现场应急响应组织。首先，根据给定突发事件的类型、规模、范围和复杂程度，建立应急指挥功能，并从应急指挥功能扩展到整个现场应急响应组织结构。其次，现场应急响应组织按照自上而下的方式建立，不同职位的职责和职能源于联合指挥部的应急指挥人员在应急响应过程中的临时指定。

2. 动态性组织

非常规突发事件应急响应过程中，为适应应急态势动态变化的特征，现场应急响应组织结构应进行动态扩展，根据应急响应工作的实时要求，动态启用或消除相关组织要素。同时，在应急响应过程中，为现场应急响应组织结构中的不同角色和职位动态分配相关人员，完成该角色规定的职责和任务。

3. 基于目标的管理

非常规突发事件应急响应过程中现场应急响应组织联合指挥部建立全面的事件目标，并在整个应急响应过程中进行充分交流，使得所有组织成员明确应急响应工作的目标和方向。同时，基于识别的事件目标及其战略，计划部门基于任务分解的方式，制定统一的应急行动方案、程序和协议，建立不同应急管理活动特定的和可度量的具体指标，从而实现基于目标的事件现场应急管理过程。

4. 建立清晰的指挥链和一致的指挥结构

根据现场应急响应组织各职位之间的层级关系，应急管理人员应建立清晰的指挥链条，使得应急响应参与单位为完成共同的组织目标而有效开展应急行动。应急指挥结构的一致性要求组织中的任意职位具有唯一的上级，并向其报告事件的相关信息。以上原则使现场应急响应组织建立清晰的指挥和报告关系，消除多方领导造成的混乱。同时，所有层次的应急管理人员能够控制和监视所有下级人员的应急行动。

5. 合理的管控幅度

合理的管控幅度是决定组织绩效的关键因素，能够保证事件现场应急响应工作的高效开展。现场应急响应组织管控幅度设计考虑的主要因素包括事件类型、任务属性、危险和安全因素、人员和资源的距离。通常，非常规突发事件现场应急响应组织中，各职位维持3~7个下级职位。

6. 基于应急行动方案的响应过程

应急行动方案是一种书面的反映事件应急响应全面战略方案的计划文件，为交流全面的事件目标及其作业活动和支持活动提供一种有效的手段。基于统一的应急行动方案开展应急响应工作，能够优化各单位的应急行动，减少应急响应过程中存在的冲突。同时，通过制定和使用统一的通信计划，能够实现应急响应过程中事件信息的通畅传递和交流。

五、应急指挥人员

应急指挥人员是应急响应相关责任单位在事件现场的代表，是事件现场应急响应组织的领导者，处在事件现场应急响应组织的核心地位，其能力、素质和工作直接关系非常规突发事件现场应急响应工作的成败。本节将全面讨论应急指挥人员的职责和能力要求。

（一）应急指挥人员的职责

应急指挥人员是非常规突发事件现场应急响应工作的主要管理人员，承担应急响应过程中的核心领导和管理工作，组织和指挥现场应急响应组织成员按照正确的方法完成突发事件现场应急响应工作，其主要职责包括以下几个方面：

1. 领导和管理事件现场应急响应工作

应急指挥人员确定应急响应工作的事件目标，领导现场应急响应组织成员完成应急响应工作，并充分利用自己的权力影响整个团队，使得现场应急响应组织的所有成员为实现事件目标而共同努力。

2. 组织现场应急响应工作

事件指挥是现场应急响应组织最初启动的功能领域，处在现场应急响应组织的顶层，全面负责事件管理工作。应急指挥人员是现场应急响应工作的组织者，负责构建现场应急响应组织，设立组织中的职位，明确各职位的职责，分配事件现场人员承担的具体工作，并为其安排相关人员。同时，应急指挥人员在应急响应过程中，根据实时应急态势，动态调整现场应急响应组织结构和人员。最后，当事件现场应急响应工作完成后，由应急指挥人员宣布应急响应工作结束，事件现场应急响应参与人员回到后方应急响应组织中的相关单位。

3. 开展应急决策和制定应急行动方案

在应急响应过程中，应急指挥人员需要解决现场应急响应组织面对的各类决策问题，并在应急响应特殊决策情景下制定各种应急管理决策方案，包括识别事件目标及其战略行动、评估事件目标并对其进行分级、设计与制定应急行动方案、分配应急资源和人员等。在应急指挥人员面临的所有管理决策问题中，科学制定应急行动方案是最重要的一类决策问题，能够为开展应急指挥工作提供依据，应急指挥人员是应急行动方案的制定者和批准者。

4. 控制和协调应急响应行动

应急指挥人员监视现场应急响应组织成员完成相关应急任务的执行过程，协调和解决应急行动方案执行过程中存在的问题，并根据应急行动方案的执行情况对其进行动态调整。

同时，应急指挥人员扮演应急响应工作协调者的角色，处于整个非常规突发事件应急响应组织相关人员信息沟通的中心位置，需要协调应急响应相关责任单位、应急响应工作实施组织和事件发生当事人之间的关系。在协调以上关系的过程中，应急指挥人员需要努力增加应急响应相关主体在应急响应工作中的总体利益，实现应急响应工作绩效最大化。

（二）应急指挥人员的能力要求

非常规突发事件应急响应工作是否成功，很大程度上取决于应急指挥人员在应急响应过程中的领导和管理工作。为有效承担应急指挥人员的职责，确保应急响应工作的成功开展，应急指挥人员应具备以下能力：

1. 具备特定专业领域知识的能力

应急指挥人员必须具备所处的非常规突发事件所属专业领域的基本专业知识和技能，掌握开展该类型突发事件应急管理工作的基本经验和知识。突发事件主要分为四种类型，具有不同的发生机理和响应方式，只有掌握该类型突发事件应急管理的基本领域知识才能做到科学指挥和有效应对。

2. 制定和作出应急决策的能力

应急指挥人员应在非常规突发事件应急响应特殊决策情景下开展应急决策工作，包括识别事件目标及其战略行动、评估事件目标并对其进行分级、制定应急行动方案、分配应急资源和人员等。非常规突发事件应急响应过程中，应急态势高度复杂和动态变化，时间压力大，构成了应急指挥人员开展应急决策工作的特殊情景。应急指挥人员应具备在应急响应特殊情景条件下进行信息搜集、信息加工和处理，并根据各种信息制定决策方案的能力。

3. 灵活应对的能力

非常规突发事件应急响应环境高度复杂且不确定因素多，应急指挥人员应能在相对开放和不确定的环境下开展应急响应工作。例如，应急响应过程中，事件目标动态产生，应急行动方案应根据执行过程中的情况动态调整。因此，应急指挥人员面对应急响应过程中的可变和不确定因素，必须具有灵活应对的能力，从而适应和处理应急响应过程中出现的各种可变和不确定因素。

六、在防汛过程中的应用

三峡区域遭遇长江全流域型洪水，例如1954年洪水和1998年洪水，是一类典型的非常规突发事件，为研究非常规突发事件应急响应组织设计问题提供了有效的案例和背景。目前，三峡区域应对长江全流域型洪水防汛过程涉及的相关责任单位多，应急响应组织结构复杂，缺乏有效的理论支撑防汛应急响应组织的设计过程。

针对以上问题，本部分将根据非常规突发事件应急响应组织结构及其设计方法，对三峡区域防汛后方应急响应组织进行建模。另外，假设在防汛过程中荆江分洪区围堤发生溃口险情，利用本章提出的非常规突发事件现场应急响应组织结构设计一种溃口险情处置现场应急响应组织结构。

（一）三峡区域防汛后方应急响应组织

三峡区域防汛后方应急响应组织结构图如图3－3所示。该应急响应组织结构根据我国防汛应急管理行政体系进行设计，描述了不同层级的政府防汛管理机构及其相关组成部门，包括国家防汛抗旱总指挥部（简称为国家防总）、长江流域防汛抗旱总指挥部（简称为长江防总）、湖北省防汛抗旱指挥部（简称为湖北省防指）和三峡葛洲坝梯级枢纽防汛指挥部、宜昌市防汛抗旱指挥部（简称为宜昌市防指）和荆州市防汛抗旱指挥部（简称为荆州市防指）以及县级政府防汛抗旱指挥部。

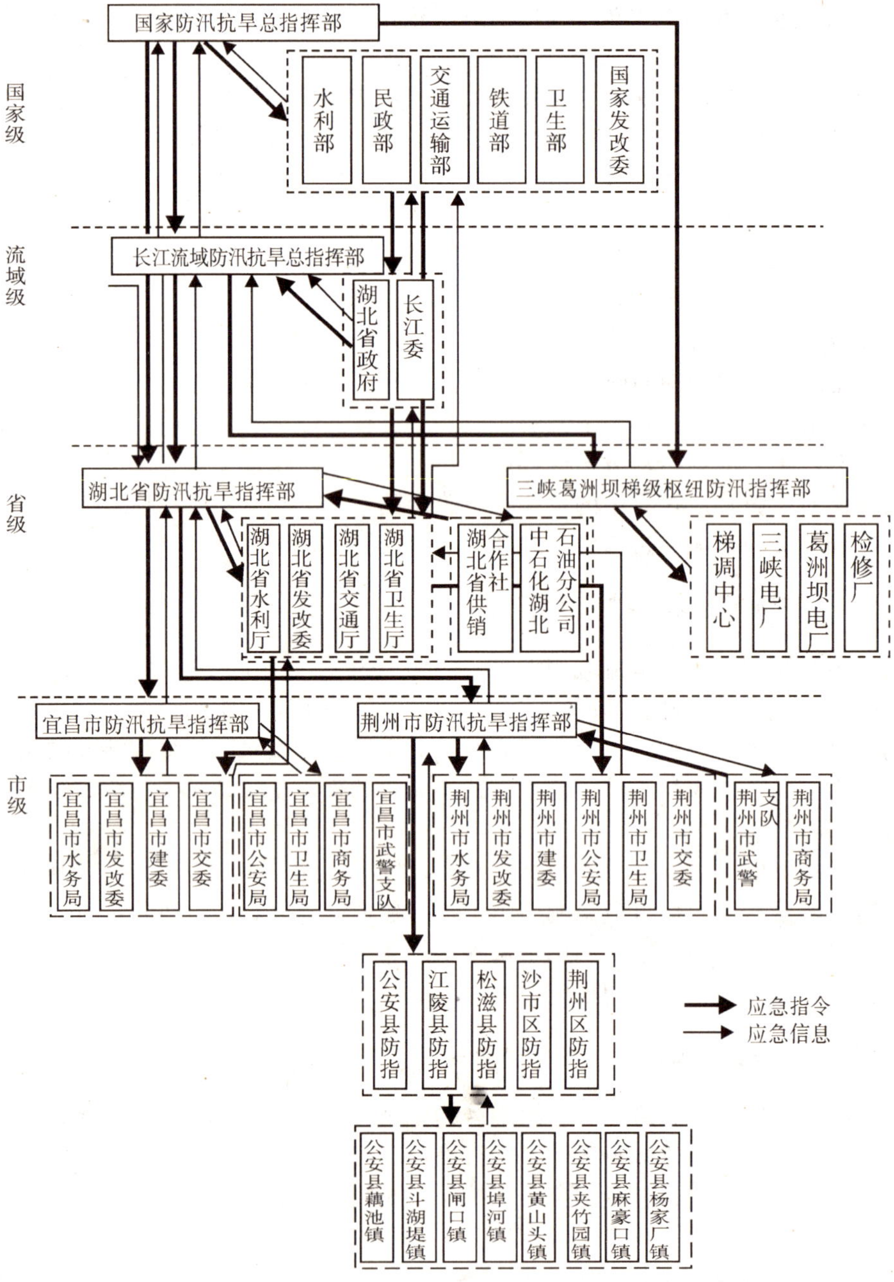

图 3－3　三峡区域后方应急响应组织结构

国家防汛抗旱总指挥部在国务院领导下，负责领导组织全国的防汛抗旱工作；长江流域防汛抗旱指挥部负责流域内的水行政执法，水资源统一管理、配置和保护，流域规划，防汛抗旱，河道管理，流域控制性水利工程建设与管理，河道采砂管理，水土保持等工作；湖北省防汛抗旱指挥部负责管理全省内的防汛抗旱工作，并向上级进行综合报告；三峡葛洲坝梯级枢纽防汛指挥部负责三峡水利枢纽工程和葛洲坝水利枢纽工程的运行及其应急管理工作，执行上级单位下达的洪水调度指令；宜昌市防汛抗旱指挥机构和荆州市防汛抗旱指挥机构负责各自区域内的防汛抗旱工作，并完成上级单位下达的相关任务。

同时，不同层级政府下属的与防汛管理工作相关的成员单位和组成部门也是三峡区域防汛后方应急响应组织的重要组成要素。国家级别的成员单位主要有水利部、民政部和交通运输部等；流域级别的成员单位主要有湖北省人民政府和长江水利委员会等；省级别的成员单位有湖北省水利厅、湖北省发改委和湖北省交通厅等；市级别的成员单位有宜昌市水务局、荆州市水务局、宜昌市发改委和荆州市发改委等。

（二）溃口险情处置现场应急响应组织结构

本部分假设三峡区域遭遇长江全流域型洪水防汛过程中，荆江分洪区围堤发生溃口险情，利用本章提出的现场应急响应组织结构设计和构建一种溃口险情处置现场应急响应组织，用以证明本书提出的现场应急响应组织结构的有效性和实用性。

当荆江分洪区围堤发生溃口险情时，公安县防汛抗旱指挥部组织本级政府应急管理人员到事件现场，展开溃口险情处置工作。同时，随着险情级别的提高，国家防总、长江防总、湖北省防指、荆州市防指等向溃口险情发生地点派出工作组，并逐步提高应急响应的级别。同时，根据应急响应工作的需要和现场应急响应组织的要求，三峡区域防汛后方应急响应组织相关层级的政府及其职能部门向溃口险情现场投放应急资源和服务，保障现场应急响应工作的开展。荆江分洪区围堤溃口险情现场应急响应组织结构图如图 3－4 所示。

荆江分洪区溃口险情处置现场应急响应组织各组成要素如下：

（1）荆江分洪区溃口险情处置联合指挥部：由国家防总、长江防总、湖北省防指、荆州市防指和公安县防指派员组成，履行溃口险情处置现场应急指挥功能。同时，联合指挥部指派相应人员担任联络官、安全官和公共信息官。

（2）作业部门：主要包括工程抢险组、警戒治安组、群众转移组和医疗抢救组，在作业部门主管的领导下参与溃口险情处置的战术响应工作。工程抢险组负责溃口险情的现场处置工作，有效控制溃口的扩大，修建围堤，并对溃口进行封堵；警戒治安组负责抢险区域的警戒与保卫，管制通往险情发生区域的各条道路；群众转移组负责转移和安置溃口后受到洪水威胁的群众，并对转移群众进行妥善安置；医疗抢救组负责协调各级政府派遣的医疗救护力量，抢救事件现场应急响应过程中出现的伤员。

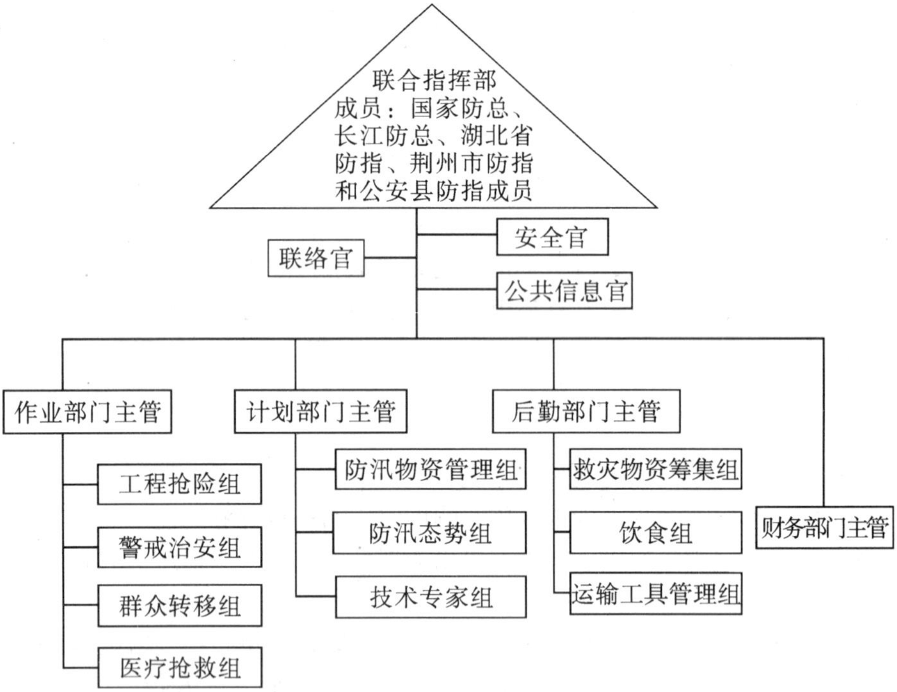

图 3－4　荆江分洪区溃口险情处置现场应急响应组织结构

（3）计划部门：包括防汛物资管理组、防汛态势组和技术专家组，在计划部门主管的统一领导下参加现场溃口险情处置工作。防汛物资管理组负责掌握和登记事件现场的所有防汛应急物资；防汛态势组统一掌握当前长江及其支流的水情、雨情、溃口险情的具体情况以及其他工程设施的运行情况，并对未来的水情信息和气象信息进行预测；技术专家组由溃口险情处置相关知识领域的专家组成，为现场险情处置工作提供咨询意见。

（4）后勤部门：由救灾物资筹集组、饮食组和运输工具管理组组成。救灾物资筹集组负责联系、获取和装卸溃口险情处置过程中所需的石料、土料、编织袋等防汛物资；饮食组负责提供所有现场应急响应人员的膳食；运输工具组筹集和调度运输防汛物资、人员和转移群众的交通工具，包括车辆和船舶。

（5）财务部门：负责管理溃口险情处置过程中使用的经费。按照相关防汛管理法律法规，该经费由各级政府及其职能部门共同承担。

七、本章小结

非常规突发事件应急响应组织管理是整个应急响应管理工作中的十分重要的一项专项管理工作。同时，应急响应组织是应急行动方案制定的主体，是研究应急行动方案制定的基础性问题。首先，本章分析了应急响应相关主体的构成及其相互关系。在此基础上，根据组织设计理论和ICS组织结构，提出了一种非常规突发事件应急响应组织结构，包括后方应急响应组织和现场应急响应组织，并分别分析了两种组织结构的组成要素及其职责。最后，本章利用非常规突发事件应急响应组织结构，对三峡区域防汛应急响应组织进行建模，并针对荆江分洪区围堤溃口险情处置的具体特征，设计应对该突发事件的现场应急响应组织结构，从而开展应用研究。

第四章　应急预案管理

应急预案是应急领域知识的主要载体，为开展应急响应管理工作提供依据。应急预案管理构成与非常规突发事件应急响应管理相关的重要方面，是应急响应过程中科学和有效地制定应急行动方案的基础与前提。在非常规突发事件应急响应过程中，应急响应管理人员制定应急行动方案的过程实际是对应急领域知识进行选择和重构的过程。应急预案管理的主要工作是分析非常规突发事件应急响应管理涉及的应急预案的类型及其构成，提出应急预案建模和管理的方法，从而实现应急预案的统一建模和集成管理。

为完成以上研究目的，本章将介绍应急预案和应急预案管理的概念，深入分析应急预案体系的构成以及应急预案的分类，并对应急预案的主要组成要素和应急预案的管理过程进行具体介绍，为提出应急领域知识的建模和管理方法奠定基础。

一、应急预案和应急预案管理

本节分别介绍应急预案和应急预案管理的概念和内涵。

（一）应急预案的概念和内涵

突发事件是指突然发生，造成或者可能造成重大伤亡、重大财产损失和社会影响的事件，包括威胁群众的生命财产安全、造成民众的心理恐慌、影响社会稳定等。应急预案是针对可能发生的突发事件及其预想，为保证快速、有效地开展应急响应管理工作而预先制定的有关计划或方案，是应急响应工作的行动指南，明确突发事件发生前、发生过程中和事件结束后，谁做什么、何时做、怎么做，用什么做等。

首先，应急预案是在对开展应急响应管理的区域进行风险分析的基础上，辨识和评估可能发生的突发事件类型、事件发生的可能性及其发生过程、事件后果和影响范围，对应急响应管理机构、应急指挥与协调程序和应急资源保障等方面预先作出的具体安排。

其次，应急预案是应急响应管理人员从事突发事件应急响应管理工作的经验总结，是在分析突发事件机理和规律的基础上，对突发事件发生和发展过程进行预想，并总结突发事件应急响应管理的实践经验，从而建立的完善、合理和系统的行动方案。

最后，应急预案明确规定突发事件应急处置方法与步骤，明确各部门的职责，使各部门在事件发生后能够有条不紊地开展应急响应工作，为对突发事件进行应急响应提供了依据，并能够提高应急响应工作的效率。

（二）应急预案管理的概念和内涵

根据对应急预案概念和内涵的分析，我们认为应急预案是对应急响应工作作出的预先安排。当突发事件发生后，应急响应管理人员根据当前应急态势信息，对应急预案描述的应急领域知识进行选择和重构，从而制定应急行动方案，并根据应急态势变化情况和方案执行情况，对应急行动方案进行调整，从而实现应急响应过程中识别的事件目标，控制事态发展，将事件造成的损失降到最低，保护群众的生命和财产安全。

应急预案管理是对应急预案进行统一建模和存储，实现对应急预案描述的应急领域知识进行有效管理的过程，能够有效支持应急响应管理人员在应急响应过程中科学、有效地制定应急行动方案。

目前，应急预案管理的方式主要包括应急预案文本管理和数字预案管理两种，具体内容如下：

（1）应急预案文本管理：一种对以文本为表现形式的应急预案进行直接存储的预案管理方法。应急预案文本管理是当前应急预案的主要管理方式，造成应急预案文本与应急响应过程的数据信息无法进行关联，无法有效利用应急预案文本描述的应急领域知识支持应急行动方案制定过程的开展。

（2）数字预案管理：将文本预案描述的应急组织、应急行动方案和措施、应急资源等关键要素进行结构化，并按照合理的结构进行存储的一种预案管理方法。数字预案管理方法能够将预案内容与应急响应过程中的数据信息进行有效关联，当突发事件发生后，应急响应管理人员能够根据事件信息及其他相关的数据信息，利用计算机基于数字应急预案快速生成应急行动方案。

然而，根据从事应急响应管理工作的实践经验，我们认为非常规突发事件应急预案管理过程存在以下问题和困难，导致无法根据现有应急预案直接制定应急行动方案：

首先，非常规突发事件应急响应过程往往涉及多个相互耦合的突发事件，应急态势具有复杂性，某个单位的应急预案往往无法应对，需要同时启动多个单位的应急预案，从而快速地对突发事件作出响应。

其次，非常规突发事件的实际应急态势往往与应急预案预想的应急态势存在差异，应急响应管理人员无法直接利用现有应急预案规定的应急响应行动和措施。

第三，参与非常规突发事件应急响应的各单位的应急预案结构存在差异且使用的术语不统一，导致无法实现应急领域知识共享和集成。

最后，作为应急领域知识的重要载体，应急预案是非结构化的文档，计算机无法理解，导致无法根据应急预案描述的应急领域知识支持应急行动方案制定过程，也造成了对应急预案进行存储和管理的困难。

二、应急预案体系及其分类

开展应急响应管理的单位应针对本单位可能发生的各种类型和各种级别的突发事件和所有危险源制定应急预案或现场处置方案，明确事前、事发、事中和事后的各个阶段相关部门和有关人员的职责和措施。同时，不同单位之间的应急预案应相互衔接，互为补充，构成完整的应急预案体系，从而共同应对突发事件，完成应急响应工作。

近年来，我国政府非常重视突发事件应对工作，并开展了应急响应体系建设的全面规划。2005 年，国务院颁布了《国务院关于实施国家突发公共事件总体应急预案的决定》，指出“要切实加强应急机构、队伍和应急救援体系、应急平台建设，整合各类应急资源，建立和健全统一指挥、功能齐全、反应灵敏、运转高效的应急机制”。目前，我国已经形成纵向到底、横向到边的应急预案体系，能够为制定非常规突发事件应急行动方案提供制度依据和知识保障。

（一）应急预案体系的构成

按照我国应急管理行政体系的层次，我国应急预案体系主要由国家应急预案、省级应急预案、市级应急预案、县级应急预案和基层单位应急预案组成。同时，各社会单位根据本单位开展应急响应管理的实际情况也应制定相应的应急预案。各种不同层次的应急预案应相互衔接，互为补充，共同构成我国应急预案体系。

同时，我国应急预案体系中某个层级政府的应急预案体系主要包括综合应急预案、专项应急预案和现场处置方案，针对本单位可能发生的不同类型和不同级别的突发事件明确规定应急响应方案和措施。本部分分别对以上不同类型的应急预案进行具体介绍。

1. 综合应急预案

综合应急预案，也称总体应急预案，从总体上阐述突发事件的应急方针、政策，应急组织结构及相关应急管理职责，应急行动、措施和应急保障等基本要求和程序，是开展本单位相关应急管理工作和应对各种类型突发事件的综合性文件。

综合应急预案处于本单位应急预案体系的顶层，在一定的应急响应管理方针、政策和原则的指导下，从整体上分析行政辖区内的危险源、可能存在的风险和可能发生的突发事件、应急资源、本单位应急能力，并明确本单位应急管理组织体系及相应职责，应急行动的总体思路、责任追究等。例如，我国应急预案体系中《国家总体应急预案》、各省级人民政府总体应急预案等均属于综合应急预案。

2. 专项应急预案

专项应急预案是针对具体的突发事件类型（如自然灾害、事故灾难、突发公共卫生事件和社会安全事件）、重大危险源和应急保障而预先制定的应急计划或方案。专项应急预案是综合应急预案规定的重要组成部分，应按照综合应急预案规定的程序和要求进行制定。同时，专项应急预案应制定明确的应急响应程序和具体的应急救援措施。

专项应急预案针对某种具体的、特定类型的突发事件的应急响应工作进行制定，比如防汛、危化品泄漏等，涉及一个或多个政府部门，在综合预案的基础上充分考虑特定突发事件的特点，对应急响应的形式、组织机构、应急活动等进行更具体的阐述，有较强的针对性。通常，若专项应急预案应急管理工作主要涉及一个政府部门，则该专项应急预案也称为部门应急预案。例如，我国应急预案体系中的《国家自然灾害救助应急预案》、《国家防汛抗旱应急预案》和省级防汛抗旱应急预案属于专项应急预案。

3. 现场处置预案

现场处置预案是针对具体的装置、场所或设施、岗位所制定的应急处置方案和措施。现场处置预案应根据风险评估及危险性控制措施进行编制，做到事件相关人员熟悉预案内容，并通过应急演练掌握现场处置预案的实施过程和技能，做到迅速反应、正确处置，具有具体、简单和针对性强等特征。

现场处置预案是在专项预案基础上，针对特定场所（例如，风险较大场所或重要防护区域）的具体情况进行编制的应急预案。例如，根据《某单位危化品事故专项预案》编制的《某重大危险源的场内应急预案》，根据《公共娱乐场所专项预案》编制的《某娱乐场所的场内应急预案》等均属于现场处置预案。同时，现场处置预案有更强的针对性，对现场具体救援活动更具有操作性和指导性。例如，根据“地震灾害专项应急预案”，可以编写现场处置预案《发生地震灾害后风力发电设备的处置方案》、《发生地震灾害后针对风电场建筑物的处置方案》等。

现场处置预案属于操作型预案，具体规定完成特定应急功能和任务的操作程序。通常，随着应急管理行政级别的逐渐降低，涉及的现场处置预案增多，预案的内容越具体。

（二）应急预案的分类

目前，我国各级政府和社会单位编制了数量众多的应急预案。按照不同的标准，我国应急预案可以划分为不同的类型且不同类型的应急预案具有不同的侧重点和表现形式。本部分对应急预案的分类进行具体介绍。

1. 按照突发事件进行分类

突发事件是应急预案制定应急响应方案和措施所针对的对象。根据突发事件的特征及其发生和发展机理，应针对不同类型的突发事件设计具有针对性的管理方案和措施，从而制定针对该突发事件的应急预案。

根据突发事件类型对我国应急预案进行划分，应急预案的主要类型包括：①自然灾害应急预案；②事故灾难应急预案；③突发公共卫生事件应急预案；④社会安全事件应急预案。

2. 按照应急预案的编制单位进行分类

根据应急预案编制单位在我国应急管理行政体系中所处的级别和位置，可将我国应急预案体系进行如下分类：

（1）国家应急预案。国家应急预案包括国务院及其组成部门编制的《国家总体应急预案》、各专项应急预案、部门应急预案，以及国家关键基础设施应急预案。国家应急预案侧重于对国务院及其直属的多个部门在应急响应过程中的指挥和协调过程进行描述，是一种典型的管理型应急预案。

（2）省级应急预案。省级应急预案包括省级人民政府及其职能部门编制的省级政府总体应急预案、各专项应急预案、部门应急预案和省内重要设施应急预案。省级应急预案与国家应急预案的组成和结构大体相似，也属于管理型应急预案。

（3）市级应急预案。市级应急预案包括市级人民政府及其职能部门编制的市级政府综合应急预案和各专项应急预案。与国家应急预案和省级应急预案相比，市级应急预案既有对应急指挥和协调过程的描述，也有对事件现场应急救援程序和标准操作程序的描述，操作性更强。同时，市级应急预案应明确规定应急响应过程的目标、应急响应参与单位的职责和功能等。

（4）企业级应急预案。除了政府部门应急预案外，具有应急响应管理职责的各企业和社会单位也应根据本单位所面临的各类风险和开展应急响应管理工作的具体情况，编制相关应急预案。企业单位是事件现场应急响应活动的执行主体。因此，企业级应急预案主要是对现场应急指挥和操作程序的描述，具有明确性、具体性和可操作性等特征。

3. 按照预案的性质和功能进行划分

按照应急预案的性质和功能，我国应急预案体系中的应急预案包括以下两种类型：

（1）管理型应急预案。管理型应急预案主要侧重于对应急管理组织机构与职责的描述，并规定应急响应过程中场外的应急指挥和协调程序。国家级应急预案和省级应急预案就属于这种类型的应急预案。

（2）操作型应急预案。操作型应急预案侧重于对事件现场应急响应程序进行描述，具有明确和清晰的目标、功能和过程，详细规定了应急响应过程中必须采取的措施和相应的策略，以及实施这些措施和策略的具体方案。我国应急管理行政体系中底层单位的应急预案、专项应急预案和现场处置预案一般属于操作型应急预案的范畴。

三、应急预案结构要素

不同类型应急预案所处的层次和适用范围不同，造成应急预案的侧重点和描述方式存在差异。然而，不同类型的应急预案的主要组成要素大体相同。在对我国应急预案体系中多套应急预案文本进行深入分析的基础上，本节将应急预案划分为七个主要组成要素，具体内容如下：

（一）风险分析和危害源辨识

本部分对开展应急响应管理的区域进行风险分析，识别本单位的危险源，分析可能发生的突发事件及其类型和该区域的环境中可能存在的致灾因素，主要阐述危险源辨识和风险分析的结果，具体内容如下：①开展应急响应管理区域的风险分析结果；②分析和确认可能发生的突发事件类型和地点；③确定突发事件的影响范围和可能影响的人数；④按照突发事件的特征和我国应急响应管理行政体系中各个层级的响应能力等，划分突发事件的级别，并明确规定不同级别突发事件的判定标准，从而对突发事件进行分级响应。

（二）组织机构及其职责

按照分级响应的原则，明确不同级别突发事件应急响应过程的组织结构、参加单位、人员及其职责，具体内容如下：①明确应急响应组织机构总指挥、副总指挥和其他应急响应职位以及不同单位或人员之间的指挥和通信关系；②明确应急响应过程中的指挥和协调单位、现场应急救援行动的负责单位，以及各应急响应参与单位之间的协调关系；③根据互助协议，列出本区域以外能提供援助的有关机构和单位及其联络程序和联系方式；④明确政府和企业在突发事件应急响应过程中的职责和相互合作关系。

（三）信息上报和发布程序

信息上报和发布程序明确不同类型和不同级别的突发事件的信息上报程序及其要求，各应急响应参与单位之间的信息通报关系及其内容以及信息发布的方式和要求等，具体内容包括：①确定突发事件发生后，事件现场的通告和报警方式，如电话、警报器等；②明确事件发生后向政府有关部门和上级单位报告事件的有关情况的信息流程、内容和时限条件；③明确应急响应组织相关单位和人员的通信与联络方式；④明确应急响应相关人员向外求援的方式，并明确向公众发布信息的单位、标准、方式和信号等；⑤明确突发事件发生后有关部门和单位通报和发布事件信息的方法和程序以及向媒体和公众发布突发事件应急响应信息的方法和程序。

（四）应急响应程序

应急响应程序是应急预案的核心部分，根据对突发事件的发生和发展机理进行分析，明确应急响应过程中为保护群众的生命与财产安全、控制和稳定事态、减少事件对环境造成影响应采取的方法、措施和程序。通常，应急响应程序由完成特定应急响应功能的计划程序组成，主要内容包括：①工程抢险程序：明确应急响应过程中开展工程抢险的人员、条件、步骤和措施等；②医疗救护程序：明确应急响应过程中出现人身伤害时可联系的医疗救护部门及其执行条件、步骤和措施；③疏散与安置程序：明确发布疏散居民指令的负责人和发布程序，执行和核实疏散居民的单位和方法，疏散人员的安置场所、负责人和措施，对特殊设施和人群（学校、幼儿园、残疾人等）的安全保护措施，疏散人员避难场所的管理和分配方案等；④警戒与治安程序：明确应急响应过程中执行警戒与治安任务的部门及其责任人，以及警戒与治安工作的执行条件、步骤和措施。

应急预案中应急响应程序根据突发事件的不同类型以及应急响应过程的要求，描述和规定以上一类或多类应急计划程序，用以具体指导应急响应过程的开展。

（五）应急资源保障

应急资源是开展应急响应工作的基础。应急响应管理过程中，在对突发事件进行风险评估的基础上，为支持应急计划程序的成功执行，应有效估计不同类型突发事件应急响应工作的资源需求，采购和储备相关品种和数量的应急资源。同时，当应急响应管理单位的自身资源不能满足应急响应工作的要求时，应通过互助协议获取其他单位的应急资源。应急资源保障描述了应急响应过程中涉及的人员、设备、设施、物资和经费以及对其进行统一管理的方案和措施，主要内容包括：①明确应急响应过程所需的应急物资和装备的类型、数量、性能要求、存放位置、管理责任人及其联系方式，以及应急物资的动用程序；②明确应急响应过程涉及的相关人力资源（包括专业应急队伍和兼职应急队伍等）的负责单位、联系人、管理程序和措施；③明确应急响应过程的经费来源、使用范围及其限制、监督管理措施等；④明确可用于应急响应过程的设施以及有关部门（如企业、武警、消防、卫生和防疫等），以及可用的应急设备。

（六）事后恢复程序

事后恢复程序的主要内容包括：①明确规定终止应急响应过程和恢复正常秩序的负责人；②规定宣布应急响应过程结束和恢复正常状态的程序；③确定连续监测事件影响区域的方法、监测指标和评价方法。

（七）培训演练与预案维护

培训演练与预案维护的主要工作包括：①制定应急培训计划，明确应急培训开展的对象、方式和要求，并做好对区域内居民的宣传和教育工作；②制定应急演练开展计划，明确应急演练的规模、方式、频次、范围、内容、组织和评估等内容；③明确对应急预案进行更新和维护的管理单位及其负责人，制定应急预案更新和维护计划，对应急预案进行定期检查和评审，并根据应急演练和评估结果，修正和完善应急预案的相关内容。

四、应急预案管理过程

在了解应急预案类型及其组成要素的基础上，本节介绍应急预案的管理过程，主要包括应急预案的编制过程，应急预案的使用过程以及应急预案的维护和更新过程，具体步骤如下：

（一）成立应急预案编制小组

成立应急预案编制小组是将开展应急响应管理的区域内所有相关单位和专业技术人员集中在一起，从而确保应急预案的准确性和完整性，并统一协调应急响应管理有关各方的不同意见和观点。

当应急预案编制小组成员确定后，明确编制小组的领导成员、编制任务和职责分工，制定编制计划，从而保证整个编制工作按计划有效实施。通常，应急预案编制小组由本单位一把手担任，从而确保应急预案编制工作的顺利完成。

（二）资料收集

收集应急预案编制所需的各种资料，包括相关法律法规、上级单位和其他单位应急预案、相关技术标准、国内外同行业突发事件及其应急响应过程案例分析、本单位技术资料等。同时，总结本地区发生过的重大突发事件，并整理其应急响应过程的相关记录和资料。

（三）危险源识别与风险分析

本步骤的主要工作是识别开展应急响应管理区域的重大危险因素，在危险因素分析及事故隐患排查和治理的基础上，确定本单位的危险源，并对其进行分类和登记。在此基础上进行风险评估，确定可能发生的突发事件的类型及其后果，分析突发事件的致灾因素和发生、发展机理，并指出事件可能导致的次生和衍生事件，从而形成风险分析报告，作为编制应急预案的依据。

同时，应对风险分析确定的不同类型的突发事件进行分级，从而制定出不同类型和级别的应急预案，对突发事件进行分类管理和分级响应。

（四）应急能力评估

根据突发事件风险分析结果，估算应急响应过程的资源需求，对本单位应急装备和物资、应急队伍和财务等应急能力进行全面评估，并结合本单位实际情况，加强应急能力建设，提出应急能力建设的方案和建议。

（五）应急预案编制

针对可能发生的突发事件，按照有关规定和要求编制应急预案。应急预案编制过程的主要工作包括确定应急响应组织机构及其职责、制定具体的应急响应程序和措施、明确应急资源保障等。

在应急预案编制过程中，强调编制小组所有人员的参与，使所有与应急管理有关的单位和人员掌握和理解应急预案的组成要素及其依据。同时，应急预案应充分利用社会应急资源，重点考虑与上级单位和主管部门应急预案以及相关单位和部门的应急预案进行相互衔接。

（六）应急预案评审与发布

应急预案编制工作完成后，预案编制单位应组织相关单位对应急预案内容进行评审，包括内部评审和外部评审。内部评审由本单位主要负责人组织有关部门和人员或应急预案编制小组对应急预案进行评审，保证预案内容准确完整，应急响应措施科学合理。外部评审是指由上级主管部门组织的对应急预案内容进行审查。

内部评审和外部评审结束后，经本单位主要负责人签署发布应急预案，并按规定报上级单位和相关部门备案。

（七）应急预案的使用

应急预案是应急响应过程中开展应急指挥与协调工作和执行相关应急行动的主要依据。突发事件发生后，应急管理单位根据应急态势评估结果，启动相关应急预案，制定应急行动方案，并开展相关应急响应工作。应急预案使用过程具体如下：

（1）搜集和评估应急态势：根据监测结果和各方面的上报信息，形成当前应急态势的全面信息，并对已搜集的应急态势信息进行评估。同时，根据应急态势评估结果，按照应急预案对突发事件分类和分级的有关规定，确定当前突发事件的类型和级别，从而确定需要启动的应急预案以及应急响应工作的级别。

（2）在相关应急管理人员宣布启动应急预案后，为建立应急响应组织，启动应急预案中规定的应急响应组织的相关组织模块，并分配人员，从而构建应急响应组织。同时，按照应急预案规定的信息上报和传递流程，通知应急响应相关单位。

（3）根据当前应急态势信息，对应急计划程序的启动条件进行判断，选择和启动满足条件的相关应急计划程序，并为实施该应急计划程序调度应急资源，从而形成当前应急行动方案，为开展应急响应工作提供依据。

（八）预案演练、更新和维护

应急预案批准发布后，应急响应管理单位应定期开展应急演习和训练，查找应急预案中存在的问题，提高应急预案的合理性、有效性和可操作性。

同时，应急响应管理人员应定期对开展应急响应管理的区域进行风险评估，根据新的风险评估结果以及在利用应急预案开展应急响应工作中发现的问题，对应急预案的相关要素进行调整和修正，使得应急预案符合应急管理的最新状况和要求。在应急预案更新和维护过程中，应重点考虑应急响应组织是否合理，应急计划程序是否具有连续性和可操作性。

五、本章小结

应急预案是应急响应管理人员开展应急管理工作实践的经验总结，构成应急领域知识的重要文本载体，为应急管理人员在非常规突发事件应急响应过程中开展应急指挥和协调工作提供了基本依据。因此，科学和完善的应急预案体系是成功应对突发事件的根本保障。

本章介绍了应急预案和应急预案管理的概念及其内涵、我国应急预案体系及其分类、应急预案的结构要素以及应急预案的管理过程，为开展应急预案管理工作奠定了基础。目前，我国各级政府虽然已初步形成了应急预案体系，但是现有应急预案具有内容不完备、可操作性差、各种类型的应急预案之间缺乏规划和衔接等问题，导致在应急响应过程中不能指导应急指挥与协调工作有效开展。因此，应急预案管理工作应根据应急管理实践中出现的问题进行逐步改善，满足新形势下应急管理工作的特殊要求。

第五章　基于本体的应急预案知识建模方法及其应用

一、引　言

应急预案是针对可能发生的突发事件及其可能情况，为保证迅速、有序及有效地开展应急与救援行动而预先制定的行动方案，是应急领域知识的重要文本载体。应急预案是应急响应管理工作实践的总结，规定了应急响应组织的职责、资源、处置业务流程、方法和措施，能够用以引导和控制应急响应参与单位的应急行动，是应急指挥团队制定应急行动方案的主要依据。然而，在利用应急预案支持制定应急行动方案的决策过程中存在以下问题：首先，应急行动方案制定决策过程涉及的应急领域知识分布于缺乏合作经验的多个单位制定的不同类型应急预案，是跨领域的异构性知识，缺乏统一的术语。来自不同单位且缺乏合作经验和训练的应急指挥团队成员无法对应急预案文本所描述的概念产生共同理解，不能实现知识的共享和重用。另外，作为应急领域知识的重要载体，应急预案是非结构化的文档，计算机无法识别，导致无法根据应急预案所描述的应急领域知识支持应急行动方案制定过程开展。

本体是一种概念化、共享化和形式化的知识描述与建模方法，能够建立领域概念及其关系的准确、清晰的定义，从而描述复杂领域及特征，为应急预案知识建模提供了一种有效方法。在分析国内外多套预案文本的基础上，本章将应急预案文本分为应急系统、应急领域规则和应急业务过程三个组成要素，并分析各要素的结构及特征。针对现有应急预案本体模型无法描述应急系统动态行为、应急业务流程和应急任务复杂时间约束条件，且忽略应急任务执行的时间区间等问题，本章在重用ABC本体、OWL－S本体、SWRL本体和时间本体的基础上进行词汇扩充，提出一种应急预案本体模型（Emergency Plan Ontology Model，EPOM）。EPOM是一种对应急预案文本进行建模的高层本体，提供描述应急预案文本组成要素的相关建模词汇，能够对预案文本描述的应急领域知识进行合理表示和组织，实现应急预案知识建模、共享、重用和互操作。最后，本章利用EPOM对某区域防汛应急预案的部分内容进行本体知识建模，证明该方法的有效性和实用性。

二、建模对象分析

分析应急预案文本的结构特征，确定应急预案文本的建模对象和范围，是明确应急预案领域概念及其关系的基础，也是建立应急预案本体模型的前提。在深入分析国内外多套应急预案文本的基础上，我们认为应急预案主要由应急系统、应急领域规则和应急业务过程三个部分组成。本节分别对以上三个部分进行分析，提取应急预案文本的建模要素及其结构特征。

（一）应急系统

应急系统是由一系列相互作用的系统实体组成的集合，是一种典型的由多个实体组成的动态系统，构成了开展应急响应管理工作的对象。通常，应急系统主要包括突发事件、承灾载体和应对体系，如图 5－1 所示。其中，突发事件描述了不可控的外部环境对应急系统的影响或干扰。承灾载体由开展应急响应管理区域的环境实体、设施和场所等组成，构成了突发事件发生、发展、演变和消亡的载体。应对体系由应急组织实体和应急资源实体等组成，通过执行预防与应急准备、监测与预警、应急响应和事件恢复等应急响应管理活动，实现对突发事件进行干预与控制。

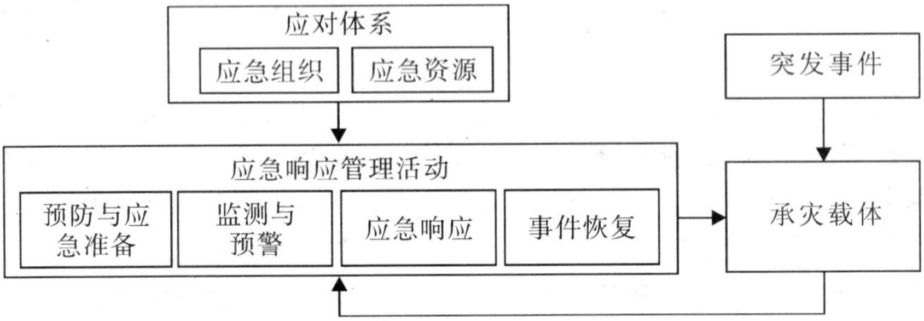

图 5－1 应急系统组成结构

分析应急系统的组成要素及其相互之间的关系和运行规律，是科学设计应急业务流程的依据。因此，描述突发事件、承灾载体和应对体系等应急系统组成要素是应急预案文本的重要组成部分，具体内容如下：

1. 突发事件

突发事件是在原定计划之外在一定区域和时间突然发生的，对社会造成负面影响的事件或灾难。突发事件是应急响应管理的客体，构成了开展应急响应管理面对和处理的对象。

突发事件具有突然发生、快速蔓延、演变规律不确知等特征，应采取应急行动对其进行干预与控制。因此，分析突发事件发生、发展、演变和消亡等的机理和规律，是科学设计应急业务流程的基础和依据。应急预案规定的应急目标、应急战略和战术行为只有在符合突发事件特征性行为时，才能保证在实施过程中发挥效果。

因此，应急预案文本明确描述了可能发生的突发事件的种类、特征、发展规律和可能出现的情景，为设计应急业务流程提供依据和参考。例如，区域防汛应急预案涉及的突发事件包括产生洪峰、发生管涌、滑坡和溃口等工程险情以及出现天气变化等气象现象。

2. 环境实体

环境实体是突发事件的作用对象，构成突发事件孕育、发生、发展、演变和消亡的承载体。突发事件是由于环境的不可控因素而导致的应急系统状态的突然改变。环境实体及其状态特征构成了应急态势的主要要素。

因此，应急预案描述了开展应急响应管理区域内的相关重要设施、场所、周边布局和天气条件等主要环境要素及其可能状态。例如，区域防汛应急预案涉及的环境实体包括堤防、河道、水库、水闸、分蓄洪区、居民点和安置点等。

3. 应急组织实体

应急组织是参与应急响应过程的组织、机构和人员。应急组织成员是开展应急响应管理工作的主体，执行应急预案规定的应急业务流程，包括决策指挥人员、执行人员、事件发生当事人及其他相关人员。

突发事件应急响应是多个单位共同参与和协调工作的过程，设计合理的应急组织结构及其成员实体是制定应急业务流程的基础和前提。因此，应急预案文本的重要内容是描述参与应急响应过程的应急组织机构及其组成成员。例如，区域防汛应急预案描述的应急组织实体包括区域内各级防汛指挥机构，武警、公安、医疗队伍，专、兼职机动抢险队，河流两岸生活的群众等。

4. 应急资源实体

应急资源实体是应急响应过程涉及的物资资源实体集合，包括应急装备、器械和生活物资等应急物资资源。突发事件应急响应工作的实质是在事件造成灾难性后果的时限内，投放应急资源对突发事件进行干预与控制。

应急资源为成功执行应急业务流程提供资源保障。因此，应急预案文本清晰地描述了应急响应过程能够动用的本单位储备的应急物资和通过互助协议获得的其他单位应急物资。例如，区域防汛应急预案描述的应急资源包括区域内各级具有防汛责任的单位储备的防汛器材、通信工具和运输工具等。

5. 地理信息

地理信息是对应急响应过程中发生的空间范围的描述，包括地理位置和交通网络等。应急响应过程是由多个部门在不同地理位置相互合作共同完成，所以应急任务具有明确的地理属性。另外，突发事件、环境实体、应急组织实体、应急资源也具有明确的地理位置信息。

因此，地理信息是应急系统及其组成实体的特征信息之一。应急预案文本应对开展应急响应管理区域的地理信息进行描述。通常，地理信息作为应急预案文本的附件出现。

（二）应急领域规则

应急预案文本包含应急态势的判定规则，用以在当前态势条件下，推理和分析应急态势信息，称为应急领域规则，是应急领域知识的重要组成部分。应急领域规则一般按照 if... then 规则的形式，描述应急响应过程中推理未明确声明的应急态势信息的经验知识，其形式化定义如下：

定义 5.1 应急领域规则 *EDomainRule* = （*condition*，*fact*），表示应急系统当前状态满足逻辑条件 *condition* 时，事实 *fact* 成立。

应急领域规则表达了应急系统信息之间的关联关系，事实 *fact* 是对应急系统当前状态信息进行综合分析后的抽象信息。例如，区域防汛应急预案描述了对当前洪水等级进行判定的应急领域规则，规定当洪水水位超过 45 米时，洪水为警戒水位洪水。

（三）应急业务流程

应急预案的核心是针对突发事件的规模、程度和发展趋势，设计针对不同情况的应急业务流程，明确规定了参与应急响应各单位的应急指挥程序、应急行动程序和资源调配程序，包括应急计划片段和应急行动的内容描述。

1. 应急计划片段及其组成要素

应急计划片段是根据预想的应急态势拟定的一系列战略和战术行动方案，描述了当应急态势满足给定条件时应实施和完成的应急功能及其行动步骤，包括指挥与控制、应急抢险、医疗与卫生、警戒与治安、物资运输、转移和安置等。

应急计划片段由在不同应急态势条件下，完成特定目标应急任务的执行计划集合进行描述，其形式化定义如下：

定义 5.2 应急计划片段 *EPlanFragment* = （*task*，$\{excutionPlan_1, \cdots, excutionPlan_n\}$），*task* 表示应急计划片段完成的预定目标应急任务，即应急响应过程中的某项应急功能；$excutionPlan_i$（$1 \leq i \leq n$）表示在特定应急态势条件下，完成该目

标应急任务的执行方案。

应急任务是应急响应工作的逻辑单元，是执行应急响应工作的基本依据。应急任务的形式化描述如下：

定义 5.3　应急任务 *task* = （*name*, *Params*, *Input*, *OutPut*, *Interval*），*name* 表示任务名称；*Params* 表示任务描述参数；*Input* 和 *OutPut* 表示执行任务需要的信息和执行完成后反馈的信息，描述了应急任务执行过程信息传输和转换过程；*Interval* = ?[*startTime*, *endTime*] 表示该应急任务执行的时间区间，即应急任务开始时间 *startTime* 和结束时间 *endTime* 之间的时间区间。

执行方案描述了当应急态势满足给定条件时，完成该目标应急任务的途径，由应急业务过程及其复杂时间约束关系组成，其形式化模型如下：

定义 5.4　执行方案 $excutionPlan_i$ = （*Precondition*, $workflow_i$, $TimeConstraints_i$, $Annotation_i$），$Precondition_i$ 表示该执行方案可行时应急态势应满足的前提条件；$workflow_i$ 表示完成给定目标应急任务的应急业务过程；*TimeConstraints* 表示定义在组成应急业务过程的任务节点上的时间约束条件集合；$Annotation_i$ 表示与该执行方案相关的注释信息。

执行方案主要组成要素如下：

（1）应急业务过程。

应急业务过程描述了为完成预定目标应急任务采取的应急任务及其逻辑关系。基于 PetriNet 的工作流模型能够规范地建模应急任务和决定任务执行次序的条件。因此，本章采用基于 PetriNet 的工作流模型描述应急业务过程。

应急业务过程由应急任务及任务之间的路由结构组成。应急任务是应急业务过程的基本组成要素。应急任务之间的路由结构描述了任务之间的逻辑关系和执行次序，包括顺序、并行、选择和循环控制结构等四种基本路由结构。通过将应急任务与上述四种基本路由结构进行合理组织，能够实现对任何应急业务过程进行描述和建模。

利用该方法描述的某区域防汛应急预案堤防工程险情处置应急业务过程如图 5－2 所示。若某处发生堤防崩塌险情 *pre*1（*happen E*1 *Loc*），则运输石块到出现地点 *t*4（*transport* ?*team Stone*），然后抛投石块控制险情 *t*9（*pop* ?*team Stone*）；如果发生溃口险情 *pre*2（*happen E*2 *Loc*），则分别运输混凝土块 *t*5（*transport* ?*team Concrete*）和运输铁丝 *t*6（*transport* ?*team Irionwire*）至出险地点，并将两者绑定 *t*8（*combine* ?*team Concrete Irionwire*），最后抛投混凝土块联合体 *t*10（*pop Combo*）到溃口处，最终控制险情。

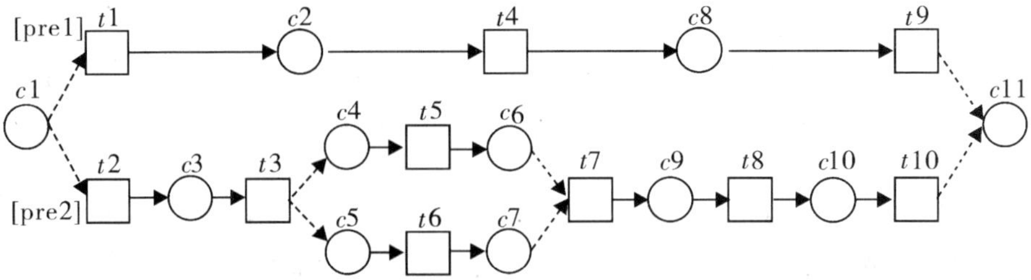

图 5－2　某区域防汛预案堤防工程险情处置应急业务过程

（2）时间约束条件。

应急响应过程是在突发事件造成灾难影响的时限内完成的，导致应急任务具有时限条件。另外，组成应急业务过程的应急任务在一定的时间区间内执行且应急任务之间具有复杂的时间同步关系。因此，描述组成应急业务过程的应急任务之间的复杂的时间约束条件是建模执行计划的重要内容。

通常，应急任务的时间约束条件包括对定性时间约束条件和定量时间约束条件，分别为应急响应管理人员表达应急任务之间复杂的时间约束关系提供了多种途径。首先，高层应急响应管理人员缺乏执行应急任务的具体时间信息，定性时间约束条件为描述抽象的时间约束条件提供了一种有效手段。通常，在一定时间区间内执行的应急任务之间的定性时间约束关系包括 equal，before，meets，Overlaps，starts，during，after 和 finish by 等 13 种。

同时，应急任务具有明确的开始时间和结束时间。定量时间约束条件描述了应急任务开始时间和结束时间以及应急响应过程参考时间点之间的时间约束条件，能够用以精确描述应急任务之间复杂时间同步关系和应急任务时限条件。同时，定量时间约束条件能够用以指导任务的具体执行过程和应急资源分配过程。

本部分按照简单时态网络（Simple Time Net，STN）的时间约束条件标准化模型对定量时间约束条件进行描述，其形式化模型如下：

定义 5.5　定量时间约束条件 *timeConstraint* =（$a \leqslant$ *preTimePoint-postTimepoint* $\leqslant b$），*preTimePoint* 和 *postTimePoint* 分别表示应急任务开始时间、结束时间或应急响应过程参考时间点；a 和 b 为给定实数。

根据定量时间约束条件的定义，应急任务时限条件能够建模为应急任务的开始时间或结束时间与应急响应过程参考时间点之间的定量时间约束条件。

2. *应急行动*

应急行动是应急响应实体执行单一应急任务或完成某项具体应急功能的描述，具有过程性、时态性等特征。首先，应急行动执行过程发生在一定的时间区间内，被特定的应急态势条件触发，执行完成后对应急态势产生影响；其次，应急行动具有明确的开始时间和结束时间，其执行过程应满足特定的时间约束条件。

为刻画应急行动的过程特征，本部分基于人工智能规划描述语言PDDL2.1持续操作符描述语法，建立应急行动形式化模型，具体如下：

定义5.6　应急行动 *EAction* =（*name*, *Params*, *Input*, *OutPut*, *Preconditions*, *Effects*, *Agent*, *Interval*），*name* 表示应急行动名称；*Params* 表示应急行动描述参数集合；*Input* 和 *OutPut* 与应急任务模型相同，描述应急行动执行过程中的输入信息和输出信息；*Preconditions* 和 *Effects* 表示行动执行的前提条件和执行效果；*Interval* 表示应急行动的执行时间区间，与应急任务相同。

应急行动形式化模型中，$Preconditions = instantCons \cup invariantCons$，包括 $instantCons = \{sc_1, sc_2, \cdots, sc_m\}$ 表示瞬时前提条件集合；$invariantCons = \{vc_1, vc_2, \cdots, vc_n\}$ 表示持续前提条件集合，当且仅当应急态势满足 *Preconditions* 中的所有条件时，应急行动才能执行，并且执行后产生给定的执行效果 $Effects = \{te_1, te_2, \cdots, te_l\}$。

定义5.7　瞬时前提条件 *sc* =（*logicalExpression*, *t*），表示应急行动执行开始后 *t* 个时间单位时刻，应急态势应满足逻辑条件 *logicalExpression*。

定义5.8　持续前提条件 *vc* =（*logicalExpression*, *interval*），表示应急行动执行开始后的时间区间 *interval* =（min*Time*, max*Time*）内，应急态势应满足逻辑表达式 *logicalExpression*。

定义5.9　执行效果 *te* = <*logicalAtom*, *Flag*, *time*>，表示应急行动执行开始后 *time* 个时间单位时，执行应急行动对系统状态产生的改变。执行效果标记 *Flag* 为Boolean类型变量。当变量 *Flag* 为 *True* 时，执行该应急行动后向系统状态添加逻辑原子 *logicalAtom*；否则，其执行效果为从世界状态删除逻辑原子 *logicalAtom*。

三、应急预案本体模型

根据应急预案文本组成要素及其特征，本部分在重用ABC本体、OWL-S本体、SWRL本体、时间本体和表达式本体相关词汇并进行扩充的基础上，建立了一种应急预案本体模型EPOM，用以对应急系统、应急领域规则和应急业务过程等应急预案文本组成要素进行知识建模。下文分别采用ABC，Owls，Swls，Time和Expr来表示以上五种通用本体模型。

（一）应急系统本体模型

为描述应急系统组成实体及其之间的相互关系，刻画应急系统及其组成实体在应急响应过程中动态变化的行为特征，本部分在 ABC 本体模型的基础上，提出应急事件、应急态势、环境实体、应急组织实体、应急资源实体和地理空间信息等本体模型，描述应急系统组成实体及其相互关系。

1. 应急事件本体

应急事件表示应急系统状态（即应急态势）的改变，其发生将使应急系统实体的一个或多个状态变量发生改变，是一种时空模型，具有时间属性和地理属性。通常，应急事件包括外部事件和行动事件，分别如下：

（1）外部事件：由于环境因素或其他外部因素造成的应急系统状态在某个时刻的突然改变。

外部事件由外界环境瞬间触发，并按照自身规律发展，不受应急响应组织控制，也称突发事件。突发事件是应急响应过程的驱动力量，标识了由外界因素造成的应急系统状态的改变。应急系统外界环境通过突发事件作用于应急系统。

（2）行动事件：由于应急组织实体执行应急任务，在某个时间区间内造成的应急系统状态改变，描述了执行应急任务的上下文信息。

EPOM 通过以下建模方法对上述概念进行本体知识建模，具体如下：

（1）建立类 Incident，作为 ABC：Event 的子类，描述突发事件，建立对象属性 hasTriggerTime 和 hasLocation，值域分别为 Time：Instant 和 Location，分别表示突发事件的发生时刻和发生位置；建立数据属性 type，表示突发事件的类型，包括洪水涨水、洪水退水、出现工程险情等特定领域突发事件类型。

（2）建立类 ActionEvent，作为 ABC：Event 的子类，建立对象属性 hasTask 和 hasInterval，值域分别为 Task 和 Time：ProperInterval，分别表示完成该行动事件的应急任务以及任务执行的时间区间。

2. 应急态势本体

应急态势表示承灾载体等应急系统组成实体在应急响应过程中某时刻的状态。为对应急态势进行建模，EPOM 建立类 EmergencySituation，表示应急态势，作为 ABC：Situation 的子类，建立对象属性 hasTimeStamp，值域为 Time：Instant，表示应急态势时间标记。

基于应急事件与应急态势本体模型，应急系统可以建模为离散事件系统模型，将应急响应过程描述为应急态势实例序列，事件前态经过应急事件触发过程进入事件后态，从而刻画应急系统的动态行为。

3. 领域实体本体

为描述应急预案文本描述的环境实体、应急组织实体和应急资源实体，EPOM 提出以下概念：

（1）建立类 EnvironmentEntities，作为 ABC：Actuality 的子类，表示应急系

统环境实体，包含数据属性 name，值域为 String，表示该环境实体的名称；添加对象属性 atLocation，值域为类 Location，表示该环境实体所处位置。

（2）建立类 OrganizationEntity，作为 ABC：Agent 的子类，表示应急组织实体，包含数据属性 name，值域为 String，表示该应急组织实体的名称。

（3）建立类 ResourceEntity，作为 ABC：Actuality 的子类，表示应急资源。

以上概念是开展应急响应管理领域的通用概念，为更加准确地表示应急预案描述的领域实体及其特征，应针对特定问题领域在继承以上概念的基础上建立特定领域实体具体的本体概念模型。

另外，为描述应急预案文本涉及的地理信息，EPOM 建立类 Location 和 Road。Location 作为 ABC：Place 的子类，表示应急响应过程涉及的地理位置；后者表示该区域内的交通道路，包括对象属性 hasFromLocation 和 hasToLocation，分别表示该道路连接的地理位置以及数据属性 name 和 distance，分别表示道路名称和距离等。

（二）应急领域规则本体模型

为建模应急领域规则，EPOM 利用 Swrl：atom 表示事实 *fact*。针对 SWRL 本体只能表示逻辑原子合取的问题，利用 Expr：Condition 建模前提条件 *condition*，实现对复杂逻辑条件表达式进行本体知识建模。

在此基础上，建立类 DomainRule 表示应急领域规则，包括对象属性 hasHead 和 hasConidition，值域为 Swrl：atom 和 Expr：Condition，分别表示应急领域规则事实及其前提条件。

（三）应急任务本体模型

不同类型应急预案文本对应急任务描述方式具有多样化和差异化的特征，容易导致应急响应管理人员对应急任务的理解存在差别。应急任务本体模型是为了使应急响应参与人员对应急工作和活动形成共同理解而建立的统一和标准化的知识模型，用以对应急业务过程进行知识建模。

1. 应急任务建模

在参考 Owls：Process 本体模型的基础上，EPOM 建立类 ETask，表示应急任务；添加数据属性 taskName 和 taskAnnotation，值域均为 String，分别表示任务名称和任务执行过程说明信息；建立对象属性 hasParameter，hasInput，hasOutput 和 hasDuration，前三个对象属性的值域为 Owls：Parameter，第四个对象属性的值域为 Time：ProperInterval，分别表示应急任务描述参数、输入参数、输出参数和执行时间区间。

建立应急任务实例时，应同时建立 Time:ProperInterval 实例 taskDuration 以及 Time：Instant 实例 startTimePoint 和 endTimePoint，分别表示该任务的执行时间区间、开始时间和结束时间。本体实例 taskDuration 对象属性 hasBeginning 和 hasEnd 的取值分别为 startTimePoint 和 endTimePoint。在此基础上，利用 Time：ProperInterval 实例对象属性能够对应急任务之间定性时间约束关系（包括 equal，before，meets，Overlaps，starts，during，after 和 finish by 等 13 种关系）进行知识建模。

应急任务分为原始应急任务和复杂应急任务两个类。原始应急任务由单个应急组织实体直接执行，是不可分割且必须完整执行的逻辑单元。与应急行动对应，能够明确对其执行条件和执行效果进行描述。复杂应急任务则不能直接执行，而是通过执行具有复杂时间约束关系的子任务集合来完成。利用复杂应急任务及其分解结构能够对应急计划片段进行知识建模。

2. *原始应急任务建模*

根据定义 5.6，EPOM 建立类 PrimitiveTask，作为 Task 的子类，表示原始应急任务，描述与原始应急任务对应的应急行动的具体执行过程；建立对象属性 hasInstantCon，hasInvariantCon，hasTimedEffect，atLocation 和 excutedBy，值域分别为 InstantCondition，IntervalCondition，TimedEffect，Location 和 OrganizationEntity，分别表示应急行动的瞬时前提条件、持续前提条件、执行效果、执行位置和执行实体。同时，建立数据属性 hasCost 表示应急行动的执行成本。

假设应急行动实例的开始时刻为 Time：Instant 实例 actionStartTimePoint，以下介绍瞬时前提条件、持续前提条件、时态执行效果本体知识模型，具体如下：

（1）瞬时前提条件建模。

为建模瞬时前提条件 $sc=(logicalExpression, t)$，EPOM 利用 Expr：Condition 建模逻辑表达式 *logicalExpression*，建立 Expr：Condition 实例 instantLogicalExpression；为建模时间标记 t，建立 Time：Interval 实例 instantTimeStampInterval，包括对象属性 hasBeginning 和 hasDurationDescription，取值分别为表示该应急行动开始时间的 Time：Instant 实例 actionStartTimePoint 和 t。

在执行以上建模决策的基础上，EPOM 建立类 InstantCondition，表示瞬时前提条件，包括对象属性 hasLogicalExpression 和 hasInstantStamp，值域分别为 Expr：Condition 和 Time：Interval，分别表示逻辑条件表达式和该瞬时前提条件的时间标记且取值分别为 instantLogicalExpression 和 instantTimeStampInterval。

（2）持续前提条件建模。

为建模持续前提条件 $vc=(logicalExpression, interval)$，EPOM 利用类 Expr：Condition 建模逻辑条件表达式 *logicalExpression*，建立类 Expr：Condition 实例 intervalLogicalExpression；为表示时间区间 *interval* = （min*Value*，max*Value*），建立类 Time：Interval 实例 *min*Time，对象属性 hasBeginning 和 hasDurationDescription，取值分别为 actionStartTimePoint 和 *minValue*。同理，建立 Time：Interval 实例 maxTime，对象属性 hasBeginning 和 hasDurationDescription 取值分别为 actionStartTimePoint 和 max*Value*。

在此基础上，建立类 IntervalCondition，表示持续前提条件，包含对象属性 hasLogicalExpression，hasMinTime 和 hasMaxTime，分别表示逻辑条件、该时间区间的开始时间和结束时间，取值分别为 intervalLogicalExpression，minTime 和 maxTime。

（3）时态执行效果建模。

为建模时态执行效果 *te* = < *logicalAtom*，*Flag*，*time* >，EPOM 利用类 ABC：Actuality 实例 effectLogicalAtom 建模逻辑原子 *logicalAtom*；为表示时间标记 *time*，建立类 Time：Interval 实例 effectTimeStamp，对象属性 hasBeginning 和 hasDurationDescription，取值分别为 Time：Instant 实例 actionStartTimePoint 和 *time*。

根据以上分析，建立类 TimedEffect，表示该应急行动时态执行效果；添加数据属性 Flag，值域为 Boolean，表示执行效果标记；添加对象属性 hasEffect 和 hasTime，值域分别为 ABC：Actuality 和 Time：Interval，分别表示描述执行效果的逻辑原子和产生执行效果的时间标记，取值分别为 effectLogicalAtom 和 effectTimeStamp。

3. 复杂应急任务本体建模

复杂任务及其执行方案反映了应急任务的层次结构，描述了应急响应过程的战略和战术行为。复杂任务通过具有复杂时间约束关系的应急任务集合进行描述。EPOM 建立类 ComplexETask，作为类 ETask 的子类，表示复杂应急任务；添加对象属性 hasCondition 和 achievedBy，值域分别为 Expr：Condition 和类 ExecutionPlan，表示该复杂任务完成的前提条件和完成该复杂应急任务的执行方案。复杂应急任务本体模型有一个或多个对象属性 achievedBy，表示该复杂应急任务的多种完成途径。

4. 执行方案建模

执行方案描述了复杂应急任务的一种执行途径。为对执行方案进行知识建模，建立类 ExecutionPlan，包含对象属性 hasCondition，hasProcess 和 hasTimeConstraint，值域分别为 InstantCondition，WorkflowProcess 和 TimeConstraint，分别表示执行方案可行时应急态势应满足的前提条件、应急业务过程、定义在组成应急业务过程的任务节点上的时间约束条件；建立数据属性 hasAnnotation，值域为 String，表示该执行方案的注释信息。

组成执行方案的应急业务过程和时间约束条件的本体知识建模方法如下：

（1）应急业务过程建模。

根据定义 5.4，应急业务过程能够利用工作流进行描述。与 OWL－S 复合过程建模思想相同，为实现对应急业务过程进行建模，EPOM 利用 Owls：Control Construct 子类 Sequence，Split ＋ Join，Choice，Any－Order，Condition，If－Then－Else 和 Repeat－While 实现对应急业务过程中顺序路由结构、并行、选择和循环路由结构进行建模。在此基础上，建立类 EWork Process，表示应急过程，包括对象属性 composed Of，值域为 Owls：Control Construct，表示应急业务过程与其组成控制结构要素之间的关系，描述应急业务过程分解结构。

为描述组成应急业务过程的任务节点，EPOM 建立类 WorkStep，作为 Owls：Control Construct 的子类，表示应急业务过程中的一个执行步骤，包括对象属性 task、值域为 ETask，表示完成该执行步骤的应急任务。该任务可以为原始应急任务，与某个应急行动对应；也可以为复杂应急任务，通过执行特定执行方案完成。

与 OWL－S 本体模型复合过程建模方法相同，应急业务过程建模为树状结构，树的非根节点是描述控制结构的 Owls：ControlConstruct 子类实例，根节点为类 WorkStep 实例。

（2）时间约束条件建模。

利用 Time：ProperInterval 的对象属性能够表达区间时间内执行的应急任务之间任意定性时间约束条件。

针对定量时间约束条件，根据定义 5.5，EPOM 建立类 TimeConstraint，添加对象属性 hasPreTimePoint 和 hasPostTimePoint，值域均为 Time：Instant，其取值为表示应急业务过程组成任务节点开始时间、结束时间或应急响应过程参考时间的 Time：Instant 实例；添加数据属性 minValue 和 maxValue，值域均为实数集，分别表示定量时间约束条件的最小值和最大值。

应急响应过程参考时间利用 Time：Instant 实例 referenceTimePoint 进行建模。在此基础上，为建模应急任务时限条件，建立 TimeConstraint 实例 deadlineTimeConstraint 表示该时限条件，其对象属性 hasPreTimePoint 和 hasPostTimePoint 取值分别为表示该应急任务开始时间或结束时间的 Time：Instant 实例，或 referenceTimePoint。

综上所述，EPOM 包括的概念及其相互关系如图 5－3 所示。图中方框表示类，带箭头实线表示类的对象属性，带箭头虚线表示数据属性。

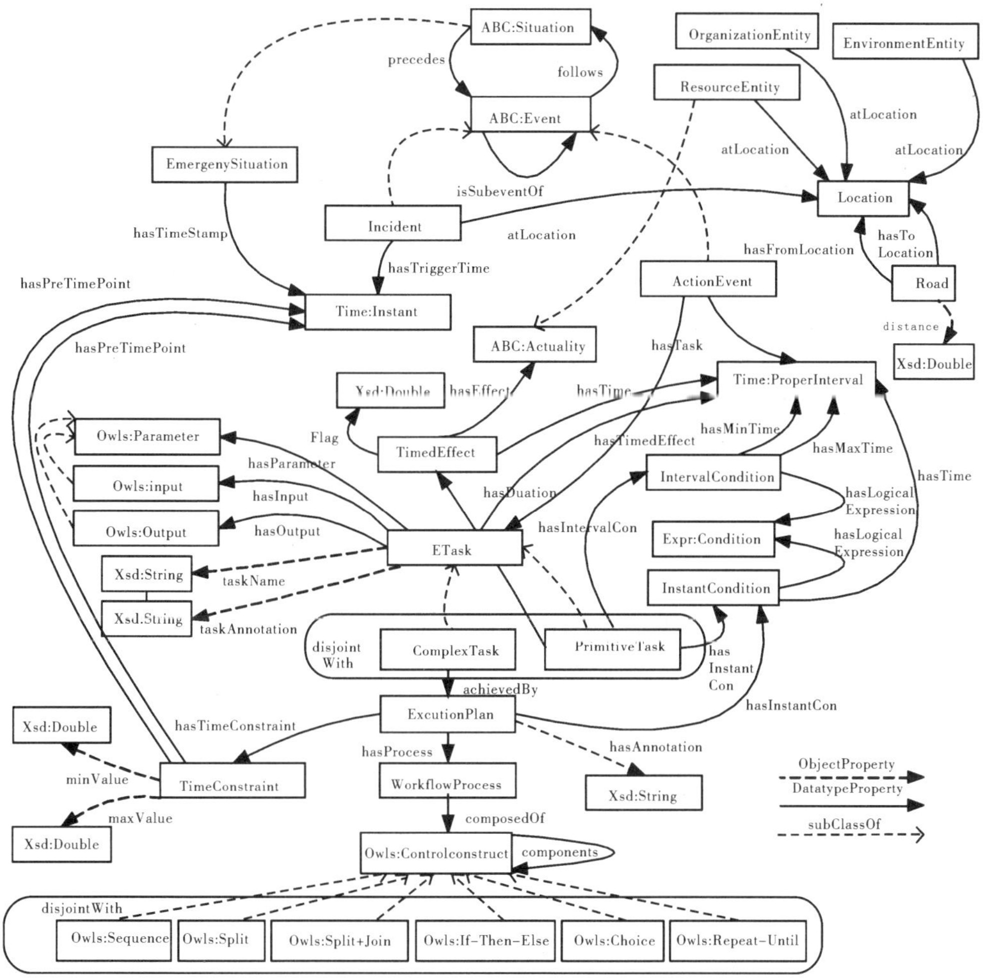

图 5－3　EPOM 概念及其相互关系

四、在防汛应急预案中的应用

EPOM 是为建模应急预案文本描述的应急领域知识建立的知识体系结构，能够刻画和描述应急预案文本描述的概念及其相互关系。为证明 EPOM 的有效性和实用性，本部分利用 EPOM 对某区域防汛应急预案文本的部分内容进行知识建模，开展应用研究。采用的建模工具为 Protégé2000。

本部分分别介绍基于本章第二小节提出的建模要素分析方法对该应急预案文本进行分析的结果以及基于 EPOM 建立的防汛应急预案文本部分内容的知识

片段。

（一）防汛应急预案结构要素分析

按照本章提出的应急预案文本建模要素分析方法，对该防汛应急预案文本描述的领域概念进行分类和提取，获得的应急预案组成要素如表5－1所示，具体如下：

1. 突发事件本体实例

该防汛应急预案文本描述的突发事件本体实例包括长江洪峰和天气变化。长江洪峰突发事件实例造成的态势变化为水位站洪水水位上涨。天气变化突发事件实例包括下雨、停雨等，造成该区域气象条件改变。

2. 环境实体本体实例

该防汛应急预案文本描述的环境实体包括河道、水位站、堤防、气象环境、居民点、安置点和应急资源储备点等。

3. 应急组织实体本体实例

该防汛应急预案文本描述的应急组织实体包括分蓄洪区转移安置指挥部、各安置点指挥部门以及防汛指挥部管理的交通运输队伍、工程险情抢险队伍等应急队伍。

4. 应急资源实体本体实例

应急资源实体包括该区域储备的防汛应急资源，即运输车辆、灾民生活物资、救生衣、冲锋舟等。

5. 地理信息本体实例

突发事件、环境实体、应急组织实体和应急资源实体等具有明确的地理信息特征，通过对行政区域内的地理位置进行统一编码，形成了预案文本描述的地理位置集合。另外，地理信息包括连接该区域内不同地理位置的道路网络。

表5－1 某区域防汛应急预案文本结构要素

领域概念	本体实例
突发事件	1. 洪水突发事件：涨水、退水； 2. 堤防工程险情：发生管涌险情、发生堤防崩塌险情等； 3. 气象突发事件：下雨、停雨等
环境实体	河道、水位站、荆右干堤、南线大堤、虎东干堤、进洪闸、节制闸、分蓄洪区内居民点、分蓄洪区内20个安置区、分蓄洪区气象环境等
应急组织实体	分洪区转移安置指挥部、斗湖堤镇安置点指挥部门、埠河镇安置点指挥部等八个安置点指挥部、交通运输保障队伍和工程险情抢险队伍等
应急资源实体	运输车辆、灾民生活物资、救生衣、冲锋舟、帐篷等

（续上表）

领域概念	本体实例
地理信息	分蓄洪区行政区划内居民点、灾民安置点、应急物资储备点等所处地理位置以及连接以上地理位置的道路网络
应急领域规则	1. 当沙市水位观测站长江水位大于 45 米时，则长江洪水达到保证水位； 2. 当荆右干堤发生管涌险情时，则为一级突发事件
应急行动	1. 运输物资应急行动（transport ?team Concrete）； 2. 抛投物资应急行动（pop ?team ?object）； 3. 绑定物资应急行动（combine ?object1 ?object2）
应急计划片段	1. 堤防工程险情处置应急计划片段； 2. 崩塌工程险情处置应急计划片段； 3. 溃口工程险情处置应急计划片段； 4. 各居民区内居民转移应急计划片段； 5. 各安置点灾民安置应急计划片段

6. 应急领域规则本体实例

该防汛应急预案文本描述了洪水等级判定应急领域规则和工程险情判定应急领域规则等。

7. 应急行动本体实例

该预案文本描述的应急行动包括运输应急行动、抛投物资应急行动、装载灾民应急行动、卸载灾民应急行动等。

8. 应急计划片段本体实例

应急计划片段是该防汛应急预案文本的核心部分，具体包括洪灾警报发布应急计划片段、转移指令发布应急计划片段、堤防工程险情处置应急计划片段、崩塌工程险情处置应急计划片段、溃口工程险情处置应急计划片段、各居民区内居民转移应急计划片段、各安置点灾民安置应急计划片段。

EPOM 是为建模应急预案文本而建立的知识体系结构，提供描述表 5－1 中所示的应急预案文本主要组成要素的本体概念模型，用以对应急预案文本描述的应急领域知识进行建模和管理。

（二）应急系统本体模型应用实例

该预案文本描述的应急系统领域实体包括荆江大堤、凤凰山水位观测站、防汛指挥团队和防汛应急队伍（Flood Controlling Response Team1，FCRT1）。其中，气象环境可能存在的气象条件包括晴天（Sunny）、下雨（Rainy）和多云（Cloudy）；堤防状态包括安全状态（Safety）和工程险情状态（EngineeringDanger）等。假设在时刻2010年8月1日15:00，发生洪水涨水突发事件，凤凰山水位观测站水位上涨为54米。在该时刻，堤防处于安全状态，气象条件为晴天，相关应急队伍位于各自地点。利用应急系统本体模型建立的描述以上领域实体和应急态势的知识片段如图5-4所示。

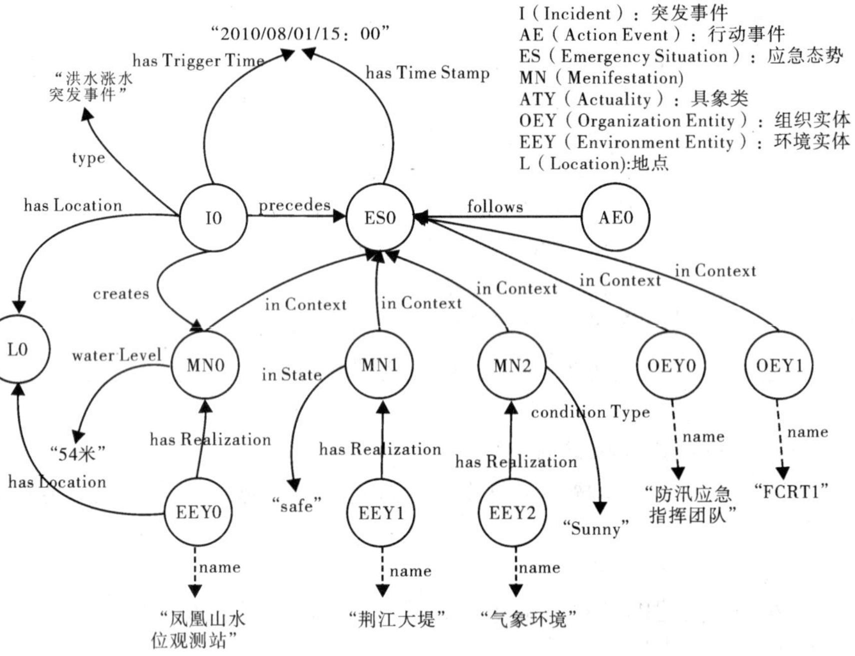

图5-4 领域实体与应急态势知识片段

图5-4中I0表示洪水涨水突发事件，发生时刻为"2010/08/01/15:00"，发生地点为位置L0且触发应急态势ES0。ES0描述了时刻"2010/08/01/15:00"的应急态势，包括水文站、荆江大堤、气象环境、防汛指挥团队和防汛应急队伍等应急系统实体在该时刻的状态信息。应急态势ES0条件下，触发行动事件AE0，表示在该应急态势条件下执行的应急响应过程，从而实现对突发事件I0进行干预与控制。

如图5-4所示，利用EPOM建立的应急系统本体模型将应急系统及其变化过程抽象为离散事件系统，并将应急响应过程描述为动态转换的应急态势序列，从而刻画应急系统的动态行为。

（三）应急任务本体模型应用实例

该防汛应急预案文本包括多个完成特定功能的应急计划片段。限于篇幅关系，本章仅仅给出基于应急任务本体建模的堤防工程险情应急计划片段（如图5－2所示）的本体知识模型，如图5－5所示。图中基于应急任务本体模型建立的堤防工程险情处置知识片段为树状结构，树的非根节点为描述应急业务过程控制结构的类 Owls：Construct 及其子类本体实例；根节点为类 WorkStep 实例，描述组成应急业务过程的应急任务节点。

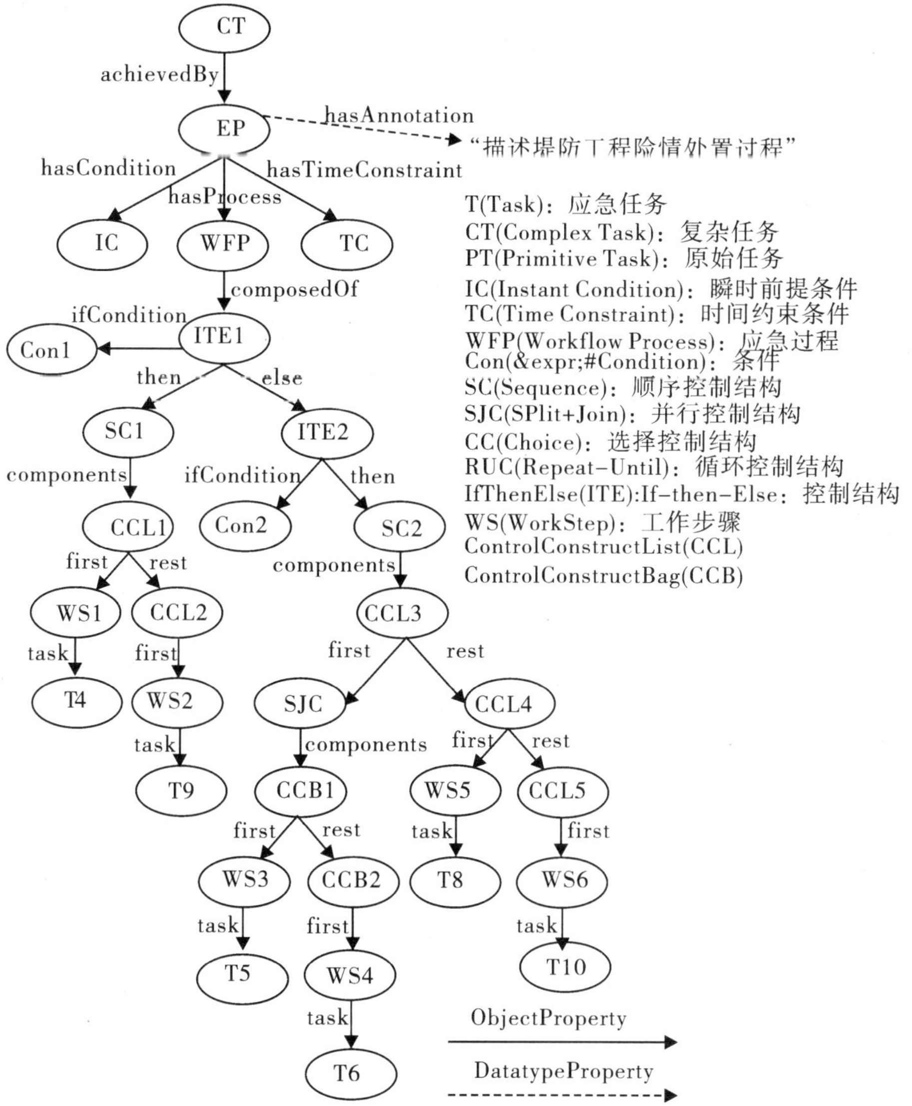

图5－5　堤防工程险情处置应急任务知识片段

五、本章小结

应急预案知识建模是一个跨领域的知识工程，是研究基于 HTN 的应急行动方案制定方法和技术的基础。本章提出了一种应急预案高层本体模型 EPOM，用于对不同单位的应急预案文本进行知识建模，能够为参与应急响应过程的多单位人员形成对应急领域知识的共同理解奠定基础。同时，也为研究基于 HTN 规划的应急行动方案制定模型解决知识获取和建模的问题。

本章针对应急预案文本这一类最重要的应急领域知识文本载体进行建模，提出的应急预案本体知识建模方法具有以下特点：①基于系统工程的观点，将应急预案文本描述的突发事件和领域实体等要素抽象为应急系统，并能够刻画应急系统的复杂性特征和系统动态行为；②针对现有应急预案本体模型忽略应急任务执行时间区间的问题，提出一种带时间区间的应急任务本体模型，并能够对应急业务的过程性知识和应急任务之间的复杂时间约束条件进行建模。

本章研究工作能够为建模其他类型应急领域知识文本提供借鉴，其研究成果具有如下作用：①在对应急领域知识进行建模的基础上，为应急管理人员与计算机之间提供了一致的信息交互结构，从而为实现对应急领域知识进行数字化和标准化管理打下基础；②建立了不同单位关于应急领域知识的共同术语，能够实现应急领域知识的重用和共享。

另外，应急组织和应急资源是应急预案文本的重要组成部分。本章提出的应急预案本体模型侧重于对应急业务流程的建模，缺乏对应急组织实体之间的组织关系和应急资源实体关系的描述和刻画。同时，应急领域知识文本还包括标准操作程序、应急管理规章制度、应急评估领域规则以及应急响应管理人员的经验等隐性知识。根据不同类型的应急领域知识结构特征和建模要求，建立多样化的应急领域知识模型，是研究应急领域知识建模的另一项重要工作。

第六章　应急行动方案制定决策过程及其描述

一、引　言

应急行动方案是应急指挥团队协调参与应急响应的各单位应急行动的重要手段，也是开展应急指挥工作的基础。因此，科学和有效地制定应急行动方案是一个十分重要的应急决策问题，是非常规突发事件应急响应管理的本质和核心。应急行动方案制定决策问题是一种典型的非程序化决策问题，认识和理解非常规突发事件应急行动方案制定决策过程及其特征是研究应急行动方案制定方法和技术的基础和前提。

目前存在的决策理论的相关研究成果为研究该问题提供了理论基础，其发展的主流经历了经典决策理论、有限理性决策理论、行为决策理论三个阶段。以上三种决策模型称为理性决策制定模型，假设决策者是理性实体，在确定性环境下开展决策过程，需要搜集问题领域的全面信息，产生备选方案集合，并进行系统的分析与比较，选择最优或较优方案。因此，理性决策制定模型需要大量决策分析时间，无法解释实际环境中具有时间压力、目标模糊等复杂条件下的决策过程且忽视了决策者具有的知识和经验对决策过程的影响。针对以上问题，相关学者提出了自然决策理论，能够描述和解释实际情景下的决策行为，为分析应急行动方案制定决策过程提供了理论基础。按照该理论，Klein（1989，1998）提出了一种再认知/启动决策模型（Recognitive-Prime Decision Model，RPDM），描述了决策者如何利用经验知识在时间压力条件下，根据态势评估，利用模型匹配的方法寻找可行方案，并利用心理状态仿真对备选方法进行评价。Kontogiannis（1996）提出了一种压力状态下的决策过程模型 COSMO，对典型态势通过态势再识别选择行动方案；对非典型的态势通过对其进行反复评估，并对备选方案进行比较，从而产生行动方案，并强调任务规划在行动方案生成过程中的作用。自然决策理论能够很好地支持应急行动方案制定决策过程中识别事件目标和建立战略方案，但是忽视了应急行动方案制定过程中的战术推理过程和资源配置过程。

另外，相关研究人员将态势感知理论（Situation Awareness，SA）应用于应急指挥过程，能够为应急指挥团队成员提供相同的事件信息、应急资源信息、支持请求状态信息等，使不同层次应急响应管理人员得以制定有效、协调和及时的决策。然而，该应急决策理论仅仅强调应急行动方案制定过程中的信息收集过程，对如何产生应急行动方案尚缺乏描述。

综上所述，环境动态变化和时间受限等实际决策情景条件下的决策理论研究工作相对欠缺，现有应急决策的相关理论无法解释和描述应急行动方案制定决策行为及其特征且仅仅强调应急行动方案制定决策过程中的某个步骤，同时，现有应急决策理论缺乏对应急行动方案制定决策问题的科学界定，为研究应急行动方案制定决策方法和技术带来了困难。

针对以上研究问题，本章将分析应急行动方案制定的决策主体、决策对象和决策环境及其特征，并从以上三个方面对应急行动方案制定决策问题进行科学界定。在此基础上，提出应急指挥团队制定应急行动方案的决策过程及其特征，并对涉及的相关概念进行形式化定义，为研究应急行动方案制定决策问题奠定基础。

二、决策问题界定

在总结应急决策相关文献和开展应急管理工作实践的基础上，本节提出了非常规突发事件应急行动方案制定的决策主体、决策对象和决策环境，从而科学界定本章的研究问题。同时，本节分析了以上三个要素的特征，及其对应急行动方案制定决策过程的影响。

（一）决策主体

非常规突发事件影响范围广，后果严重，应急响应过程涉及多个利益相关但缺乏合作经验的单位或部门。因此，来自多个单位的应急响应管理专家组成的应急指挥团队构成了制定应急行动方案的决策主体。应急指挥团队履行突发事件应急指挥的职责，统一指挥和协调应急响应参与单位的应急行动。同时，应急指挥团队组成成员是参与应急响应的主要单位的代表，被赋予该单位法律和管理权限，能够调动本单位所有资源参与应急响应工作。

参与应急响应的多个单位组成应急指挥团队，共同开展突发事件应急指挥工作，能够优化多个单位的应急行动，减少重复工作，构造合作的响应环境。同时，能够使用共享的设施，降低应急响应成本，提高响应效率，并使得应急响应参与实体制定和执行共同认可的应急行动方案，实现应急响应工作统一指挥和协调应对。通常，应急指挥团队集中于应急指挥中心，利用应急指挥中心指挥和通信手段，开展应急指挥工作。

应急指挥团队具有以下特点：

1. 团队性

非常规突发事件应急响应的内在特征要求来自不同单位的专家组成应急指挥团队，相互合作，共同完成应急行动方案制定的决策和指挥工作。首先，来自不同单位的应急指挥团队组成成员具有共同的应急响应目标集合，包括挽救生命、控制事态、减少环境污染和保护财产等。为完成共同的应急响应目标，应急指挥团队成员之间进行相互协调和沟通，从而协调应急响应参与单位的应急行动。其次，应急指挥团队组成成员具有不同的职责和角色，不同的信息、决策权限、知识、经验和技能以及对应急态势信息的不同理解，无法独立完成应急行动方案制定决策工作。应急响应绩效取决于应急指挥团队所有成员的集体努力。

2. 成员组成的动态性

应急指挥团队是由缺乏合作经验的专家组成的临时性团队，具有有限的生命周期。突发事件的发生导致应急指挥团队动态组建，并随着应急响应工作的完成而解散。同时，在应急响应过程中，随着突发事件发展和演变以及参与应急响应的单位动态变化，应急指挥团队组成成员及其角色动态改变，从而适应应急响应工作的需求。因此，在应急响应过程中，应急指挥团队的组成成员动态变化，不同单位的应急响应管理专家动态加入应急指挥团队，并随着该单位响应工作结束退出应急指挥团队。

3. 知识异构性

应急指挥团队成员是开展应急响应管理的特定领域的专家，具有该领域应急响应管理任务知识和相关经验。通常，应急领域知识文本包括应急预案、应急响应管理制度、标准操作程序和应急案例等，是指导应急指挥团队制定应急行动方案的基本依据，构成了应急领域知识的重要载体。应急行动方案制定决策过程的本质是根据应急态势，对多个应急响应参与单位的应急领域知识进行选择和重组，从而转换为应急行动方案。

然而，应急领域知识分布于参与应急响应的多个单位。非常规突发事件应急指挥团队是缺乏合作经验的临时性团队，存在组织文化的差异，具有不同的知识背景和结构，导致不同单位的应急领域知识缺乏共同的术语。因此，应急领域知识具有异构性特征，从而造成应急指挥团队成员之间知识理解和信息沟通存在困难。

（二）决策对象

非常规突发事件应急行动方案制定决策问题的实质是基于复杂的应急态势应急指挥团队如何实现识别的事件目标集合。因此，应急态势和事件目标是构成非常规突发事件应急行动方案制定决策问题的重要组成要素。根据对应急态势和事件目标的分析，应急行动方案制定决策问题具有以下特征：

1. 应急态势复杂性

应急态势刻画和描述了突发事件、应急资源和应急环境实体的当前状态及其发展趋势。通常，应急响应过程涉及的实体多且各要素之间相互关联和耦合，导致应急态势具有复杂性特征。

2. 事件目标任务结构不明确和时限性

应急响应过程的不确定性导致应急系统的目标状态无法确定，进而导致事件目标无法利用应急响应组织应完成的任务进行描述，并具有以下特征：

首先，事件目标能够通过多个途径或方法完成，具有不同的战略和战术方案。同时，应急指挥团队面临的决策问题表现为新颖的、不经常发生的情形，缺乏完成事件目标的经验和产生事件目标实现方案的明确程序。因此，事件目标具有任务结构不明确的特征，制定实现事件目标行动方案的过程涉及复杂的分析和推理过程。

其次，非常规突发事件的内在机理决定了应急响应组织应在突发事件造成灾难性后果前对其进行干预和控制，完成识别的事件目标，从而导致事件目标具有明确的时限条件。

3. 多个事件目标之间具有冲突和异步性特征

通常，应急指挥团队根据当前应急态势识别多个事件目标，反映了突发事件应急响应的多维度特征和应急响应参与单位的不同利益关注点。首先，完成事件目标的应急行动之间存在复杂的资源和时间冲突关系，应急指挥团队应统一制定完成事件目标的应急行动方案，协调应急响应参与单位的行动。其次，应急态势动态变化和不可预测等特征导致应急指挥团队在应急响应过程中根据实时应急态势动态识别事件目标。因此，应急响应过程中涉及的多个事件目标具有异步性特征，在应急响应过程中动态产生。

根据以上分析，我们认为应急行动方案制定决策问题是一种典型的复杂非程序化决策问题，利用数学模型（或称运筹学模型）难以进行建模和求解。

（三）决策环境

非常规突发事件应急响应环境构成了应急指挥团队制定应急行动方案的决策环境，对该决策过程提出了特殊约束条件。应急响应具有的高度动态性、时间紧迫性、资源稀缺和高度的决策负载等特征对应急行动方案制定决策过程的各阶段造成影响。应急行动方案制定决策环境的具体特征如下：

1. 高度动态性

突发事件与应急行动执行过程共同导致决策环境具有高度动态性。首先，非常规突发事件具有突然发生、快速蔓延、演变规律不确知等特征，导致应急响应环境快速和动态变化。其次，应急响应实体的应急行动执行效果不确定，导致应急响应环境发生改变。

决策环境的高度动态性特征决定了实时制定和执行应急行动方案的决策过程应满足和适应决策环境动态变化的特征。

2. 时间紧迫性

根据非常规突发事件的机理性特征，应急响应管理人员应在突发事件产生灾难性后果前，及时和有效地对其实施干预和控制。因此，应急行动方案制定决策过程具有强烈的时间紧迫性特征。应急指挥团队必须在突发事件造成灾难性后果的时间限制条件下制定应急行动方案，并组织实施。同时，应急行动方案制定过程所消耗的决策时间的延长将导致行动方案执行过程的不可行。

3. 资源稀缺

非常规突发事件应急响应需要多级政府和多个部门向事件现场投放大量应急资源和服务。然而，相对于完成事件目标的应急行动方案的资源需求，现场应急资源相对稀缺和不足，无法在时间限制条件下完成所有事件目标。

因此，应急响应过程中，应急指挥团队应对事件目标进行分级，并优先保证实现优先级较高的事件目标，从而获得最大的应急响应效果。

4. 高度的决策负载

为实现对突发事件进行干预与控制，应急指挥团队面临多个方面的决策任务，涉及大量的决策制定活动。因此，高度的决策负载是应急行动方案制定决策环境的又一个典型特征，从而导致需要对应急指挥团队提供决策支持手段，辅助应急行动方案制定决策过程开展。

三、决策过程

分析应急指挥团队在非常规突发事件应急响应过程中制定应急行动方案的决策过程及其行为特征，是研究应急行动方案制定决策方法及其支持技术的前提与基础。针对理性决策模型无法描述和解释应急指挥团队制定应急行动方案决策过程及其行为特征的问题，本部分在参考应急决策理论相关文献和观察防汛应急指挥过程的基础上，提出一种非常规突发事件应急行动方案制定决策过程模型，如图 6 - 1 所示。该决策过程模型描述应急指挥团队在非常规突发事件应急响应过程中制定应急行动方案的步骤及其行为特征，能够有效满足决策主体、决策问题和决策环节等要素的相关特征，为研究应急行动方案制定方法和技术提供理论基础。

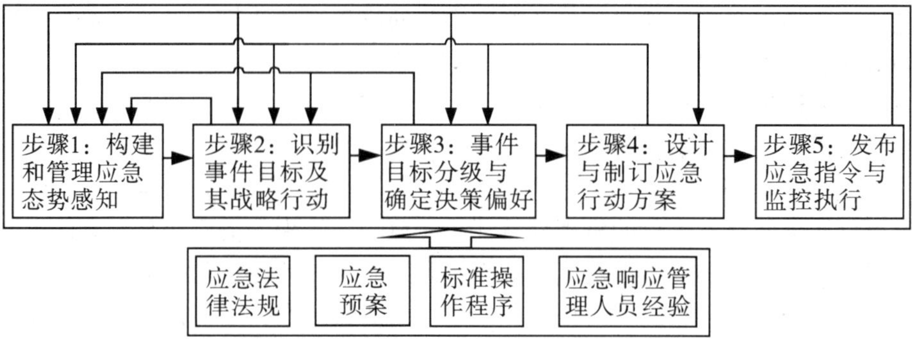

图6-1 非常规突发事件应急行动方案制定决策过程

应急行动方案制定决策过程主要包括以下五个步骤：

（一）构建和管理应急态势感知

本步骤的主要工作包括搜集、整理、分析和预测突发事件、应急环境实体和应急资源实体的潜在信息，构建和管理应急态势感知（Emergency Situation Awareness，ESA）。

应急态势感知包括参与应急响应的各成员具有的符合其自身要求和职责的态势感知要素及其信息以及团队成员之间共享的态势感知信息，能够有效提高应急指挥团队的响应绩效。首先，应急指挥团队各成员根据本单位职责和管理权限，确定态势感知要素，并识别应急态势感知要素的信息，包括突发事件、应急环境实体和应急资源实体等。其次，为实现参与应急响应的各单位协调运作，应急指挥团队成员通过有效的交流与信息管理，形成公共操作视图，即在某个时刻建立起应急指挥团队成员对应急态势要素信息的共同理解。公共操作视图通过应急响应组织收集、核对、综合和分发应急响应相关信息并进行建立和管理，能够使得应急指挥团队制定有效、一致和及时的应急决策。

应急态势感知不仅包括确定当前应急系统实体状态，也包括对当前应急系统实体状态的理解、分析和预测。同时，应急态势感知信息具有时间属性和空间属性。根据Eedslay提出的SA三层模型，应急态势感知主要包括如下三个层次：

1. 感知应急系统实体当前状态

及时收集和分析应急系统实体状态信息是开展应急决策工作的基础，包括突发事件的位置、程度、规模和复杂性；突发事件承载体的当前状态；应急资源可获得性及其状态信息等。

非常规突发事件应急响应参与单位多，信息来源广，需要收集和处理分布在不同地理位置的多个不同单位的信息。因此，对应急系统实体状态进行事前监测是应急管理的特征。另外，组织交流也是搜集应急系统实体状态信息的手段之一。

2. 理解和分析当前应急态势

在层次（一）搜集应急系统实体当前状态信息的基础上，应急指挥团队对当前应急态势信息要素进行合理组织、整理和综合，并根据特定的应急领域规则，理解当前应急态势的含义，形成对当前应急态势信息的全面分析和认识，并判别突发事件发生的原因。

例如，防汛指挥团队根据当前水情、雨情和工程运行情况，对当前防洪形势进行综合分析，评估洪灾突发事件的等级。

3. 预测应急态势发展趋势

基于层次（一）对当前应急系统实体状态信息和层次（二）对当前应急系统状态的理解，应急指挥团队通过突发事件发生与发展的机理等知识，预测应急态势的发展趋势，并确定可能存在的威胁。预测应急态势发展趋势是合理制定应急行动方案的基本途径。

例如，组成防汛应急指挥团队的气象部门人员预报事件发生地点的未来给定时间段内的气象条件；水利部门成员利用洪水预报软件预测洪水的发展趋势，并根据堤防、大坝的工况条件预测可能发生的工程险情等。

本步骤在应急响应过程中持续进行，构建和管理应急态势感知过程的结果是应急态势信息的以上三个要素。

（二）识别事件目标及其战略行动

本步骤的主要工作如下：首先，根据应急态势感知信息，应急指挥团队成员根据态势评估，提出本单位的事件目标及其战略行动，即个体事件目标及其战略行动；其次，在各成员提出个体事件目标及其战略行动的基础上，应急指挥团队通过讨论形成应急指挥团队共同认可的公共事件目标及战略行动集合。

事件目标是应急响应工作需要完成的目标或事物，具有具体性、可度量性、可分配性、合理性和时间相关性等属性，决定了当前应急指挥周期内应急响应组织的行动方向，能够有效引导应急响应参与实体的应急行动。战略是完成事件目标的抽象方案。事件目标及其战略必须满足符合参与应急响应的各单位的法律责任和管理目标的要求。同时，事件目标及其战略行动应有效建立，并在应急响应组织中进行交流，从而保证应急响应过程成功开展。

根据应急态势感知信息识别事件目标是应急行动方案制定决策问题的探测活动，是对当前应急态势感知信息进行再概念化的过程。非常规突发事件的特殊性和多样性需要适应性的目标设计过程，从而适应复杂多变的应急态势。

（三）事件目标分级与确定决策偏好

本步骤根据应急响应过程的约束条件和评价准则对事件目标进行分级，并确定评价和比较应急行动方案的决策偏好。

通常，非常规突发事件应急响应过程涉及多个事件目标，应急指挥团队确定对其进行评价的准则，具体包括：①确保生命安全，减少伤亡；②稳定应急态势，防止事件恶化；③减少环境污染；④以上标准同时应用。

以上评价准则确定了应急指挥团队对多个事件目标进行评价的指标体系，反映了各应急响应参与单位的综合考虑，包括政治因素、安全因素、环境因素和经济因素等。根据以上评价标准，应急指挥团队利用多属性决策模型，对事件目标进行评价，确定其优先级别，从而形成应急指挥团队成员共同认可的事件目标集合及其优先级别。

另外，在当前应急态势条件下，完成给定的事件目标集合包括多个应急行动方案，应急指挥团队应确定能够用以评价和选择多个备选应急行动方案的评价准则，从而选择较优的应急行动方案。应急行动方案评价准则反映了应急指挥团队的决策偏好。

（四）设计与制定应急行动方案

本步骤描述制定应急行动方案的战术规划过程，主要包括设计、分析和评价应急行动方案，根据当前应急态势和事件目标及其战略行动，确定应急响应过程的战术导向和执行该战术行动的特定资源需求及其支持保障，并将抽象概念的事件目标及其战略行动分解为能够分配给下级单位执行的应急行动。

在应急响应任务环境特殊约束条件下，设计应急行动方案是一种典型的复杂认知活动。同时，应急行动方案无法预先给定，需要通过在问题空间中进行选择性搜索产生。因此，分析与设计应急行动方案是一种层次性、渐进的规划过程，能够从相对抽象的战略行动，通过任务分解得到应急响应实体能够执行的具体的战术行动。

通常，参与应急响应的单位制定了应急预案（Emergency Operation Plan，EOP）、标准操作程序（Standard Operation Plans，SOPs）、应急响应管理规章制度等，规定了一系列的战术行动模板，提供了设计与制定应急行动方案的基础和依据。设计与制定应急行动方案的实质是对多个单位的应急领域知识进行选择和重组。

手段与目的分析方法是设计与制定应急行动方案的有效手段，主要包括如下两个阶段：第一，在当前应急态势下，搜索和确定实现当前事件目标或子目标的战术行动方案；第二，选择在当前应急态势条件下，该事件目标或子目标最合适的执行途径。在复杂应急态势和强烈时间压力条件下，设计与制定应急行动方案的过程中不存在将多个方案同时进行比较的过程，应急指挥团队往往首先搜索一个可行的方案，然后继续搜索更好的方案。同时，在搜索应急行动方案的过程中利用序列评价的方法选择备选行动方案。另外，应急指挥团队存在认知能力限制，搜索和寻找可行行动方案比构建最优方案更有效且符合实际决策情景。

本步骤是一种战术规划，是相对机械的过程，自动规划模型能够为该过程提供有效支持。

（五）发布应急指令和监控执行

本步骤的主要工作包括将应急行动方案转换为应急指令，签署和发布应急指令，并监视应急响应实体执行相关应急行动。

首先，应急指挥团队将应急行动方案转换为能够下达给下级单位执行的应急指令，批准并及时发布给相关应急响应参与实体。同时，应急响应实体应对应急指令描述的应急行动及其实施结果作出承诺，并执行该行动。

其次，应急指挥团队监视应急响应实体执行应急行动方案中规定的相关应急行动，跟踪应急行动的执行过程，并对应急行动执行情况进行评价，从而检验应急行动方案是否能够完成识别的事件目标集合。

通常，应急行动方案以步进的方式执行，即执行部分方案，并在执行过程中接收下级单位执行情况的反馈信息。如果当前应急态势符合应急行动方案的规定和预测，则继续执行应急行动方案的剩余部分。否则，需重新评估应急态势，并对应急行动方案进行调整或制定新的应急行动方案。

应急指挥团队监视应急行动的执行过程是一个连续过程，贯穿于整个应急响应指挥周期。

四、相关概念形式化描述

本书给出了应急行动方案制定决策问题、应急态势、事件目标、应急行动方案、应急行动方案制定过程和应急领域知识的形式化定义，为建模与求解应急行动方案制定决策问题，研究应急行动方案制定方法与技术奠定基础。

1. 应急行动方案制定决策问题

分析应急行动方案制定决策问题的构成要素，是建立标准的问题描述模型的基本手段，也是研究应急行动方案制定决策方法的基础。根据对非常规突发事件应急响应过程进行分析，结合人工智能规划问题模型，以下给出应急行动方案制定决策问题的定义：

定义 6.1 应急行动方案制定决策问题（Emergency Action Plan Developing Decision Problem，EAPD2P），*EAPD2P* = < *ESituation*，*IncidentObjectiveSet*，*PlanMetric* >，含义分别如下：

（1）*ESituation* 表示当前应急指挥周期初始时刻构建的应急态势感知信息。

（2）*IncidentObjectiveSet* = $\{io_1, \cdots, io_m\}$ 表示在当前应急指挥周期初始时刻识别的事件目标集合。

（3）*PlanMetric* 表示应急行动方案的评价标准，能够用以指导应急指挥团队在制定应急行动方案的过程中选择战略和战术行动。

根据以上定义，应急行动方案制定决策问题的本质是在当前应急态势 *ESituation* 下如何实现识别的事件目标集合 *IncidentObjectiveSet*，是一类典型的复杂非结构化决策问题，难以用数学建模的方法进行表示，本章尝试用基于 HTN 规划的方法对该问题进行建模和求解。

2. 应急态势

根据本章第三小节的分析，应急态势的定义如下：

定义 6.2 应急态势 *ESA* = {*Current*，*Analysis*，*Predication*，*timeStamp*}，含义分别如下：

（1）*Current* 表示应急系统实体当前状态，包括突发事件、应急环境实体、应急资源实体、应急响应参与单位的信息。

（2）*Analysis* 表示对应急系统实体当前状态信息进行全面分析和综合研判的结果。

（3）*Predication* 表示根据应急系统实体当前状态信息和综合分析结果，在对应急系统实体进行模拟的基础上，预测应急系统状态的发展趋势、影响范围、严重程度等。

（4）*timeStamp* 表示应急态势的时间标记，为绝对时间点，表达了应急态势的时间属性。

3. 事件目标

根据对应急行动方案制定决策过程的分析，事件目标具有以下特征：首先，应急响应环境具有高度不确定性和不可预测性等特征，导致应急系统目标状态无法确定。因此，事件目标无法利用应急系统实体目标状态进行描述，与 HTN 规划相似，应采用应急响应组织应完成的任务或工作进行描述；其次，应急响应组织必须在事件造成灾难性后果前完成事件目标，因此，事件目标具有强烈的时限条件；再次，由于应急响应环境具有高度的动态性等特征，事件目标在应急响应过程中动态识别，无法在当前应急指挥周期初始时刻一次性给定，具有特定的时间标记；最后，事件目标具有明确的优先级别，应急响应过程中，应优先保证完成高优先等级的事件目标。

事件目标的以上特征体现了应急响应过程的内在属性，其形式化定义如下：

定义 6.3　事件目标 $io = \langle task, deadline, pri, generatedTime \rangle$ 是由目标任务 *task*，时间限制条件 *deadline*，事件目标优先级 *pri* 和事件目标识别时刻 *generatedTime* 构成的四元组，具体含义如下：

（1）*task*：表示应急响应过程应完成的目标任务或工作。

（2）*deadline*：利用该应急任务的开始时刻或结束时刻与应急响应过程绝对参考时间点之间的时间约束条件进行定义，表示该事件目标在该时限条件下必须完成；否则，突发事件将造成灾难性后果。

（3）$pri \in n$（n 为自然数）：表示该事件目标的优先级别，表达了事件目标之间的相对重要程度。通常，$pri \in 1$ 级为最高优先级别，随着 *pri* 取值增大，优先等级依次降低。

（4）*generatedTime*：表示应急指挥团队识别该事件目标的绝对时间点，表示事件目标的时间属性。

4. 应急行动方案

应急行动方案是突发事件发生后，应急指挥团队制定的突发事件应对流程与行动方案，是应急行动方案制定决策问题的解，其定义如下：

定义 6.4　应急行动方案（Emergency Action Plan，EAP），$EAP = \langle IncidentObjectiveSet, TaskSet, DecomRelations, ActionSet, Resources, TimeLine \rangle$ 由事件目标集合 *IncidentObjectiveSet*、应急任务集合 *TaskSet*、任务分解关系 *DecomRelations*，应急行动集合 *ActionSet*、执行相关应急行动所需应急资源集合 *Resources* 和应急行动执行时间区间 *TimeLine* 等要素组成，具体含义如下：

（1）$IncidentObjectiveSet = \{io_1, \cdots, io_n\}$ 表示该应急行动方案完成的事件目标集合。

（2）$T = \{t_1, \cdots, t_m\}$ 表示设计与制定应急行动方案过程中涉及的应急任务集合。

（3）$DecomRelations = \{tr_1 = (t_i \rightarrow t_j)\}$ 表示应急任务之间分解关系对集合，描述了应急行动方案制定过程中涉及的任务之间的分解关系；$tr_l = (t_i \rightarrow t_j)$ 表示 t_j 是 t_i 的子任务。

（4）$A = \{a_1, \cdots, a_l\}$ 表示应急响应实体执行的应急行动集合。

（5）$Resources = \{(a_i \rightarrow r_j)\}$ 表示应急行动与应急资源实体对集合；$(a_i \rightarrow r_j)$ 表示执行应急行动 a_i 需要使用应急资源实体 r_j。

（6）$TimeLine = \{(a_i, s_i, duration_i)\}$ 表示应急行动执行时间区间，描述

了应急行动之间的逻辑关系。(a_i，s_i，d_i) 表示应急行动 a_i 执行的开始时间为 s_i，执行时间区间为 d_i。

应急行动方案在初始应急态势下执行且能够完成识别的事件目标集合。通常，非常规突发事件应急行动方案是一种模块化的方案，包括通信方案、交通运输方案和医疗救护方案等，具有简单、可修改等特征，能够迅速被参与应急响应的各单位理解，表达了应急响应实体执行的应急行动之间的协调关系。

5. 应急行动方案制定过程

应急行动方案制定过程是应急指挥团队求解应急行动方案制定决策问题，制定突发事件应对流程和行动方案的问题求解过程，其形式化定义如下：

定义 6.5 应急行动方案制定过程（Emergency Action Plan Developing Process）是非常规突发事件发生后，应急指挥团队在确定当前应急态势和识别事件目标集合的基础上，通过对应急响应参与单位的应急领域知识进行智能检索、分析和重组，形成突发事件应对流程和行动方案的过程。基于公式表示为 $EPro + DK \rightarrow EAP$，$EPro$ 表示应急行动方案制定决策问题，DK 表示应急响应参与单位的应急领域知识，EAP 表示生成的应急行动方案。

6. 应急领域知识

应急领域知识是应急指挥团队制定应急行动方案的基础和前提，应急行动方案制定决策过程的本质是对多个参与应急响应的单位的应急领域知识进行选择和重组。

应急领域知识的定义如下：

定义 6.6 应急指挥团队制定应急行动方案决策过程中涉及的应急领域知识 DK 是应急指挥团队组成成员所代表的参与应急响应的各单位应急领域知识的并集，即 $DK = DK_1 \cup \cdots \cup DK_m$，$DK_i$ ($1 \leqslant i \leqslant m$) 表示参与应急响应的单位 i 的应急领域知识，m 表示派员参加应急指挥团队的单位的数量。

例如，防汛应急指挥团队是由参与防汛应急指挥的主要单位的专家组成的临时性团队，包括政府代表、水利部门代表、公安部门代表、军队等其他单位代表。防汛应急行动方案制定过程涉及的领域知识由参与防汛应急指挥的以上各单位的应急领域知识和经验组成。

五、应急行动方案制定方法与技术

由非常规突发事件应急响应构成的具体决策情景和约束条件，对制定应急行动方案提出了挑战。Mendonça (2001) 根据操作风险管理理论（Operational Risk Management，ORM），将应急响应过程描述为监视系统运行情况并对突发事件作出响应的过程。当计划的突发事件发生时，直接选择现有响应程序执行；当非计划突发事件发生时，在对响应程序进行修改的基础上形成行动方案。根据以上思路，Mendonça（2001）以认知理论和计算机技术为理论基础，建立了一种决策支持原型系统 EMPROV，用以支持应急响应管理人员面对非计划突发事件发生时制定应急行动方案的即席决策行为。随后，Mendonça（2007）将应急行动方案制定过程与爵士乐即席演奏过程进行对比分析，从而提出了一种应急响应管理即席决策理论，并利用一种认知模型进行表达。该模型将制定应急行动方案的决策过程涉及的领域知识表示为目标、功能、对象组、对象和属性构成的层次网络，并设计了一种在知识体系中进行搜索的决策逻辑，能够输出实现给定目标的行动及其资源，从而有效地支持应急管理人员制定应急行动方案。

同时，国内相关学者将应急预案作为制定应急行动方案的主要依据，对基于应急预案的应急行动方案制定方法展开了大量研究。董存祥（2010）将应急预案规定的处置流程表示为一组对象以及对象之间的约束集合，并提出了一种基于约束满足问题的应急行动方案生成模型。史波（2008）分析了基于应急预案的三种应急决策方式，提出了一种基于预案的企业决策模型，能够缩短决策时间，并增加决策科学性。郭瑞鹏（2006）提出了一种基于预案的应急行动方案制定决策模型，包括危机识别、预案匹配、备选方案评估和方案实施四个步骤，能够减小决策者的心理压力。袁宏永（2007）在对应急预案文本进行数字化管理的基础上，提出了一种基于数字预案系统自动生成应急行动方案的方法，并支持对生成的应急行动方案进行实时调整。应急预案是针对预想的应急响应情景设计的行动安排。然而，当应急响应过程中当前应急态势与预案作出的假设不一致时，预案规定的应急业务流程无法作为制定应急行动方案的参考。因此，基于预案的应急行动方案制定方法无法适应非常规突发事件应急响应过程中应急态势复杂多变的情况，具有一定的局限性。

另外，国外相关研究人员将 HTN 规划方法应用于支持应急行动方案制定决策过程，并开展了相关工程应用。Asuncion（2006）基于时态 HTN 规划模型设计并开发了一种用于辅助应急指挥人员制定森林灭火方案的决策支持系统 SIADEX。Héctor 等人针对产生式规划算法要求提供完备领域知识的问题，将 HTN 规划和案例推理方法相结合，提出了一种 SiN 算法，作为决策支持系统 HICAP 的推理逻辑，用以支持应急响应管理人员制定海上应急疏散方案。Biundo（2001）等人设计了一种混合规划框架，用以辅助防汛应急响应管理人员制定防汛行动方案。Tate（2006）将 HTN 规划模型作为决策支持系统的推理逻辑，开发了一种行动方案制定辅助系统 I－X，并已在地震救灾过程中开展应用。Tecui（2007）利用 HTN 规划模型建立了一种应急决策支持系统 Disciple－VPT，能够有效支持应急响应中多个部门开展合作规划的过程，辅助应急响应管理人员制定应急行动方案，并取得了较好的应用效果。综上所述，应急行动方案制定方法的研究成果相对较少。其中，HTN 规划技术能够有效辅助应急响应管理人员根据复杂应急态势规划生成应急行动方案，已在多个应急响应管理领域展开应用，并在实践中表现出了强大的应用价值，是一种有效的应急行动方案制定方法。

六、本章小结

目前，应急决策理论的相关研究较少，无法科学界定应急行动方案制定决策问题，缺乏对应急行动方案制定决策过程及其行为的认识和理解且对该决策过程中涉及的相关概念未作出明确的定义。针对以上问题，本章以系统工程的思想为指导，综合利用决策理论的现有研究成果，对本书的研究对象及其属性展开分析和界定。

首先，本章分析了非常规突发事件应急行动方案制定的决策主体、决策对象和决策环境及其特征，并从以上三个方面对本书的研究对象及其特征进行科学界定，从而揭示应急行动方案制定决策问题的本质和内涵。在此基础上，根据应急决策理论的相关文献，提出了一种应急指挥团队制定应急行动方案的决策过程模型，描述应急行动方案制定的决策行为，从而适应决策主体、决策对象和决策环境的特征。接着，对应急行动方案制定决策过程涉及的相关概念进行形式化定义，为建模和求解应急行动方案制定问题奠定基础。最后，对国内外学者对应急行动方案制定方法与技术的研究成果进行了综述和评价。

本章的工作是研究基于 HTN 规划的应急行动方案制定方法及技术的前提，是后续第七章至第九章研究工作的基础。

第七章　应急领域 HTN 规划模型设计

一、引　言

非常规突发事件影响范围广，后果严重，其应急响应工作涉及多个缺乏合作经验的参与单位。科学制定和部署应急行动方案是在应急响应过程中协调各参与单位应急行动的有效途径，也是开展应急管理工作应面对的根本问题。本章将应急指挥团队在非常规突发事件应急响应过程中根据复杂的应急态势，制定完成事件目标集合的应急行动方案的决策过程作为研究对象，紧紧围绕该决策问题的建模和求解，设计应急领域 HTN 规划模型，为应急行动方案制定决策过程提供支持。

目前，国外研究人员开发了多个 HTN 规划器，并被广泛用以支持应急行动方案制定决策过程，具有坚实的理论基础和应用经验。然而，非常规突发事件应急响应领域特征和具体决策情景为利用现有 HTN 规划支持应急行动方案制定决策过程发起了挑战。首先，应急响应环境具有高度动态性、复杂性和不可预测性等特征；其次，应急响应过程涉及来自不同单位的多个应急响应实体执行相互依赖的异类应急任务，且具有复杂的并行执行和同步关系；再次，应急行动方案应满足应急响应过程涉及的复杂时间约束条件；最后，应急响应过程具有强烈的时间压力，应急指挥团队应在突发事件造成灾难性后果的时限条件内快速制定和执行应急行动方案。非常规突发事件应急响应过程的以上特征为设计应急领域 HTN 规划模型提出了特定的设计需求，包括数字特征、预测信息、应急行动的过程性和并行执行、应急任务之间的复杂时间约束关系、偏好信息和优化性以及应急行动方案制定过程的响应性等，为研究应急领域 HTN 规划模型提供了设计依据。然而，现有 HTN 规划模型无法满足以上所有的设计需求，进而导致无法直接选择现有 HTN 规划器，支持应急指挥团队制定应急行动方案。

本章的研究目的是针对非常规突发事件应急领域智能规划设计需求与现有 HTN 规划技术存在的差距，设计满足以上所有设计需求的应急领域 HTN 规划模型，从而适应应急响应领域特征，为有效制定应急行动方案提供决策支持。首先，在分析非常规突发事件应急响应过程特征的基础上，本章提出应急领域智能规划设计需求，能够为设计应急领域 HTN 规划模型提供参考框架。同时，以应急领域智能规划设计需求为评价标准，本章对现有 HTN 规划器进行分析和评价，提出现有 HTN 规划技术在应急领域开展应用的过程中存在的问题。最后，在综合集成和利用现有自动规划技术的基础上，本章对基于状态的前序 HTN 规划模型 SHOP2 进行扩展，设计一种 anytime 启发式 HTN 规划模型（HTN Planner for Extreme Event Decision Making，HPXEDM），用以支持应急指挥团队在非常规突发事件应急响应过程中科学和有效地制定应急行动方案。

二、智能规划理论与技术

智能规划技术，也称自动规划技术，是搜索将系统当前状态转换为目标状态的行动序列的一种方法。在作为人工智能的传统领域，国内外关于自动规划方法和技术的研究工作已开展得十分广泛。本节从非常规突发事件应急响应的领域特征出发，紧紧围绕应急行动方案制定方法与技术的研究目的，从 HTN 规划、动态条件下的规划方法两个方面，对与非常规突发事件应急行动方案制定相关的自动规划方法进行介绍，并结合该决策过程具体决策情景及其特征对其适用性进行评述，从而为设计应急领域 HTN 规划模型提供理论基础。

（一）HTN 规划

HTN 规划起源于 20 世纪 70 年代，直至 1994 年 Erol 提出了 HTN 规划的形式化模型，并证明了 HTN 规划的复杂性和完备性，HTN 规划才初成体系。与经典规划相似，在 HTN 规划中，系统规划状态用命题集合表示，动作对应于确定的状态转换。针对实际规划领域难以给出系统目标状态的问题，HTN 规划利用抽象的目标任务替代系统规划目标。其主要思想是递归地将抽象的复合任务分解成越来越具体的子任务，直到可以通过执行规划动作就能完成的原始任务为止。同时，HTN 规划能够描述应用领域的过程性知识，并用以提高规划过程的效率。因此，HTN 规划能够用以建模和求解大规模复杂决策问题，甚至涉及上千个对象和成百上千个行动的领域问题，具有较强的应用潜力。目前，HTN 规划模型是应用最为广泛的一种自动规划模型，其应用领域包括生产线调度、危机管理和后勤规划、航天器规划和调度等。

目前，国外研究人员已开发了多个 HTN 规划器，用以解决实际决策问题。Erol（1994）设计的规划器 UMCP，是第一个被证明可靠且完备的 HTN 规划模型。Nau（1999、2003）等人开发的 HTN 规划器 SHOP 和 SHOP2 是一种基于状态的前序 HTN 规划系统，即规划过程显式表达每个规划求精步骤的规划状态，且方案步骤生成次序与其执行次序相同。其中，SHOP2 是 SHOP 的扩展，能够进行公理推导、混合符号和数字计算，并调用外部函数，在 2002 年国际规划大赛中获得了前四名的好成绩。SIADEX 是一种时态扩展的基于状态的前序 HTN 规划模型，能够有效表达和处理规划过程中的时间约束条件，支持行动并行执行、任务时限条件和任务之间复杂同步关系的表达和处理。SIPE2 是一种能够产生包括并行行动和条件行动序列的 HTN 规划系统，在规划过程中支持时态推理，具有较高的规划效率，并在石油泄漏、移动机器人、工程任务和联合军事规划领域开展了应用。O－Plan2 为应用领域指挥、规划和执行过程提供了一种通用和领域独立的计算框架，支持时间约束条件管理、资源分配、对象实体选择、条件执行效果等。IxTeT 是一种时态 HTN 规划器，利用层次化的操作符表达行动的并行性，行动执行的前提条件和执行效果，能够显式表示在区间内执行的行动之间的复杂时间约束条件。同时，IxTeT 利用多值属性表达世界状态，能够管理多种类型的资源，并采用扩展的最低承诺控制策略展开搜索且能够保证搜索过程的完备性。最后，Biundo（2001）等人根据灾害管理领域的特征和需求，在集成 HTN 规划模型和基于状态的偏序因果链规划模型的基础上，设计了一种混合 HTN 规划器，它能够有效解决灾害管理领域知识建模困难和搜索空间爆炸等问题。同时，Schattenberg（2002）提出了四种应急资源关系，利用该混合规划框架提供的规划状态抽象机制进行表示，并设计了一种集成规划与调度算法，能够在 HTN 规划过程中有效实现应急资源实体的分配。

现有 HTN 规划方法属于离线规划（off－line planning），是一种先确定求解问题的完全行动方案，然后执行行动的规划方法，能够描述目标驱动的问题求解行为，体现了人类在问题求解过程中完全慎思型控制过程。然而，现有 HTN 规划模型根据特定目的进行设计，不能很好适应非常规突发事件应急行动方案制定决策问题的领域特征和特殊约束条件。首先，现有 HTN 规划模型假设规划过程中系统状态保持不变，属于静态规划方法，对应急态势动态变化和事件目标动态识别条件下应急行动方案制定的实际过程缺乏指导意义。其次，现有 HTN 规划模型一般没有考虑时间和资源等约束条件对规划过程的影响，无法求解应急响应时间受限和资源稀缺条件下的应急行动方案制定决策问题。因此，分析应急领域特定的规划需求，从而建立适应应急领域特征的 HTN 规划模型是研究基于 HTN 规划的应急行动方案制定方法和技术必须解决的一个关键问题。

（二）动态条件下的规划方法

非常规突发事件应急响应过程具有应急态势动态变化、规划过程动态中断等特征，传统的 HTN 规划是一种离线规划技术，无法满足应急响应环境动态性条件。因此，动态条件下的规划理论与方法对设计支持应急行动方案制定决策过程的 HTN 规划模型具有十分重要的意义。本部分从响应式规划方法、规划与执行集成模型和 anytime 规划方法三个方面，对动态条件下的规划方法进行综述和总结，为设计应急领域 HTN 规划模型提供理论依据。

1. 响应式规划方法

响应式规划方法是直接基于对世界状态的观测结果生成行动方案的一种规划方法，能够利用预先定义的在特定状态下完成特定目标的程序直接生成行动方案，从而达到快速反应的目的，克服了产生式规划过程存在的复杂性和耗时性等缺点，是一种在实时和动态环境中生成行动方案的有效方法。与应急响应过程中，应急指挥人员基于应急预案或标准操作程序制定应急行动方案的决策过程具有相似性。

目前，最有影响的响应规划系统包括 PRS（Procedural Reasoning System）和 PRS-CL。PRS 是一种基于过程性知识的规划推理系统，包括五个主要部分：数据库、目标模块、过程性知识库、意图结构和解释器。PRS 不是一个传统意义上的规划系统，而是一个规划方案执行系统，因此它不会像传统规划系统那样为特定目标去产生完整的行动序列，而是已经在知识库中存储了若干部分规划，即过程性知识，并在求解实际问题的过程中直接将信念和目标与行动的启动条件进行匹配，从而保证快速选择行动，实现快速响应。因此，PRS 达到目标的整个过程实际上是在执行过程中分阶段生成，并根据当前系统状态对行动方案进行实例化，能够把它看成对存储的部分规划方案的一种组合拼接的结果，较好地满足了环境条件动态变化的特征，具有较大的灵活性。PRS-CL 是 PRS 系统的扩展，在 PRS 系统基础上能够支持行动方案中存在的并行执行的行动。

PRS 的一个突出特点是可以由目标和外部事件来驱动系统运转，能够把传统的目标驱动的推理决策过程和反应式行为有机结合起来，并在预期的短时间内对目标或者事件作出及时响应，从而保证整个系统的实时性。然而，决策者用该模型处理可扩展性和复杂性问题时，无法设计出适用于环境中任意情况的行动方案。另外，与慎思型规划不同，响应式规划方法忽略了规划目标之间的交互关系，当问题具有不可预测性和高度的动态性时，响应式规划方法是一种较好的处理方法。然而，当规划目标之间存在复杂的交互关系时，应利用慎思型规划进行处理。

2. 规划与执行集成模型

将规划与执行进行有效集成是适应环境动态性特征的另一种有效的自动规划技术。该模型将响应过程看成规划和执行交互进行的动态过程，并利用执行过程中的信息改进规划过程，从而适应任务环境的动态变化。规划与执行集成模型能够描述应急响应过程中利用执行现场反馈信息，制定和修正应急行动方案的过程。按照规划与执行集成的设计思想，学术界提出了多个规划与执行集成模型，能够适应系统环境动态变化的特征。

Stone（1996）将产生式规划模块 SIPE-2 和响应式执行模块 PRS－CL 进行有机组合，设计了一种在动态和不确定环境下完成复杂规划目标的 agent 框架 Cypress。在 Cypress 框架中，规划模块与执行模块采用共同的领域知识模型 ACT 且以松耦合的异步方式实现系统组件运转。执行模块主动和不间断地进行系统监视，识别需要完成的规划目标和应采取行动的事件，作出响应的方式包括应用行动模板库中预先设定的执行程序，触发规划模块产生完成规划目标的行动方案或者触发规划模块修改当前已经执行的行动方案。目前，Cypress 在联合军事行动规划、实时跟踪和故障诊断中已开展了实际应用。

CPEF（Continuous Planning and Execution Framework）是一种将产生式规划过程和响应式执行过程进行紧密集成的领域独立的问题求解系统，是一种能够在不可预测和动态的环境中利用方案生成、执行、监视和修复功能求解复杂决策问题的框架。CPEF 将行动方案看成动态、可扩充的人工实体，能够动态变化，并对环境作出实时响应，系统主要组件包括：方案管理器、规划器和执行器。方案管理器能够向其他组件发送指令，并监视方案的实际执行过程；规划器根据当前系统状态和领域知识，生成实现所有规划目标的行动方案；执行器监视环境中实时产生的事件，更新系统信息，触发规划器对当前执行方案不可行的部分进行再规划，并跟踪方案的执行过程。与 Cypress 相同，CPEF 系统中规划过程和执行过程以一种松耦合的方式进行异步运作，且系统组件为完成各自职责而交流领域知识、方案、需求和情景信息。不同的是，CPEF 提供一种显式的方案管理模块监视系统行为，而不是利用执行模块进行隐式的控制，并提供规划器和执行器之间的多种交互模式。

Lemai（2003）对时态 HTN 规划系统 IxTeT 进行扩展，提出了一种时态规划和执行集成系统 IxTeT－eXeC，能够提供时态方案规划生成、执行控制、方案修复和再规划等功能，并成功应用于存在行动并行执行、资源竞争和环境动态变化的领域。

Hayashi（2006）在基于状态的前序 HTN 规划模型的基础上，设计了一种连续规划和执行模型 Dynagent，提供方案规划、方案执行、信念更新和方案修正等功能，能够有效处理实际环境中存在的环境动态变化和行动执行失败等情况。

Sapena（2002）将一种在线规划器、监视模块和再规划器进行集成，设计了一种领域独立的规划工具 SimPlanner，能够将规划过程与执行建设过程进行有效集成，并能对外部事件作出快速响应。然而，SimPlanner 采用的在线规划器执行状态空间搜索过程，不支持 HTN 规划模型。

综上所述，将规划与执行过程进行有效集成的方法突破了经典规划模型

"封闭世界假设"的限制，能够适应应急响应环境中应急态势动态变化和不确定、应急行动执行效果不可预测等特征，为改进现有 HTN 规划模型，从而有效支持应急行动方案制定决策过程提供了一种有效方法。

3. Anytime 规划方法

在非常规突发事件应急响应过程中，应急指挥团队必须在时间限制条件内制定并执行应急行动方案。面对强大的时间压力，应急响应管理人员应在应急响应过程中根据当前应急态势和环境需求，动态开始应急行动方案执行过程，从而及时对突发事件进行干预与控制。

Anytime 算法是一种对于任意给定的输入，能够在计算过程任意时刻返回多个近似解的算法且解的质量随着计算时间的增加而逐步改进。因此，anytime 算法是实时决策环境中的一种有效方法，能够在计算时间和得到部分方案的效用之间进行平衡。智能规划能够适应 anytime 算法具有的以上特征。相关学者将 anytime 算法与智能规划搜索过程进行有机结合，提出了一种 anytime 规划方法，实现慎思型规划和响应式规划的有机结合，并使得规划器能够在规划过程的任意时刻中断搜索过程，输出部分行动方案，并随着规划时间延长而逐步改进方案的质量。

目前，自动规划是 anytime 算法的一个成功应用领域，相关研究人员研究多种 anytime 规划模型，用以解决实时、动态环境下的规划问题。Sapena（2008）设计了一种领域独立的 anytime 规划模型，用以处理动态环境条件下具有时间约束的规划问题，能够在多项式时间内快速生成行动方案。另外，该算法采用了贪婪行动选择方法，降低了问题的复杂性，并能够处理大规模和复杂领域问题。Hansen（2007）将 anytime 算法与启发式搜索算法相结合，提出了一种 anytime 启发式算法，并建立了一种将 A^* 启发式搜索算法转换为 anytime 启发式搜索算法的通用方法，使得规划过程输出方案质量不断改进的解序列最终收敛于最优解。当规划时间受限和系统环境不确定时，该方法为搜索问题求解方案提供了一种有效方法。另外，按照 anytime 规划思想，Hawesz（2003）在 HTN 规划模型 UMCP 的基础上，设计了 anytime 规划模型 A-UCMP，用以推理复杂和动态环境中 agent 的行动方案，按照启发式搜索的方式展开规划过程，能够快速输出完全行动方案。同时，该规划模型提供一种评价任务网络抽象度的启发式算法，用以比较当前部分方案的抽象程度，指导规划过程快速生成和输出完全行动方案。

综上所述，anytime 规划方法是一种解决复杂和动态性环境中规划时间不确定问题的有效方法，能够与 HTN 规划模型进行有效结合，并为设计应急领域 HTN 规划模型提供理论基础，从而适应应急响应过程中动态中断行动方案制定过程，并开始执行应急行动的领域特征。

三、设计需求

分析非常规突发事件应急响应过程领域特征，构建应急领域智能规划设计需求，是设计应急领域 HTN 规划模型的基本依据和前提。在分析非常规突发事件应急行动方案制定决策过程及其特征的基础上，根据对若干防汛应急指挥人员进行采访，本部分提出了若干应急领域 HTN 规划模型设计需求，具体内容如下：

（一）数值特征和预测信息

在应急行动方案制定过程中，应急态势信息描述包括数值特征和预测信息。首先，应急系统实体状态信息具有数值特征。例如，防汛应急响应过程中，洪水水位、运输队伍的运输能力、居民区域的人口数量等，需要利用数值进行描述。另外，应急响应过程中涉及的共享应急资源、时间也是数值描述的应用实例。因此，应急领域 HTN 规划模型应在规划过程中对数值信息进行表达和处理，是描述应急态势信息的一个基本要求。

另外，在非常规突发事件应急响应过程中，应急管理人员能够根据突发事件的发生和发展机理，对应急态势发展趋势和未来状态进行模拟和预测，从而有效辅助应急行动方案制定决策过程。因此，应急系统预测信息是应急态势信息的重要组成部分。例如，在防汛应急响应过程中，水利部门能够根据上游水文站的水情信息和河道信息，基于洪水演进模型预报下游河段指定水位站在给定未来时间区间内的洪水水位和流量等水情信息；气象部门能够利用气象预报模型对事件现场未来给定时间区间内的气象条件进行有效预报。

根据以上分析，应急领域 HTN 规划模型第一个设计需求如下：

设计需求 1 应急领域 HTN 规划模型应表达和处理数值信息和预测信息。

（二）持续性操作符及其并行控制机制

应急领域 HTN 规划操作符模型描述来自不同单位的多个应急响应参与实体执行的应急行动，是应急实体完成某项应急功能的行为过程的抽象。事实上，应急行动通过应急实体在给定应急态势条件下和时间区间内执行复杂行动过程的完成来实现操作符描述的执行效果，具有过程性特征。例如，在防汛应急响应中，运输应急队伍执行的驾驶应急行动由运输队伍组成成员在该行动执行时间区间内执行多个步骤完成。为准确描述应急行动的过程性特征，应急领域 HTN 规划模型操作符应刻画应急行动过程属性，包括可变的执行时间区间、执行成本、行动执行前或执行过程中特定时刻前应急态势应满足的条件、行动执行过程中某个时间区间应急态势应满足的条件以及行动执行过程中任意时刻产生的执行效果等。

另外，应急响应过程由应急指挥团队协调和指挥多个处在不同位置的应急实体执行异类和相互关联的应急行动来共同完成。各单位的应急行动之间存在复杂的时间依赖关系和并行执行关系。因此，建立应急行动之间的并行控制机制是保证参与应急响应的多个实体实现应急行动协调开展的基本手段。

根据以上分析，应急领域 HTN 规划模型第二个设计需求如下：

设计需求 2　应急领域 HTN 规划模型应支持持续性操作符，并提供应急行动并行控制机制，管理区间时间内执行的应急行动之间的并行和同步关系。

（三）复杂时间约束条件

应急响应过程涉及的应急任务之间存在复杂的时间约束条件。首先，应急响应组织应在突发事件造成灾难性后果前，控制事态发展，并对事件进行干预和抑止。因此，事件目标具有时限条件，即描述事件目标的应急任务的开始时间或结束时间与应急响应过程绝对时间参考点之间具有时间约束条件。同时，应急响应过程涉及来自不同单位的成员执行相互依赖的应急任务，应急任务之间存在复杂的时间同步关系，构成了在应急行动方案制定过程中必须考虑的任务之间的约束关系。以上两类应急任务的时间约束条件称为应急任务定量时间约束条件，能够表达带时间窗的应急任务之间的精确时间约束关系，从而改善决策质量，适应应急响应具体决策情景特征。

另外，当应急管理人员无法描述具体的应急任务定量时间约束关系时，为刻画应急任务之间的时间依赖关系，应急行动方案制定过程应支持对应急任务之间的偏序关系进行表达和处理，称为应急任务定性时间约束关系。应急任务定性时间约束条件为表达执行时间区间未知条件下的应急任务之间同步关系和时间依赖关系提供了一种有效途径。

根据以上分析，应急领域 HTN 规划模型第三个设计需求如下：

设计需求 3　应急领域 HTN 规划模型应提供应急任务之间定量时间约束条件和定性时间约束条件的建模能力，并在规划过程对不同类型的时间约束条件进行有效处理，从而生成满足给定的复杂时间约束条件的行动方案。

（四）偏好和优化

非常规突发事件应急行动方案制定决策过程应考虑群众的生命安全、财产损失、响应成本和响应时间等诸多方面的因素。通常，在给定应急态势条件下，存在多个完成事件目标集合的行动方案，应急指挥团队确定了共同认可的应急行动方案评价标准（即决策偏好）后，才可对备选方案进行评价和比较。首先，决策偏好能够指导应急指挥团队在当前应急态势条件下选择战略和战术方案，从而影响制定应急行动方案的搜索过程展开。其次，当存在多个完成事件目标集合的行动方案时，应急指挥团队的决策偏好信息能够作为备选行动方案的评价标准，从而选择较优的应急行动方案。因此，与经典规划中基于方案包含的操作符实例的数量对其评价的方式不同，应急领域 HTN 规划模型应表达应急指挥团队复杂决策偏好信息，并用以指导规划过程以生成较优的应急行动方案。

根据以上分析，应急领域 HTN 规划模型的第四个设计需求如下：

设计需求 4 为描述应急行动方案制定决策问题求解策略和行为，应急领域 HTN 规划模型应表达应急指挥团队决策偏好信息，并用以指导应急行动方案的搜索过程，生成较优的行动方案。

（五）响应性和方案制定过程时间的紧迫性

非常规突发事件的高度动态性和不确定性决定了应急指挥团队应快速制定和实施的应急行动方案，满足应急响应环境的动态需求。另外，应急响应过程中的事件目标具有时限条件，应急行动方案制定过程耗时延长将导致该方案执行时间的减少，甚至造成应急行动方案的不可行性。因此，应急行动方案制定过程具有响应性特征，应急指挥团队应高效和快速产生应急行动方案，并组织实施。

然而，应急行动方案制定决策过程涉及大量的应急任务和行动，决定了该决策问题是一种典型的大规模复杂决策问题，属于典型的 NP - Hard 问题。因此，应急行动方案制定决策过程涉及大规模的搜索空间，需要大量计算时间。

因此，为适应实时、动态和复杂的决策环境，应急指挥团队应快速搜索和输出可行应急行动方案，从而导致应急行动方案往往不是决策问题的最优解，而是满足决策情景要求的可行解。

根据以上分析，应急领域 HTN 规划模型的第五个设计需求如下：

设计需求 5 应急领域 HTN 规划模型应在规划过程中任意时刻作出响应，并输出多个按决策偏好信息进行排序的可行应急行动方案。

本节提出的设计需求为设计应急领域 HTN 规划模型提供了理论框架。本章的研究目标是设计满足所有设计需求的 HTN 规划模型，适应非常规突发事件应急响应领域特征。

四、HTN 规划适用性分析与评价

本节分析了 HTN 规划模型应用于支持应急行动方案制定过程的适用性。同时，将应急领域 HTN 规划设计需求作为参考框架，对现有 HTN 规划器进行比较和评价，分析其存在的不足，用以指导本章设计应急领域 HTN 规划模型。

（一）HTN 规划适用性分析

HTN 规划是一种基于任务分解的方式进行问题求解的自动规划模型，与应急指挥团队制定应急行动方案的手段与目的分析方法具有相似性，能够有效支持应急行动方案制定决策过程。

首先，HTN 规划具有较强的表达能力，能够对应急行动方案制定决策问题进行知识建模和表示。特别是能够利用方法模型描述应急领域的程序性知识，从而表达不同应急态势条件下完成给定事件目标的多种途径，为描述应急响应过程战略和战术行动方案提供了一种有效途径。

其次，HTN 规划过程具有目标导向的特征，将问题求解过程分解为确定目标的完成途径和选择实现目标的最佳方法两个相对独立的子过程，与应急指挥团队制定应急行动方案的思考过程具有相似性。

另外，HTN 规划过程生成的分层任务网络表达了事件目标与子目标之间的分解关系，描述应急行动方案制定决策过程中涉及的决策点及其上下文信息，是刻画应急行动方案制定决策过程的一种有效方法。

最后，HTN 规划利用任务分解空间搜索过程替代经典规划模型中的状态空间搜索且搜索空间由建立的方法模型决定，从而提高了规划过程的效率，能够用以求解涉及数千个实体和数百个行动的大规模实际决策问题。

（二）现有 HTN 规划模型评价

根据以上分析，本书认为 HTN 规划模型为设计应急领域智能规划模型提供了一种有效的理论框架。目前，学术界基于特定目的开发了多个 HTN 规划器，包括 SHOP2，SIADEX，O－Plan2，SIPE2，IxTeT 和 Hybrid planner 等。以上 HTN 规划器基于特定的假设条件和领域特征进行设计，反映了自动规划技术的研究现状和现有成果。

本部分以应急领域 HTN 规划设计需求为参考框架，对以上 HTN 规划器进行评价，从而分析利用现有 HTN 规划模型支持应急行动方案制定过程中存在的问题。当前 HTN 规划器与应急领域 HTN 规划设计需求分析与比较结果如表 7－1 所示。其中，“Yes” 表示该设计需求被规划器满足，“No” 表示设计需求不被满足，“Partly” 表示设计需求仅被部分满足。

以上 HTN 规划模型是具有广泛影响，并在实际中展开广泛应用的智能规划模型，其他 HTN 规划模型应用范围更小，在此不作详细讨论。

表 7-1 当前 HTN 规划器与应急领域 HTN 规划设计需求分析与比较

	设计需求 1	设计需求 2	设计需求 3	设计需求 4	设计需求 5
SHOP2	Partly	No	No	No	No
SIADEX	No	Partly	Partly	No	No
O-PLAN2	Yes	Yes	Yes	No	No
SIPE2	Partly	Partly	Yes	No	Partly
IxTeT	Yes	Yes	Partly	No	No
Hybrid Planner	No	Partly	No	No	No

当前 HTN 规划器与应急领域 HTN 规划设计需求的具体分析与比较结果如下：

1. SHOP2

SHOP2 能够进行混合符号与数值计算，但不能表达和处理预测信息。该规划模型操作符与经典规划相同，不能显式处理持续性操作符，但能够通过多时间线预处理（Multi-Timeline Preprocessing，MTP）技术，将持续性操作符转换为 SHOP2 操作符，并实现行动并行控制。另外，SHOP2 仅仅表达任务之间的偏序关系，无法处理定量时间约束条件。最后，SHOP2 根据深度优先方式搜索完成初始任务网络的可行行动方案，不能表达和处理决策偏好信息。同时，该规划模型将给定的规划时间限制作为规划算法输入参数，当规划过程到达该时刻时，规划过程停止，并输出当前生成的行动方案。

因此，SHOP2 仅仅部分满足设计需求 1，不满足设计需求 2、3、4 和 5。

2. SIADEX

SIADEX 能够利用数值函数表示应用领域的数值特征，但不支持预测信息。另外，该规划模型能够表达持续性操作符，并按照与 MTP 技术相似的方法，实现行动的并行控制，但不能表达和处理带时间标记的前提条件。SIADEX 的突出特征是能够表达和处理任务之间复杂时间约束条件。然而，其时态推理框架仅仅针对原始任务，无法处理分解复合任务时产生的时间约束条件。另外，该规划器不能表达和处理决策偏好，仅仅按照深度优先的方式搜索并输出第一个可行方案。

因此，SIADEX 仅仅部分满足设计需求 2 和 3，不满足设计需求 1、4 和 5。

3. O-PLAN2

O-PLAN2 利用数值函数表达应用领域数值信息，但无法处理预测信息。另外，该规划器的行动模型不能表示带时间标记的前提条件和延迟执行效果。然而，O-PLAN2 能够有效表示任务之间的各种类型时间约束条件且在规划过程中有效执行时态推理。最后，O-PLAN2 以深度优先的方式搜索满足给定条件的第一个可行行动方案且无法支持响应式的规划行为。

根据以上分析，我们认为 O-PLAN2 仅能够很好满足设计需求 1、2 和 3，不满足设计需求 4 和 5。

4. SIPE2

SIPE2 不能表达和处理预测信息，其操作符模型前提条件必须在该操作符应用之前被满足且执行效果发生在行动执行完成以后。然而，SIPE2 能够表示 13 种定性时态关系和任务之间的任意定量时间约束关系，并在规划过程中调用相对独立的时态推理机进行处理。另外，SIPE2 无法处理规划领域决策偏好信息，仅仅按照深度优先的方式搜索行动方案。同时，为适应动态和不确定性规划环境，该规划器能够执行异步再规划程序，处理方案执行过程中可能存在的行动执行失败或当前方案不可行的情形。然而，该功能主要由执行模块 PRS-CL 完成，SIPE2 本身无法提供以上功能。

因此，SIPE2 仅仅能够很好满足设计需求 3，仅仅部分满足设计需求 1、2 和 5，但不支持设计需求 4。

5. IxTeT

IxTeT 利用数值函数表达应用领域数值特征，并利用事件模型处理预测信息。同时，该规划器能够表达和处理带时间标记的前提条件和执行效果，并实现行动之间的并行控制。另外，该规划模型具有时态推理能力，然而无法表达规划目标的时限条件。IxTeT 执行深度优先搜索过程，直至当前部分方案满足所有给定条件，当部分方案不可接受时，利用最佳优先策略进行回溯，无法对环境动态变化作出及时响应。

因此，IxTeT 能够很好满足设计需求 1 和 2，仅仅部分满足设计需求 3，不满足设计需求 4 和 5。

6. Hybrid Planner

Biundo 等人（2001、2005）开发的混合规划器无法处理数值信息和预测信息且其操作符与经典规划操作符相同，并利用偏虚因果关系链规划技术实现操作符之间的并行控制。同时，该规划模型仅仅能够表达任务之间的偏序关系，无法处理任务之间定量时间约束条件。最后，该规划模型不能处理决策偏好，仅按照深度优先的搜索方式产生第一个可行方案。

根据以上分析，我们认为该规划模型仅仅部分满足设计需求 2，不满足设计需求 1、3、4 和 5。

通过以上分析，现有 HTN 规划模型不能满足所有应急领域 HTN 规划设计需求，从而导致无法直接选择现有 HTN 规划模型支持应急行动方案制定决策过程。为缩小当前 HTN 规划技术与应急领域 HTN 规划设计需求之间的差距，本章后续内容设计了一种 anytime 时态 HTN 规划模型，能够满足本章提出的所有应急领域 HTN 规划设计需求并用以支持非常规突发事件应急行动方案制定决策过程。

五、知识模型

建立合理的 HTN 规划知识模型，提高规划模型的表达能力，从而满足应急领域 HTN 规划设计需求，是设计应用于该领域的 HTN 规划模型的基础和前提。然而，现有的智能规划知识模型无法满足应急响应领域建模要求。本节在 SHOP2 和 PDDL2.1 知识模型的基础上，提出 HPXEDM 知识模型，能够用以建模应急行动方案制定决策过程涉及的应急领域知识，包括时态扩展操作符模型、方法模型和公理模型。

（一）时态扩展操作符模型

操作符是应急行动的抽象，描述了应急实体执行相关应急行动的特征信息。为满足应急领域 HTN 规划设计需求 2，本部分提出了一种时态扩展的操作符模型，包括瞬时前提条件、持续前提条件和时态执行效果。瞬时前提条件是在应急行动执行过程中给定时刻前应急态势应满足的复杂逻辑表达式；持续前提条件是在应急行动执行过程中给定时间区间内不能将相关逻辑原子从规划状态删除。另外，操作符模型描述的应急行动执行效果能够在行动执行过程中的任意时刻发生。

时态扩展的操作符知识模型如下：

定义 7.1 操作符模型（:operator *head*, *instantPres*, *invariantCons*, Del_i, Add_i, Del_d, Add_d, *dur*, *cost*）：

（1）$head = (name, x_1, \cdots, x_n)$ 表示原始任务，由操作符名称及其描述参数组成。

（2）$instantPres = \{instantPre_i = (logicalExp_i@t_i)\}$ 表示瞬时前提条件集合；瞬时前提条件 $instantPre_i$ 表示复杂逻辑表达式 $logicalExp_i$ 应在行动开始执行后 t_i 个时间单位前被规划状态满足。

（3）$invariantCons = \{invariantCon_i = (p_i - (st, et))\}$ 表示持续前提条件集合，持续前提条件 $invariantCon_i$ 表示谓词 p_i 不能在规划过程时间区间（$startTime + st$, $startTime + et$）内从规划状态中被删除。其中，*startTime* 表示该应急行动执行的开始时间。

（4）$Del_i = \{p_i\}$ 和 $Add_i = \{p_i\}$ 表示应急行动瞬时执行效果，利用删除的

逻辑原子集合和添加的逻辑原子集合进行描述；Del_i 和 Add_i 分别给出了执行应急行动的开始时刻负的和正的执行效果。

（5）$Del_d = \{e_i - (p_i - t_i)\}$ 和 $Add_d = \{e_i = (p_i - t_i)\}$ （$t_i < dur$）表示应急行动延迟执行效果，由更新规划状态的事件集合 Del_d 和 Add_d 进行表示。其中，$e_i = (p_i - t_i)$ 表示在应急行动执行开始时刻 t_i 个时间单位后，触发该事件模型，从而利用逻辑原子 p_i 更新规划状态。“ - ”表示触发该事件时从规划状态删除逻辑原子 p_i，表示应急行动负的延迟执行效果；反之，“ + ”表示向规划状态添加逻辑原子 p_i，表示应急行动正的延迟执行效果。

（6）*dur* 和 *cost* 是分别表示应急行动执行时间区间和执行成本的项。

```
(: operator (! drive ?t ?loc-from ?loc-to)
;; instantaneous precondition ( ( ( (at ?t ?loc-from)
(distance ?loc-from ?loc-to ?d)
(velocity ?team ?v)
(assign ?duration (call / ?d ?v))) @ 0) )
;; invariant conditions
()
;; delete list for instantaneous effects
( (at ?t ?loc-from))
;; add list for instantaneous effects
()
;; delete list for the delayed effects
()
;; add list for the delayed effects
( ( (at ?t ?loc-to) + ?duration))
;; duration
?duration
;; cost
50
)
```

图 7－1　时态扩展操作符模型实例

与经典规划操作符模型不同，以上定义的操作符模型在可变的时间区间执行，其前提条件是能够描述复杂的逻辑表达式且带有时间标记。同时，行动执行效果能够在应急行动执行时间区间内任意时刻发生。因此，该操作符知识模型具有更强大的表达能力，能够刻画应急行动的相关特征。

图 7-1 描述了防汛应急响应过程中驾驶交通工具应急行动的持续操作符实例。其中，瞬时前提条件应在行动执行的开始时刻被满足。当该应急行动开始执行后，从规划状态删除逻辑原子（at ?t ?loc-from）。同时，当应急行动执行结束时，向规划状态添加逻辑原子（at ?t ?loc-to）。

（二）时态扩展方法模型

方法模型定义了如何将复合任务分解为具有复杂时间约束关系的子任务集合，为表示完成特定目标任务的团队战略或战术方案提供了一种层次化建模机制。

时态扩展的方法模型定义如下：

定义 7.2 方法模型（:method *h*（*instantPres*，*taskList*，*timeContraints*）），*h* 是复合任务，表示应急响应过程中的特定目标任务或多个应急实体共同完成的复杂任务；（*instantPres*，*taskList*，*timeContraints*）表示该复合任务的一种完成途径，*instantPres* 与操作符的瞬时前提条件相同，表示方法模型执行的前提条件；*taskList* 是具有偏序关系的子任务集合，表示完成该复合任务的子任务及其定性时间约束关系；$timeContraints = \{tc_k\}$ 表示定义在子任务上的定量时间约束条件。

HPXEDM 定量时间约束条件具有以下四种标准形式：① $tp_i - tp_j \leqslant value$；② $tp_i - tp_j \geqslant value$；③ $tp_i - tp_j < value$；④ $tp_i - tp_j > value$。其中，$tp_i = (startOrEnd_i @ index_i)$ 表示子任务 t_i 的开始时间、结束时间或者规划过程参考时间，记为 *TR*。$index_i$ 表示任务 t_i 在 $taskList_1$ 中的序号。$startOrEnd_i \in \{start, end\}$，当 $startOrEnd_i = start$ 时，表示该时间点代表任务 t_i 的开始时间；否则，表示该任务的结束时间。*value* 为实数。

基于以上时间约束条件模型，方法模型能够表示区间内执行的任务之间任意定量时间约束条件。另外，任务的时限条件能够利用任务的开始时间点或者结束时间点与规划过程的参考时间点 *TR* 之间的定量时间约束条件来进行建模。因此，本章提出的方法模型能够建模应急任务之间的定性时间约束关系和定量时间约束关系。

```
(: method (flood-evacuate ?area)
;; instantaneous preconditions-1
(
 (((flood-level loc1-1 ?h)
  (call > ?h 42)
  (capability ?tc Command)
  (inhabitate-at ?r ?area)
  (population-num ?r ?area ?num))
  @ 0)
  (((flood-level loc1-1 ?h)(call >= ?h 45))
  @ 20)
)
;; subtasks-1
(: ordered
  (issue-evacuate-command ?tc ?r ?area)
  (: unordered
      (! prepare-evacuate ?r ?area)
      (organize-transport ?r ?area ?num))
)
;; time constraint list-1
(((end@ 1) - TR < 10))
)
```

图 7－2　时态扩展方法模型实例

如图 7－2 所示的方法模型实例描述了防汛应急响应过程中洪灾疏散和转移战术行动方案。该方法模型具有两个瞬时前提条件，第一个瞬时前提条件在规划过程中应用方法模型分解复合任务的当前时刻被规划状态满足；第二个瞬时前提条件应在当前时刻 20 个时间单位后被规划状态满足。当所有瞬时前提条件被规划状态满足时，复合任务（flood-evacuate ?area）能够通过首先执行任务（issue-evacuate-command ?tc ?r ?area），接着以任意次序或者同时执行任务（!prepare-evacuate ?r ?area）和（organize-transport ?r ?area ?num）完成。另外，定量时间约束条件明确规定任务（issue-evacuate-command ?tc ?r ?area）应在应急响应过程开始后 10 个时间单位的时限条件内完成。

（三）时态扩展公理模型

HPXEDM 操作符模型和方法模型前提条件中的某些谓词未在当前规划状态

中明确声明，成为导出谓词。根据 PDDL2.2，导出谓词能够通过定义相关的公理模型进行描述。若某谓词出现在公理模型的头部，则该谓词为导出谓词；否则，该谓词为基本谓词。公理模型定义了从基本谓词集合到导出谓词的映射函数。HPXEDM 利用 Horn 子句表示应急响应过程涉及的领域公理，并对其前提条件进行时态扩展，从而实现对应急领域规则进行知识建模。

时态扩展的公理模型定义如下：

定义 7.3　公理模型 *axiom* = (*head*, *tail*)，*head* 表示导出谓词，*tail* 表示带时间标记的逻辑表达式，与方法模型前提条件相同。公理模型的含义为：如果前提条件 *tail* 被当前规划状态满足，则导出谓词 *head* 为真命题。

```
(:- (flood-warning-level First-Rank)
 (
 (((flood-level loc1-1 ?h) (call > ?h 45)) @ 0)
 (((flood-level loc1-1 ?h) (call >= ?h 50)) @ 20)
))
```

图 7-3　时态扩展公理模型实例

图 7-3 描述了防汛应急响应领域一个公理模型实例。该公理模型的含义如下：如果水位站 loc1-1 当前洪水水位大于 45 米且未来 20 个时间单位内水位将上涨到 50 米及以上时，则当前洪灾警报水平为一级。

六、规划过程关键技术

在建立 HPXEDM 知识模型的基础上，本节提出了一种扩展规划状态模型，以及基于该状态模型的行动并行控制机制。同时，在简单时态网络的基础上，本节对 HTN 规划任务网络进行时态扩展，并介绍 HPXEDM 时间约束条件管理方法。

（一）扩展规划状态模型和并行控制机制

为满足应急领域 HTN 规划的设计需求 1，本部分提出了一种扩展的规划状态模型，用以表达应急领域的数值特征和预测信息。同时，本部分介绍 HPXEDM 在扩展规划状态模型的基础上，实现应急行动并行控制的方法和技术。

1. 规划状态模型

HPXEDM 规划状态模型用以描述应急响应过程中动态变化的应急态势，并刻画应急系统实体状态及其相互关系。因此，规划状态构成了应急行动方案制定决策问题求解过程中的事实要素，决定了在应急响应过程中如何选择战略和战术行动。通常，利用谓词实例（$p\ t_1\ t_2\cdots\ t_n$）来描述以上事实要素。同时，为表示应急态势的数值特征，HPXEDM 采用与 SHOP2 相同的处理方法，将数值表达式建模为谓词的输入项，实现混合符号和数值计算，从而表达和处理特定应用领域的数值特征。

HPXEDM 规划状态模型定义如下：

定义 7.4　规划状态模型 $s=(A,\ \pi,\ Eq,\ t)$，具体含义如下：

（1）$A=\{a_i\}$（$1\leqslant i\leqslant n$）表示当前世界状态，是描述当前应急系统状态的谓词实例集合，$a_i=(p\ t_1\ t_2\cdots\ t_n)$ 表示谓词实例，p 表示谓词名称，$t_1\cdots\ t_n$ 表示谓词的输入项。

（2）$\pi=\{invariantCon_i=(p_i-(st,\ et))\}$ 表示规划过程满足的持续条件集合与操作符的区间条件相同，在规划过程中特定时间区间（st，et）内被世界状态满足。

（3）$Eq=\{e_k=(a_k,\ flag_k,\ t_k)\}$ 表示描述预测信息的事件队列，由在未来给定时刻发生的一系列系统状态更新组成。a_k 表示事件触发时对世界状态造成影响的谓词实例；t_k 为正实数，表示相对与当前规划状态时间标记的事件触发时刻；$flag_k$ 为 Boolean 值，当 $flag_k$ 为真时，事件触发时向当前世界状态 A 添加逻辑原子 a_k；否则，从世界状态 A 中删除逻辑原子 a_k。

（4）t 表示规划状态的时间标记，表达规划状态的时态属性。

与经典规划不同，时态扩展的状态模型不仅描述了应急系统的当前状态且利用事件队列描述未来给定时刻的状态更新，刻画了确定性世界状态的未来变化。与 PDDL2.2 中时态初始文字（timed initial literals）相似，事件模型为表达应急系统外部事件提供了一种有效途径，描述了在规划过程中确定时刻发生的应急系统状态变化，且不受规划系统本身控制。因此，事件序列能够用以表示应急响应过程中的预测信息，描述应急态势的预期变化。同时，事件队列 $Eq=\{e_k=(a_k,\ flag_k,\ t_k)\}$ 按照事件模型 e_k 的时间标记 t_k 进行升序排列。

另外，时态扩展规划状态模型的时间标记描述了应急态势的时间标记。初始规划状态的时间标记能够表示为规划过程的参考时间，记为 TR，取值为 0 或某一绝对时间点，如 2010 年 8 月 1 日 8：30。

2. 并行控制机制

给定 HPXEDM 规划状态，可能存在多个与原始任务对应的操作符在该状态下执行。因此，对具有不同执行时间区间的行动进行并行控制，是 HPXEDM 规划过程应提供的另一项关键技术。并行控制机制的实质是使得具有相同时间标记或执行时间区间重叠的行动之间保持互斥性，能够以任何次序执行或同时执行。

Bachhus 提出了一种利用线性行动序列建模和实现行动并行控制的方法。该方法能够与基于状态的前续规划模型进行有效集合。HPXEDM 采用该方法在规划过程中实现行动并行控制，称为事件触发机制。该方法利用操作符瞬时前提条件和瞬时执行效果共同实现行动并行控制且能够保证任意数量的行动并行执行。

另外，该并行控制机制中存在一种特定的行动，用以推进规划状态的时间标记，称为时间推进行动（advance-time action）。时间推进行动能够在任何具有非空事件队列的状态条件下执行，用以触发事件队列中具有最小时间标记的事件模型（即事件队列的第一项事件）。时间推进行动的执行过程为将该事件从 *s. Eq* 中删除，用以更新当前世界状态 *s. A*。若给定的扩展规划状态模型的事件队列存在多个事件具有相同的最小时间标记，则依次触发以上事件模型，并执行对应的时间推进行动。

（二）时态任务网络和时间约束条件管理

本节介绍一种时态扩展的任务网络，并提出基于该任务网络模型的时间约束条件管理方法，能够有效处理应急响应过程中涉及的复杂时间约束条件。

1. 时态扩展任务网络

任务是应急响应的基本工作单元，表示应急响应参与实体应执行的活动。在经典 HTN 规划模型中，任务网络仅仅表示任务之间的偏序关系。为处理应急响应过程中定义的复杂时间约束条件，HPXEDM 为任务模型添加两个时间点，分别表示任务开始时刻和结束时刻。在此基础上，利用简单时态网络表示组成任务网络的应急任务之间的复杂时间约束关系，并与当前任务网络进行关联。简单时态网络 $STN=(X, D, C)$ 中，$X=\{TR, t_1, t_2, \cdots, t_{2n}, t_{2n+1}\}$ 表示规划过程中时间变量集合，包括组成任务网络的各任务开始时间和结束时间以及规划过程的参考时间点；D 表示时间变量的取值范围，通常其值域为 $[0, +\infty]$；$C=\{c_{ij}\}$ 表示 X 中任意时间变量之间的时态约束条件集合。同时，根据简单时态网络的定义，描述时间变量 tp_i 和 tp_j 之间的时间约束条件的标准形式为 $a_{ij} \leqslant tp_j - tp_i \leqslant b_{ij}$（$a_{ij}$和 b_{ij}均为正实数）。

根据以上分析，我们对 HPXEDM 时态扩展任务网络模型作出如下定义：

定义 7.5　任务网络 taskNet =（taskSet，*STN*），taskSet =（$t_1, \cdots, t_m$）表示组成任务网络的子任务集合，*STN* 为表达任务之间复杂时间约束条件的简单时态网络。

基于以上简单时态网络能够表示方法模型中定义的定量时间约束条件和定性时态约束条件。首先，定性时间约束条件（:ordered t_1 t_2）能够建模为 $0 \leqslant (start@t_2) - (end@t_1) \leqslant +\infty$。另外，方法模型中提出的四类应急任务之间定量时间约束条件能够建模为简单时态约束网络标准时间约束条件模型，其转换关系如表 7－2 所示。其中，δ 表示最小正实数。

根据以上分析，利用以上时态扩展的任务网络模型能够对应急响应过程中涉及的定性时间约束条件和任意类型的定量时间约束条件进行统一编码和表示。

表 7－2　定量时间约束条件与简单时态网络标准时间约束条件模型转换关系

HPXEDM 定量时间约束条件	简单时态网络标准时间约束条件
$tp_i - tp_j \leqslant value$	$-\infty \leqslant tp_i - tp_j \leqslant value$
$tp_i - tp_j \geqslant value$	$value \leqslant tp_i - tp_j \leqslant +\infty$
$tp_i - tp_j < value$	$-\infty \leqslant tp_i - tp_j \leqslant value - \delta$
$tp_i - tp_j > value$	$value + \delta \leqslant tp_i - tp_j \leqslant +\infty$

2. 时间约束条件管理

HPXEDM 规划过程中，时间约束条件在分解复合任务和执行原始任务的规划求精过程中动态产生。在建立时态扩展任务网络模型的基础上，规划过程中产生的时间约束条件能够通过以下两个步骤，逐步添加到与任务网络相关的简单时态网络，从而实现时间约束条件管理：

（1）当执行与原始任务对应的操作符时，将表示操作符开始时间和结束时间的时间约束条件添加到与当前任务网络相关的简单时态网络，从而实现对操作符之间的因果关系进行编码。

（2）当利用方法模型对任务网络中的复合任务进行分解时，方法模型中子任务之间的定性时间约束条件和定量时间约束条件，通过以上方法转换为简单时态网络时间约束条件的标准形式，并添加到与当前任务网络相关的简单时态网络。

当规划过程中产生时间约束条件，并逐步添加到当前任务网络中时，如何检测简单时态网络的连续性，是实现时态约束条件有效管理的关键。HPXEDM 采用 PC－2 算法检测简单时态网络的连续性。该算法是一种步进的时间约束条件传播算法，具有较高的计算效率。当时间约束条件添加到与当前任务网络相关的简单时态网络时，HPXEDM 规划程序触发 PC-2 算法检测该简单时态网络是否连续。如果当前任务网络相关的简单时态网络不连续，即存在时间冲突，则该规划求精步骤无法执行。因此，HPXEDM 时间约束条件管理方法能够影响规划过程的搜索空间，控制规划算法的搜索过程，从而提高规划效率。

七、规划算法

非常规突发事件应急行动方案制定决策逻辑是在应急响应时间约束条件下基于给定的应急态势搜索完成事件目标集合的行动方案。当突发事件发生时，应急行动方案制定决策逻辑被触发，根据 HPXEDM 领域知识模型，展开搜索过程，并输出应急行动方案。

HPXEDM 规划问题模型定义如下：

定义 7.6 应急规划问题 $EmProblem = (s_0, w, metric)$ 是由初始状态 s_0、初始任务网络 w 和方案评价函数 $metric$ 组成的三元组，其含义分别如下：

（1）初始状态 $s_0 = (A_0, \pi_0, Eq_0, t_0)$ 表示应急指挥团队在当前应急指挥周期初始时刻识别的应急态势。与 HPXEDM 规划状态模型相同，包括当前世界状态 A_0，描述初始预测信息的事件队列 Eq_0 和当前应急指挥周期初始时刻时间标记 t_0。其中，π_0 为空集。

（2）初始任务网络 $w = (taskList, timeContraints)$ 表示当前应急指挥周期初始时刻识别的事件目标集合及其时限条件，与方法模型定义相同。

（3）方案评价函数 $metric$：按照 PDDL2.1 方案评价准则知识模型描述的应急指挥团队决策偏好信息数值表达式。

非常规突发事件应急行动方案制定的本质是推理和搜索在初始应急态势下执行且能够完成事件目标集合的行动方案。然而，规划算法难以在时间受限条件下搜索完全行动方案或绝对最优行动方案。因此，HPXEDM 输出的行动方案包括完全行动方案或部分行动方案。

为满足应急领域 HTN 规划设计需求 4 和 5，HPXEDM 规划算法按照 anytime 启发式搜索算法的设计原则，在任务分解空间中展开搜索，用以模拟应急指挥团队制定应急行动方案的决策逻辑。本节介绍一种 anytime 启发式搜索框架以及该搜索过程中选择执行规划求精步骤搜索节点的启发式函数和产生给定搜索节点子节点的算法。

（一）anytime 启发式搜索框架

HPXEDM 规划算法如图 7－4 所示，该算法为一个 anytime 启发式搜索算法。算法的输入参数为应急规划问题 P 和领域知识 D。

该规划算法在任务分解空间中进行搜索，其搜索过程由启发式函数决定，将在下文作具体介绍。另外，规划算法能够在规划过程任意时刻中断，并返回按照启发式函数值排列的搜索节点集合。

该规划算法中，变量 $planList$ 存储完全行动方案，$bestMetric$ 存储当前找到的最好完全行动方案的评价值，其初始值为最坏情况的上界，从而保证规划过程中后加入的完全行动方案的评价值优于先加入的完全行动方案的评价值。

规划算法搜索节点模型为 *searchNode* = (s, w, P, T_0)，*s* 表示规划过程中的规划状态；*w* 表示规划过程中的当前任务网络；*P* 表示规划过程中生成的部分行动方案；T_0 表示当前任务网络 *w* 中没有前序任务的任务集合。变量 T_0 中的任务能够用以执行规划求精步骤。

变量 *openList* 是规划过程中等待处理的搜索节点集合，表示当前搜索空间。初始搜索节点为（*Pro.* s_0，$Prow_0$，*null*，T_0），加入变量 *openList*，并对其进行初始化。同时，变量 *openList* 中的搜索节点按照启发式值进行排列，启发式值较优的搜索节点置于变量 *openList* 的前端，以此类推。

规划算法第 7 行至第 20 行程序构成搜索框架的主循环且搜索策略由启发式函数决定。当 *openList* 为空或规划过程被中断时（第 7 行），搜索过程停止。

在规划算法一次迭代过程中，HPXEDM 根据设计的启发式函数从 *openList* 中选择最优搜索节点，作为当前搜索节点 *curNode*（第 8 行），执行规划求精步骤。如果当前搜索节点 *curNode* 的效用比 *bestMetric* 差，规划算法将该搜索节点从 *openList* 中删除（第 9 行）。否则，检测 *curNode* 是否包含完全行动方案，即 *curNode. P* 不在任务模型中（第 10 行）。如果 *curNode* 满足该条件，则将生成的完全行动方案 *curNode. P* 添加到 *planList*。同时，利用 *curNode* 的评价值更新 *bestMetric*（第 12 行）。否则，当 *curNode* 不满足该条件时，规划算法生成 *curNode* 的所有子搜索节点，并存储在变量 *childNodeList* 中。给定搜索节点的子搜索节点产生过程将在下文进行具体介绍。同时，*childNodeList* 中搜索节点根据启发式函数值添加到变量 *openList* 的特定位置（第 15 ~ 17 行）。

最后，当规划过程主循环结束时，如果存在完全行动方案，则规划算法返回变量 *planList* 存储的所有完全原始行动方案（第 22 行）。否则，规划算法返回 *openList* 存储的搜索节点集合（第 24 行）。

```
function HPXEDM (Pro, D)
    P ← null;
    T_0 ← { t ∈ T | no other task in Pro.w_0 precedes t };
    openList ← {(Pro.s_0, Pro.w_0, P, T_0, 0)};
    planList ← null;
    bestMetric ← worst case upper bound;
    while openList is not null and not interrupted do
      curNode ← extract the best node in openList;
      if metricFn(curNode) is worse than bestMetric then
        if curNode.w are null then
          planList.addPlan(curNode.P);
          bestMetric ← metricFn(curNode);
        else
          childNodeList ← get all child nodes of curNode;
          for each childNode ∈ childNodeList
            merge childNode to openList;
          end for each
        end if
      end if
    end while
  if planList ≠ null
    return planList;
  else
    return openList;
  end if
end function
```

图 7-4 HPXEDM 规划算法

HPXEDM 规划算法具有两个特征：首先，搜索过程能够在任意时刻停止，并输出规划结果；其次，搜索过程逐步改进方案的质量，且随着规划时间延长，输出方案的质量逐步提高。

1. 柔性中断机制

HPXEDM 规划算法按照 anytime 算法的思想进行设计，从而能够在实时应急响应过程中有效运行。根据 anytime 算法的要求，该算法能够在规划过程中的任意时刻中断，并输出应急规划问题的解。然而，在应急行动方案制定决策问题求解过程中，不存在预先给定的规划时间。同时，HPXEDM 输出的行动方案的效用与规划时间关系未知。因此，监视规划算法的搜索过程和规划状态，在规划过程中动态决定是否中断搜索过程是该算法的一个关键特征。

在 HPXEDM 规划过程中，搜索节点（s，w，P，T_0）代表完整的行动方案信息。其中，规划算法输出的当前部分行动方案为 P，任务网络 w 可以看成是在当前规划状态 s 下执行的行动方案的抽象。HPXEDM 放松经典规划中行动方案完全由操作符实例组成的假设条件，将行动方案定义为以上搜索节点。当 HPXEDM 规划算法中断时，如果不存在完成行动方案，则将生成的搜索节点传递给应急管理人员进行处理，从而生成具体可执行的完全行动方案。

因此，HPXEDM 规划算法能够在规划过程中的任意时刻停止，并返回生成的完全行动方案，或者已产生的搜索节点集合 *openList*。同时，规划算法计算时间越长，生成的完全行动方案或搜索节点包括的信息越具体且评价值逐步改进。

2. 修剪搜索空间

HPXEDM 规划算法的另一个特征是采用分支定界优化方法对搜索空间进行修剪，搜索出更优的行动方案，主要思想是利用产生的最好完全行动方案评价值 *bestMetric* 对 *openList* 中搜索节点进行评价。如果该搜索节点评价为不能产生更优完全行动方案，则将该搜索节点从 *openList* 删除以减少搜索空间中存储的搜索节点数量。

规划过程中修剪搜索空间规划步骤如第 9 行所示。在每次迭代过程中，规划算法从变量 *openList* 中删除评价值劣于 *bestMetric* 的搜索节点。同时，当搜索过程输出新的完全行动方案时，利用该完全行动方案的评价值更新 *bestMetric*（第 12 行），从而使得修剪约束条件更加严格，并提高搜索效率。

（二）启发式函数设计

为了快速和有效地输出 HPXEDM 规划问题的解，规划算法应按照合理的方式在任务分解空间中展开搜索，即规划算法对变量 *openList* 中的搜索节点进行评价，选择“最有希望”搜索节点，执行规划求精步骤。搜索节点包含设计评价该节点的启发式函数的所有信息，能够用以对 *openList* 中任意两个搜索节点进行比较。因此，设计具有较小计算复杂度的启发式函数，并有效利用应急指挥团队决策偏好信息指导搜索过程的展开，是提高规划算法效率的重要手段，也是本章研究工作的一个重点。目前，HPXEDM 支持以下三种从变量 *openList* 中选择搜索节点执行规划求精步骤的启发式函数。

1. 放松任务网络启发式函数

放松任务网络启发式函数（Relaxed Task Net Heuristic，RTNH）的表达式为 $f(curNode) = metricFn(curNode) + weight^{*} h(curNode)$，$metricFn(curNode)$

表示当前搜索节点部分方案 *curNode. PartialPlan* 的评价值，*h*（*curNode*）是在搜索节点规划状态 *curNode. s* 下完成任务网络 *curNode. w* 的行动方案效用的评估值，*weight* 是利用实数表示的权重信息，能够影响规划过程的搜索效率，通常取值为 1。

该启发式函数中，*metricFn*（*curNode*）能够较容易进行计算。然而，*curNode. w* 中的复合任务存在多个执行途径，在对所有任务进行规划求精前，无法获知 *h*（*curNode*）的值。因此，计算放松任务网络启发式函数值的难点是如何在多项式时间内计算该评价值。

在 HPXEDM 扩展时态任务网络模型中，与任务网络相关的简单时态网络是表达和处理时态约束条件的一种有效手段。然而，简单时态网络连续性检测算法 PC－2 在规划过程中执行规划求精的每个步骤被调用，并消耗大量计算时间。针对该问题，为设计合理的启发式算法，用以计算 *h*（*curNode*）的评价值，本节定义以下放松条件：

（1）利用 SHOP2 中 unordered 任务序列替代 *curNode. w*。

（2）忽略 HPXEDM 方法模型的定量时态约束条件，从而建立放松条件下的方法模型。

（3）忽略 HPXEDM 操作符模型的持续前提条件，从而建立放松条件下的操作符模型。

在执行以上放松条件的基础上，按照与 SHOP2 规划程序相同的方式，基于深度优先和回溯程序计算 *h*（*curNode*）的评价值。首先，当前任务网络中没有前序任务的任务集合中存在复合任务时，选择与该复合任务对应的第一个放松方法模型，执行复合任务分解程序，从而对任务网络进行更新。其次，当前任务网络中没有前序任务的任务集合中存在原始任务时，选择与该原始任务对应的放松操作符模型，执行行动执行程序，对规划状态进行更新。最后，如果当前规划状态下不存在能够执行规划求精步骤的任务且规划状态事件序列不为空，触发事件序列中具有最小时间标记的所有事件。

在以上放松条件下的规划过程中，不考虑简单时态网络连续性检测过程。因此，放松任务网络启发式函数评价值计算过程能够在多项式时间内完成。执行该规划程序输出放松行动方案 *rp*，该方案在 *curNode. s* 下执行且得到放松条件下的终点状态 *rEndState*。在此基础上，根据放松行动方案 *rp*，当前规划状态 *curNode. s* 和放松条件下的终点状态 *rEndState*，易知 *h*（*curNode*）的评价值。

以上算法与 SHOP2 相同，是一种基于状态的前续规划算法。与 SHOP2 规划算法所不同的是，在放松规划过程中，优先对复合任务执行任务分解程序。同时，当任务网络中不存在能够被求精且没有先序任务的任务节点时，对规划状态事件队列执行事件触发程序，从而对放松条件下的世界状态进行更新。

按照放松任务网络启发式函数 RTNH，规划过程在计算放松任务网络启发式值 f（*curNode*）的基础上，从 *openList* 选择 f（*curNode*）值最优的搜索节点，执行规划求精步骤。

2. 规划深度优先启发式函数

搜索节点的规划深度被定义为基于初始搜索节点（$Pro.s_0$，$Pro.w_0$，*null*，T_0）得到该搜索节点时已经执行的规划求精步骤数量，包括分解复合任务、执行原始任务和触发事件模型。当采用深度优先启发式函数（Depth First Heuristic）时，规划算法从 *openList* 中选择具有最大规划深度的搜索节点，执行规划求精程序。

深度优先启发式函数没有考虑应急管理人员的偏好信息，但是具有较高的计算效率，能够指导搜索过程高效进行，并快速生成行动方案。

3. 优先级启发式函数

以上两种启发式函数相互独立，放松任务网络启发式函数考虑了应急管理人员的决策偏好信息，并利用该信息较为准确和有效地指导搜索过程的开展，但是具有较大的计算复杂度并会消耗大量运行时间。深度优先启发式函数能够指导规划算法快速展开搜索过程，但是未考虑应急响应管理人员的决策偏好信息。

通常，HPXEDM 规划过程中变量 *openList* 中存在多个具有相同规划深度的搜索节点。当变量 *openList* 中存在两个及以上具有相同规划深度的搜索节点时，深度优先启发式函数无法确定和选择执行规划求精步骤的当前搜索节点。

根据以上分析，本部分在以上两种启发式函数的基础上，提出优先级启发式函数（Priority Heuristic）。按照优先级启发式函数展开搜索的过程中，规划算法执行以下程序比较和选择变量 *openList* 中的搜索节点：

（1）比较搜索节点的规划深度，选择具有较大规划深度的搜索节点作为当前搜索节点，执行规划求精步骤。

（2）当两个及以上搜索节点具有相同的规划深度时，计算搜索节点的放松任务网络启发式值，选择放松任务网络启发式值较优的搜索节点作为当前搜索节点，执行规划求精步骤。

优先级启发式函数综合了以上两种启发式函数的优点，既考虑了应急响应管理人员的偏好信息，也兼顾了规划过程的计算效率，是一种相对较为实用的启发式函数。

（三）子搜索节点的产生过程

给定搜索节点 *curNode* =（s，w，P，T_0）时，子搜索节点是对该搜索节点执行规划求精步骤后得到的搜索节点集合，包括分解 $curNode.T_0$ 中的复合任务、执行 $curNode.T_0$ 的原始任务和触发事件队列 $curNode.s.Eq$ 中具有最小时间标记的所有事件。

当规划程序根据设计的启发式函数从变量 *openList* 中选择搜索节点作为当前搜索节点 *curNode* 时，HPXEDM 规划算法从 $curNode.T_0$ 选择主动任务，即没有先序任务的任务节点，执行规划求精步骤。当 $curNode.T_0$ 中存在两个及以上主动任务时，HPXEDM 规划算法按照以下规则从 $curNode.T_0$ 中选择执行规划求精步骤的主动任务：

规则 1　优先选择当前规划状态下，$curNode.T_0$ 中能够执行规划求精步骤的复合任务。

规则 2　若不存在当前状态下能够执行规划求精步骤的复合任务时，选择能够在当前规划状态下执行的原始任务。

在从任务集合 $curNode.T_0$ 中选择执行规划步骤的任务时，依次按照以上规则执行。该任务选择规则赋予复合任务更高优先级执行规划求精步骤的机会，使得 HPXEDM 规划算法快速生成完全行动方案。

给定当前搜索节点 $curNode.T_0$，当执行规划求精步骤的任务 t 确定后，执行以下规划程序，产生该搜索节点的子节点：

（1）当任务 t 为复合任务时，规划算法对任务 t 执行任务分解程序。针对每个与任务 t 对应的方法模型 m 及其变量绑定 mgs，规划算法从任务网络 $curNode.w$ 中删除复合任务 t，并利用方法 m 和变量绑定 mgs 分解复合任务 t，从而更新 $curNode.w$ 得到子搜索节点集合。

（2）当任务 t 为原始任务时，规划算法对任务 t 执行行动执行程序。针对每个与任务 t 对应的操作符 o 及其变量绑定 mgs，规划算法将任务 t 从 $curNode.w$ 中删除，并应用操作符 o 更新 $curNode.s$，从而得到子搜索节点集合。

（3）当 $curNode.T_0$ 不存在状态 $curNode.s$ 下能够执行规划求精步骤的任务且事件队列 $curNode.s.Eq$ 不为空时，规划算法对 $curNode.s.Eq$ 中所有具有最小时间标记的事件依次执行事件触发程序，从而得到子搜索节点。

八、本章小结

本章设计了一种 anytime 启发式 HTN 规划器 HPXEDM，用以辅助应急指挥团队在应急响应过程中制定应急行动方案。该 HTN 规划模型基于现有智能规划技术进行设计，能够实现 anytime 启发式搜索、任务分解、时间约束条件管理和行动并行控制等，并以特殊方式进行有机组合。

本章提出了应急领域 HTN 规划模型的设计需求，并分析了现有 HTN 规划模型中存在的不足。在此基础上，设计了一种 anytime 启发式 HTN 规划器，用以建模和求解应急行动方案制定决策问题。该规划器是一种在线规划器，能够在任意时刻停止，并产生可行或较优行动方案且随着给定规划时间的延长，逐步改进应急行动方案的质量。

本章研究工作介绍了如何将自动规划技术应用于建模和求解应急行动方案制定这一特定的领域规划问题，主要贡献如下：①提出了应急领域 HTN 规划模型的设计需求，从而适应应急响应领域特征；②设计了一种 anytime 启发搜索算法，能够在任意给定的规划时间内产生多个按评价值排序的可行行动方案；③提出了一种时态扩展的方法模型，能够建模带时间标记的前提条件和应急任务之间的复杂时间约束关系。

本章的研究工作是开发支持非常规突发事件应急决策支持模型的一项关键工作，设计的 HTN 规划模型能够嵌入决策支持系统，作为决策支持系统推理逻辑，从而有效支持应急指挥团队制定应急行动方案。

第八章　HPXEDM 知识建模与实验评价

一、引　言

在第七章提出 HPXEDM 知识模型和规划算法的基础上，本章提出一种可配置的 HPXEDM 的软件架构及其实现方法。在此基础上，本章紧紧围绕 HPXEDM 应用于解决实际应急行动方案制定决策问题中存在的领域知识难于建模和规划效率缺乏评价的问题分别开展研究。

首先，针对应用 HPXEDM 求解实际应急行动方案制定决策问题时存在的应急领域知识难于建模的问题，设计一种将第三章介绍的应急预案本体知识模型转换为 HPXEDM 知识模型的算法，为利用 HPXEDM 知识模型对特定应急领域知识进行建模提供一种有效手段。同时，本章设计某区域洪灾转移案例，对该知识建模方法展开应用研究。

其次，基于以上洪灾转移案例及其知识模型，本章设计相关测试问题，对 HPXEDM 进行实验评价，证明该 HTN 规划模型具有有效性、最优性和单调性，能够满足第七章提出的所有应急领域 HTN 规划设计需求。

二、HPXEDM 软件框架

在第七章提出 HPXEDM 设计方法的基础上，本节介绍 HPXEDM 的软件框架和具体实现过程。目前，HPXEDM 的知识模型和规划算法在 Eclipse 平台上基于 Java 语言进行开发，并重用 JSHOP2 部分代码。HPXEDM 软件框架结构如图 8－1 所示。

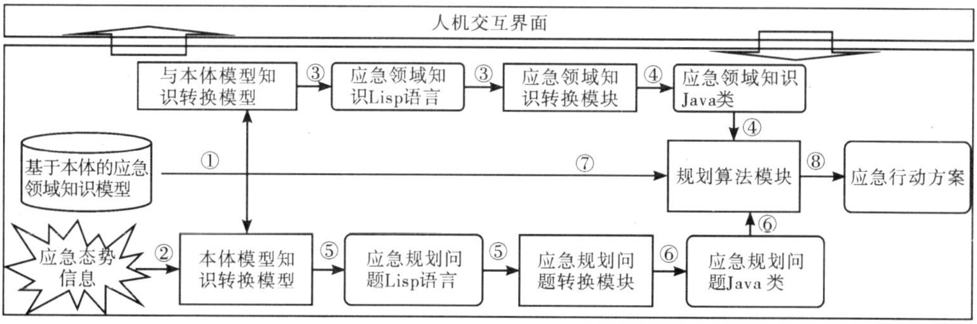

图 8－1　HPXEDM 软件框架

HPXEDM 原型系统主要模块如下：

1. 应急领域知识本体模型转换模块

该模块的基本功能为将按照 EPOM 建立的应急任务本体模型和应急领域规则本体模型转换为 HPXEDM 领域知识模型，包括操作符模型、方法模型和公理模型。

该模块的输入为应急领域知识本体模型（图中①所示），输出为 Lisp 语言描述的 HPXEDM 领域知识模型（图中③所示）。

2. 规划器领域知识模型转换模块

本模块的基本功能为读取 Lisp 语言描述的 HPXEDM 操作符模型、方法模型和公理模型等应急领域知识模型，将其自动转换为描述该应急领域知识的 Java 语言。

该模块的输入为 Lisp 语言描述的 HPXEDM 领域知识模型（图中③所示），输出为 Java 语言描述的 HPXEDM 领域知识（图中④所示）。

3. 应急系统本体模型转换模块

本模块的基本功能为将利用应急系统本体模型描述的实时应急态势信息自动转换为描述应急态势信息的谓词实例集合。

该模块的输入为应急系统本体知识模型（图中①所示）和基于应急系统本体模型描述的应急态势信息（图中②所示），输出为 Lisp 语言描述的 HPXEDM 应急规划问题知识模型（图中⑤所示）。

4. 规划器应急规划问题知识模型转换模块

本模块的基本功能为读取 Lisp 语言描述的 HPXEDM 应急规划问题知识模型，并将其自动转换为 Java 语言描述的 HPXEDM 应急规划问题模型。

该模块的输入为 Lisp 语言描述的 HPXEDM 应急规划问题知识模型（图中⑤所示），输出为 Java 语言描述的 HPXEDM 应急规划问题模型（图中⑥所示）。

5. 规划算法模块

本模块的基本功能为执行第七章提出的 HPXEDM 规划算法，基于应急领域知识求解应急规划问题，并在规划过程中任意时刻接收应急管理人员指令，中断规划过程，并输出当前已生成的行动方案。

本模块的输入为 Java 语言描述的 HPXEDM 领域知识模型（图中④所示）、Java 语言描述的 HPXEDM 应急规划问题（图中⑥所示）和应急管理人员规划过程中断指令（图中⑦所示），输出为规划过程生成的应急行动方案（图中⑧所示）。

该软件框架提供人机交互界面，从而使得应急管理人员与规划系统进行交互。

三、知识模型转换算法

HPXEDM 能够选择和组织完成初始任务网络的行动方案，为应急指挥团队在复杂应急态势条件下制定应急行动方案提供了一种有效手段。然而，HPXEDM 在应用过程中存在领域知识难于建模的问题。本书第六章提出的应急预案本体模型 EPOM 是一种面向应急管理人员的知识建模方法，能够将应急领域知识文本建模为利用本体知识模型描述的标准化的应急领域知识模型，从而解决应急领域知识建模问题。

为有效利用 HPXEDM 求解应急行动方案制定决策问题，辅助应急指挥团队科学制定应急行动方案，本节提出一种将应急预案本体模型转换为 HPXEDM 知识模型的转换算法，从而克服 HPXEDM 应用于求解实际问题过程中存在的知识建模瓶颈。为完成以上研究目的，基于第六章提出的应急预案本体模型 EPOM 和第七章提出的 HPXEDM 知识模型，本节建立 EPOM 主要概念与 HPXEDM 知识模型的映射关系，提出一种将 EPOM 本体知识模型转换为 HPXEDM 知识模型的算法。

（一）应急任务本体模型转换算法

在分析应急业务流程基本组成元素和应急任务本体主要概念的基础上，本部分提出一种将原始应急任务本体模型以及描述工作流程基本路由结构的本体词汇转换成 HPXEDM 知识模型的算法，包括原始应急任务本体模型转换算法、顺序路由结构本体模型转换算法、并行路由结构本体模型转换算法、选择路由结构本体模型转换算法和循环路由结构本体模型转换算法。在此基础上，本部分提出一种将应急任务本体模型转换为 HPXEDM 知识模型的算法。

1. 原始应急任务本体模型转换算法

原始应急任务本体模型转换算法如下：

Translate-Simple-process（pt）

Input：EPOM 定义的原始应急任务本体实例 pt

Output：HPXEDM 操作符模型 o

Process：

（1）将 pt 的名称 name 和参数集合 P 作为 HPXEDM 操作符名称和输入参数集合。

（2）将 pt 对象属性 hasInstantCon 取值作为 HPXEDM 操作符瞬时前提条件 *instantPres*。

（3）将 pt 对象属性 hasInvariantCon 取值作为 HPXEDM 操作符持续前提条件。

（4）若 pt 对象属性 hasTimedEffect 取值为 EPOM：TimeEffect 本体实例 $teInstance_i$ = （$logicalAtom_i$，$Flag_i$，$time_i$），则按照以下程序进行知识模型转换：

①当 $time_i=0$ 时，则该本体实例表示瞬时执行效果，若数据属性 $Flag_i$ 取值为 *false*，将 $logicalAtom_i$ 加入 Del_i；否则，将 $logicalAtom_i$ 加入 Add_i。

②当 $time_i>0$ 时，则该本体实例表示延迟执行效果，若数据属性 $Flag_i$ 取值为 *false*，将本体实例 $teInstance_i$ 加入 Del_d；否则，将本体实例 $teInstance_i$ 加入 Add_d。

（5）本体实例 pt 对象属性 hasDuration 取值能够直接转换为 HPXEDM 操作符模型的时间区间 *dur*；同理，pt 数据属性 hasCost 取值可转换为 HPXEDM 操作符模型执行成本 *cost*。

return: o = (: operator *head, instantPres, invarientCons*, Del_i, Add_i, Del_d, Add_d, *dur, cost*).

2. 复杂应急任务本体知识模型转换算法

按照第五章提出的 EPOM 应急任务本体模型相关词汇，能够对应急业务过程进行本体知识建模。假设复杂应急任务本体 ComplexETask 实例 cet 对象属性 achievedBy 取值为执行方案 ExecutionPlan 本体实例 ep，表示复杂应急任务 cet 的一种完成方式和途径。执行方案本体实例 ep 对象属性 hasCondition、hasProcess 和 hasTimeConstraint 取值分别为类 InstantCondition 本体实例 ic、类 WorkflowProcess 本体实例 wfp 和类 TimeConstraint 本体实例 timeCon。

根据 EPOM 的定义，类 InstantCondition 本体实例 ic 和类 TimeConstraint 本体实例 timeCon 能够直接转换为 HPXEDM 方法模型的前提条件和定量时间约束条件。类 WorkflowProcess 本体实例 wfp 无法直接转换为 HPXEDM 知识模型。类 WorkflowProcess 本体实例 wfp 对象属性 composedOf 取值为类 owls：Sequence、owls：Split-Join、owls：Choice 和 owls：Repeat-While 本体实例和类 WorkStep 实例 ws，分别表示应急业务流程的四种控制结构和组成任务节点。类 WorkStep 本体实例 ws 对象属性 task 取值为类 Task 实例，表示组成该应急业务过程的应急任务。

本部分针对以上概念分别提出将类 owls：Sequence、owls：Split-Join、owls：Choice 和 owls：Repeat-While 本体实例转换为 HPXEDM 知识模型的函数，并在此基础上设计将任意复杂应急任务本体知识模型转换为 HPXEDM 知识模型的算法。

（1）Owls：sequence 本体模型转换函数。

当复杂应急任务本体实例 cet 涉及的应急业务过程本体实例 wfp 仅包含一个对象属性 composedOf 时，取值为 owls：Sequence 本体实例 seqCtrl。同时，本体实例 seqCtrl 包括两个对象属性 composedOf，取值分别为类 WorkStep 本体实例 ws1

和 ws2，且 ws1 和 ws2 对象属性 task 取值分别为应急任务本体实例 et1 和 et2。该知识模型描述了复杂应急任务 cet 通过执行应急任务 et1 后，再执行应急任务 et2 完成。

将以上复杂应急任务本体知识模型转换为 HPXEDM 领域知识模型的算法如下：

Translate-Sequence-process （cet）

Input：EPOM 定义的复杂应急任务本体知识模型 cet 且完成该任务的应急业务过程仅涉及一个 owls:Sequence 本体实例 seqCtrl。

Output：HPXEDM 方法模型。

Process：

①将复杂应急任务本体实例 cet 数据属性 taskName 取值 taskName 作为 HPXEDM 方法模型待分解复合任务名称 name。

②将复杂应急任务本体实例 cet 对象属性 hasParameter、hasInput 和 hasOutput 取值作为 HPXEDM 方法模型待分解复合任务描述参数集合 P。

③将复杂应急任务本体实例 cet 对象属性 hasCondition 取值 con 作为 HPXEDM 方法模型前提条件 Pre。

④将应急任务本体实例 et1 和 et2 作为 HPXEDM 方法模型子任务且顺序执行。

⑤将复杂应急任务本体实例 cet 所有对象属性 hasTimeConstraint 取值添加到 HPXEDM 方法模型定量时间约束条件集合 timeConList。

Return：m = （:method （name P） Pre （:ordered et1 et2） timeConList）

（2） owls:Split-Join 本体模型转换函数。

当复杂应急任务本体实例 cet 涉及的应急业务过程本体实例 wfp 仅包含一个对象属性 composedOf 时，取值为 owls:Split-Join 本体实例 stjnCtrl。同时，该本体实例包括两个对象属性 composedOf，取值分别为类 WorkStep 本体实例 ws1 和 ws2。同时，本体实例 ws1 和 ws1 对象属性 task 取值分别为应急任务本体实例 et1 和 et2。该知识模型描述了复杂应急任务本体实例 cet 通过同时执行 et1 和 et2、先执行 et1 再执行 et2、先执行 et2 再执行 et1 三种情况完成。

将以上复杂应急任务本体知识模型转换为 HPXEDM 领域知识模型的算法如下：

Translate-Parallel-process （cet）

Input：EPOM 定义的复杂应急任务本体知识模型 cet 且完成 cet 的应急业务过程仅涉及一个 owls:Split-Join 本体实例 stjnCtrl。

Output：HPXEDM 方法知识模型。

Process：

将应急任务本体实例 et1 和 et2 作为 HPXEDM 方法模型的子任务且任务之间以任意次序执行或并行执行。其他知识要素转换过程与算法 Translate-Sequence-process（cet）相同。

Return：M =（:method（name P）Pre（:unorderd et1 et2）timeConList）

（3）owls:If-Then-Else 本体实例转换函数。

当复杂应急任务本体实例 cet 涉及的应急业务过程本体实例 wfp 仅包含一个对象属性 composedOf 时，取值为 owls:If-Then-Else 本体实例 iteCtrl。同时，本体实例 iteCtrl 对象属性 ifCondition 取值为 ifCon；对象属性 then 取值为类 WorkStep 本体实例 ws1 且 ws1 对象属性 task 取值为应急任务本体实例 et1；对象属性 else 取值为类 WorkStep 本体实例 ws2 且 ws2 对象属性 task 取值为应急任务本体实例 et2。该知识模型描述复杂应急任务 cet 执行过程涉及在多个任务中进行选择，当满足条件 ifCon 时，通过执行应急任务 et1 完成复杂应急任务 cet；否则，执行应急任务 et2 完成任务 cet。

将以上复杂应急任务本体知识模型转换为 HPXEDM 领域知识模型的算法如下：

Translate-Choice-process（cet）

Input：EPOM 定义的复杂应急任务本体知识模型 cet 且完成 cet 的应急业务过程仅涉及一个 owls：If-Then-Else 本体实例 iteCtrl。

Output：HPXEDM 方法知识模型。

Process：

①$precond_1 \leftarrow pre \cap ifCon$，作为方法模型第一种分解方式的前提条件（其中，*pre* 为 cet 对象属性 hasCondition 的取值）。

②将应急任务 et1 作为方法模型第一种分解方式子任务。

③$precond_2 \leftarrow pre$，作为方法模型第二种分解方式前提条件。

④将应急任务 et2 作为方法模型第二种分解方式子任务集合。

⑤其他知识要素转换过程与算法 Translate-Sequence-process（cet）相同。

Return：M =（:method（name P）（$precond_1$ et1 timeConList）（$precond_2$ et2 timeConList））

（4）owls:Repeat-While 本体实例转换函数。

当复杂应急任务本体实例 cet 涉及的应急业务过程本体实例 wfp 仅包含一个对象属性 composedOf 时，取值为 owls:Repeat-While 本体实例 rewhlCtrl。同时，本体实例 rewhlCtrl 对象属性 whileCondition 取值为 whlCon；对象属性 whilePrcess

取值为类WorkStep本体实例ws1。同时，ws1对象属性task取值为应急任务本体实例et1。

将以上复杂应急任务本体知识模型转换为HPXEDM领域知识模型的算法如下：

Translate-Repeat-While-process（cet）

Input：EPOM定义的复杂应急任务本体知识模型cet且完成cet的应急业务过程仅涉及一个owls:Repeat-While本体实例rewhlCtrl。

Output：HPXEDM方法知识模型。

Process：

①建立HPXEDM方法模型M1，将复杂应急任务本体实例cet数据属性taskName取值taskName作为方法模型M1待分解复合任务名称name。

②将复杂应急任务本体实例cet对象属性hasParameter，hasInput和hasOutput取值作为方法模型M1待分解复合任务描述参数集合P。

③将cet的对象属性hasCondition取值pre作为方法模型M1的分解前提条件。

④设置新的复合任务newCet，名称为name1，参数集合设置为步骤（b）中参数集合P，并将复合任务newCet作为方法模型M1的子任务。

⑤建立HPXEDM方法模型M2，用以分解复合任务newCet，其分解前提条件为whlCon，子任务为应急任务et1和复合应急任务newCet且顺序执行。

⑥将应急任务本体实例cet对象属性hasTimeConstraint取值timeCon，添加到HPXEDM方法模型M1和M2定量时间约束条件列timeConList。

Return：M1 = （:method（name P）pre cet1 timeConList）;

M2 = （:method（name1 P） whlCon（:ordered et1 newCet）timeConList（）（）（））

方法模型M2表示新建复合应急任务newCet有两种完成途径：当规划状态满足条件whlCon时，通过执行应急任务et1和newCet本身完成；否则，采取第二种执行途径，该执行途径的条件为空，HPXEDM检测时总为真且该方式下不执行任何任务。

按照EPOM本体知识建模方法，应急业务过程被建模为树状结构，树的非根节点为描述应急业务过程控制结构的Owls:ControlConstruct子类本体实例，根节点为类WorkStep实例。根据以上本体词汇转换算法，以下提出将任意复杂应急任务本体实例cet知识模型转换为HPXEDM知识模型的算法：

Input：复杂应急任务本体知识模型cet。

Output：HPXEDM领域知识模型K。

Process：

①当 cet 应急业务过程本体实例 wfp 涉及 owls：Sequence 本体实例 seqCtrl 时，执行 Translate-Sequence-process（cet），并将生成的知识模型添加到 K。

②当 cet 应急业务过程本体实例 wfp 涉及 owls：Split-Join 本体实例 stjnCtrl 时，执行 Translate-Split-Join-process（cet），并将生成的知识模型添加到 K。

③当 cet 应急业务过程本体实例 wfp 涉及 owls：If-Then-Else 本体实例 iteCtrl 时，执行 Translate-Choice-process（cet），并将生成的知识模型添加到 K。

④当 cet 应急业务过程本体实例 wfp 涉及 owls：Repeat-while 本体实例 rewhlCtrl 时，执行 Translate-Repeat-While-process（cet），并将生成的知识模型添加到 K。

另外，若存在原始应急任务本体模型 pt，执行 Translate-Simple-process（pt），并将生成的知识模型添加到 K。

通常，按照以上转换程序得到领域知识模型中方法模型的情况较多，可以将方法模型进行有效合并。

（二）应急系统本体模型转换算法

第五章提出的应急系统本体模型按照面向对象的建模思想描述应急系统实体及其属性。应急系统实体属性特征决定了 HPXEDM 的规划状态。通常，HPXEDM 规划状态模型基于谓词实例进行描述。本部分提出了一种将应急系统本体实例转换为谓词实例的算法，从而实现对应急态势信息进行知识建模。

应急系统实体本体实例由类名（*className*）和若干属性及其取值（〈$propertyName_i$，$value_i$〉）构成。为基于谓词描述本体实例，本部分提出以下算法实现两者之间的转换：

Translate-ontology-predicate（*ontoInstance*）

Input：应急系统实体本体实例 *className* ｛〈$propertyName_i$，$value_i$〉｝

className 表示应急系统实体本体模型类名；$propertyName_i$ 表示应急系统实体本体模型属性名称，包括数据属性和对象属性；$value_i$ 表示该属性的取值；（$1 \leqslant i \leqslant n$ 且 n 为应急系统实体本体模型属性数量）。

Output：描述该应急系统本体实例的谓词实例集合 *preInstanceSet*。

Process：

（1）将 *className* 作为谓词实例的谓词名，即 *predicate _ name*，*ClassName*。

（2）对应急系统实体本体模型任意属性及其取值为〈$propertyName_i$，$value_i$〉，执行以下程序：

如果属性 $propertyName_i$ 为数据属性，则执行以下程序：

①将数据属性名 $propertyName_i$ 作为谓词实例第一个输入参数，将属性取值 $value_i$ 作为谓词实例第二个输入参数，即得谓词实例 $predicate_i \leftarrow$ （$className$，$propertyName_i$，$value_i$）。

②将该谓词实例添加到谓词实例集合 $preInstanceSet$，即 $preInstanceSet \leftarrow preInstanceSet \cup predicate_i$。

否则，属性 $propertyName_i$ 为对象属性，执行以下程序：

①针对对象属性取值 $value_i$（$value_i$ 类 $className_i$ 本体实例），执行函数 Translate-ontology-predicate（$value_i$），得到谓词实例集合 $preInstanceObjSet_i$。

② $\forall p_j \in preInstanceObjSet_i$ 且 $p_j =$ （$className_j$，$term_j^1$，…，$term_j^m$），建立谓词实例 $predicate_i \leftarrow$ （$className$，$propertyName_i$，$className_j$，$term_j^1$，…，$term_j^m$）。

③将该谓词实例 $predicate_i$ 添加到谓词实例集合 $preInstanceSet$，即 $preInstanceSet \leftarrow preInstanceSet_j \cup predicate_i$。

按照以上方法，应急系统实例本体模型实例能够转换为谓词实例集合，从而实现利用 HPXEDM 知识模型对应急态势进行建模。

四、洪灾转移案例及其知识建模

本节介绍某区域洪灾转移案例，用以对本章提出的知识模型转换算法进行应用研究。同时，将洪灾转移案例作为 HTN 规划器 HPXEDM 的测试领域，并在该案例的基础上，设计一系列评价实验，对 HPXEDM 原型系统进行实验评价。

（一）洪灾转移案例

洪灾具有影响范围广、受灾严重等特征，应急响应工作涉及洪灾影响区域内的多个单位和部门，具有非常规突发事件的典型特征。因此，洪灾应急响应可以用来作为研究非常规突发事件应急行动方案制定决策支持技术的典型案例。本部分介绍某区域洪灾转移案例及其涉及的领域知识，作为 HPXEDM 的知识建模对象。

1. 区域基本情况

某河流上的洪灾影响区域由主坝、副坝、船闸、桥梁和防护区域及其组成实体组成，该洪灾影响区域示意图如图 8－2 所示。其中，防护区域内的居民点包括 Area1、Area2、Area3、Area4 和 Area5 五个居民点，各居民点相关描述信息如表 8－1 所示。另外，为有效应对洪水灾害，区域防汛应急管理部门建立了防汛指挥中心、水位站以及 Shelter1、Shelter2 和 Shelter3 三个安置点。

同时，为有效开展防汛应急响应工作，该区域组建了若干应急队伍，为开展防汛应急响应工作提供了保障，包括 Team1、Team2、Team3、Team4、Team5、Team6、Team7 和 Team8。其中，Team1 由防汛应急响应主要参与单位的应急指挥人员组成，称为防汛应急指挥团队。其他应急队伍接收应急指挥团队指令，执行特定应急任务，并分布在该区域内的不同地理位置。应急队伍信息如表 8－2 所示。另外，该区域内的道路交通网络抽象为涉及地理位置之间的连线且道路长度随机给定。

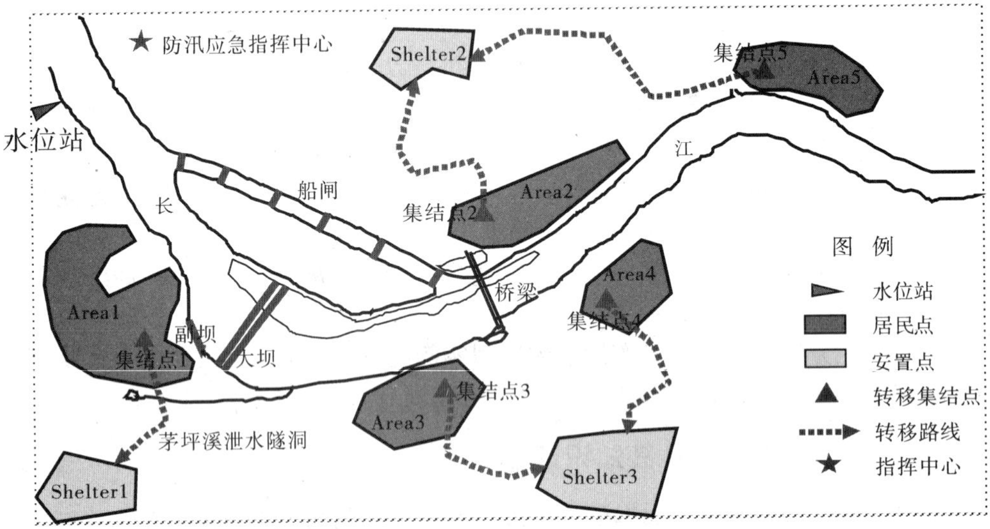

图 8－2 某洪灾影响区域示意图

当发生洪水灾害时，防汛应急指挥团队应及时组织洪水淹没区域内的居民转移至指定安置点，从而减少洪水灾害造成的威胁和损失，保护区域内群众的生命和财产安全。为实现该应急管理目标，洪灾应急响应过程中，防汛应急指挥团队收集水雨情信息、大坝和堤防等工情信息、区域内居民点和安置点信息以及应急队伍状态信息，按照防汛应急预案文本所描述的应急指挥程序，对防汛应急响应管理领域知识进行选择和重组，从而制定防汛应急行动方案，并将其转换为应急指令，下达给相关应急队伍执行。

表 8－1 洪水影响区域居民点信息

编 号	区 域	居 民	人口数量	转移集结点	预备疏散时间	指定安置点
1	Area1	Resident1	100	Loc2－1	3	Shelter1
2	Area2	Resident2	120	Loc2－2	1	Shelter2
3	Area3	Resident3	160	Loc2－3	2	Shelter3
4	Area4	Resident4	100	Loc2－4	5	Shelter3
5	Area5	Resident5	150	Loc2－5	6	Shelter2

防汛应急响应过程中，防汛指挥中心团队（Team1）面临多个方面的应急任务，包括洪水调度、洪灾转移、分配与管理安置设施和工程抢险等，应在洪水突发事件造成灾难性后果前，完成相关应急任务，从而对洪灾及其衍生事件进行干预与控制。其中，洪灾转移任务需要防汛应急指挥团队、洪水淹没范围内的居民和执行运输任务的应急队伍等多个应急响应实体共同完成，表达了非常规突发事件应急响应过程的基本特点，能够作为本章开展研究的有效案例。因此，本部分仅针对防汛应急响应过程中完成洪灾转移应急功能的相关领域知识进行建模。

表 8-2 应急队伍信息

编 号	名 称	能力描述	位 置	运输容量	运输速度
1	Team1	Command	Loc4-1	—	—
2	Team2	Transport	Loc4-2	250	40
3	Team3	Transport	Loc4-3	200	20
4	Team4	Transport	Loc4-4	150	50
5	Team5	Transport	Loc4-5	250	20
6	Team6	Transport	Loc4-6	100	40
7	Team7	Transport	Loc4-7	200	20

（二）知识建模

利用 HPXEDM 知识模型对实际应用领域进行建模是利用该规划器求解实际应急行动方案制定决策问题的瓶颈和关键。EPOM 提供的概念体系能够建模和描述洪灾转移案例涉及相关应急领域知识，按照本章提出的知识模型转换算法，能够得到洪灾转移案例 HPXEDM 知识模型，并能够证明该知识模型转换算法的有效性和实用性。

1. 领域知识建模

洪灾转移案例领域知识要素包括应急行动、应急计划片段和应急领域规则，能够利用 EPOM 应急任务本体模型和应急领域规则本体模型进行本体知识建模，并利用知识模型转换算法，得到描述该知识要素的 HPXEDM 领域知识模型。

（1）基于应急行动的 HPXEDM 操作符知识建模。

HPXEDM 操作符模型能够描述参与洪灾转移应急响应的各实体的应急行动，包括发布洪灾转移指令，预备疏散，利用交通运输工具装载灾民，从交通运输工具上运输灾民、卸载灾民等。

洪灾转移过程中涉及的以上应急行动能够按照 EPOM 描述原始应急任务的类 PrimitiveTask 进行本体知识建模，并通过执行本章提出的知识模型转换算法实现知识模型转换，从而得到描述以上应急行动的 HPXEDM 操作符模型。

（2）基于应急计划片段的 HPXEDM 方法知识建模。

在洪灾转移领域中，防汛应急指挥团队建立了一系列应急计划片段，用以指导防汛应急指挥过程。例如，防汛应急预案文本某应急计划片段描述内容如下：

当水位站当前水位为 42 米且预测水位将超过 45 米时，防汛指挥团队应向洪水威胁区域内的居民发布洪灾转移指令，调派运输队伍到受到洪灾威胁的居民点，并将区域内群众运送至指定安置点。同时，洪灾威胁区域内的居民执行预备疏散程序，在制定位置集结，为转移工作做好准备。

该应急计划片段能够按照 EPOM 提出的应急任务本体模型进行描述，建模为描述复杂应急任务的知识片段，并能够通过执行应急任务本体模型转换算法实现知识模型转换，从而得到描述该应急计划片段的 HPXEDM 方法模型。

按照以上知识建模方法，本部分建立的洪灾转移领域知识模型包括五个操作符、四个方法模型和两个公理模型。洪灾转移案例领域知识模型见附件 1。

2. 应急规划问题知识建模

为支持应急行动方案制定过程，在建立应急领域知识模型的基础上，需要建立应急规划问题知识模型，包括应急态势、事件目标和方案评价函数的知识模型。

（1）应急态势建模。

应急态势描述了应急系统实体状态、当前状态综合分析结果及其预测信息。第五章第四节描述的洪灾转移案例中，应急态势信息如下：①当前系统状态：洪水水位、堤防状态、大坝等其他防洪工程设施的状态、居民点和安置点相关信息；②应急态势的评估与预测：洪水发展趋势信息；③应急队伍描述信息。

洪灾转移领域中应急系统实体能够利用 EPOM 应急系统本体模型进行知识建模，并按照第五章第三节提出的应急系统本体模型转换算法进行知识转换，从而得到描述洪灾转移案例应急态势信息的 HPXEDM 状态模型。

（2）决策偏好信息知识建模。

为求解实际应急行动方案制定决策问题，HPXEDM 的输入参数包括事件目标集合和防汛应急指挥团队的决策偏好。通常，洪灾转移过程中，防汛应急指挥团队的决策偏好如下：①减少完成所有事件目标的应急行动方案的执行时间；②减少应急响应过程的成本。HPXEDM 知识模型将以上决策偏好信息建模为（plan-metric: minimize (4 * totalTime + totalCost)）。另外，事件目标能够直接建模为 HPXEDM 初始任务网络及其时间限制条件。

假设防汛应急响应过程中某时刻，如 2010 年 8 月 1 日 12：00，应急系统状态描述如下：

水位观测站（Loc1 - 1）的当前水位为 42 米。根据当前水情，防汛应急指挥团队预测未来 20 小时后水位站的洪水水位将涨至 46 米。另外，初始应急态势信息包括居民点的信息、安置点的信息、通信工具状态信息、应急队伍信息以及该区域的交通网络信息等。

根据该应急态势，防汛应急指挥团队识别的事件目标如下：①在 24 小时内将 Area1 内的居民转移到指定安置点 Shelter1；②在 24 小时内将 Area2 内的居民转移到指定安置点 Shelter2。

按照本部分提出的知识建模方法，能够实现以上应急态势、事件目标的建模，建立的应急规划问题的 HPXEDM 知识模型见附件 2。

五、实验评价

目前，HPXEDM 主要为防汛应急指挥团队提供决策支持，辅助防汛应急指挥团队在应急响应过程中科学和有效地制定应急行动方案。基于第五章第四节建立的洪灾转移案例应急领域知识模型，本节基于开发的 HPXEDM 规划器原型系统开展一系列实验，用以评价 HPXEDM 是否满足第四章第二节提出的应急领域 HTN 规划设计需求。

（一）给定应急态势下生成应急行动方案实例

在以上洪灾转移案例的基础上，本部分设计了一个实际应急行动方案制定决策问题，用以评价 HPXEDM 在求解具体应急规划问题中的实用性。

假设应急指挥周期开始时刻，根据给定的应急态势，防汛应急指挥团队识别了两个事件目标。事件目标 1 为在 24 小时时限条件内将区域 Area1 内的居民疏散到安置点 Shelter1；事件目标 2 为在 24 小时时限条件内将区域 Area2 内的居民疏散到安置点 Shelter2。该应急规划问题 HPXEDM 知识模型与附件 2 知识模型相同。

假设 HPXEDM 规划过程时间限制为 2 分钟。在该规划时间限制条件内，基于规划深度优先启发式搜索算法，HPXEDM 生成的完全应急行动方案甘特图如图 8 - 3 所示。在该方案中，Team2 和 Team3 被调派执行将区域 Area1 内的群众运送至安置点 Shelter1 的应急任务；Team4 被调派执行将区域 Area2 内的群众运送至安置点 Shelter2 的应急任务。

由 8 - 3 图可知，HPXEDM 生成的应急行动方案能够实现以上事件目标，并满足事件目标给定的时限条件以及应急响应过程中定义的其他复杂时间约束条件。同时，生成的防汛应急行动方案包含行动并行执行关系。因此，该实验证明 HPXEDM 能够满足应急领域 HTN 规划设计需求 1，2 和 3。

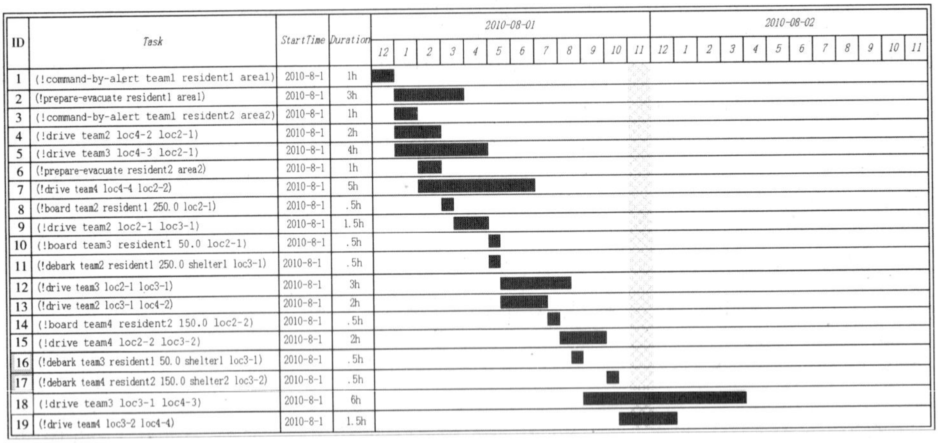

图 8-3　一个给定应急规划问题的完全应急行动方案甘特图

（二）启发式函数评价

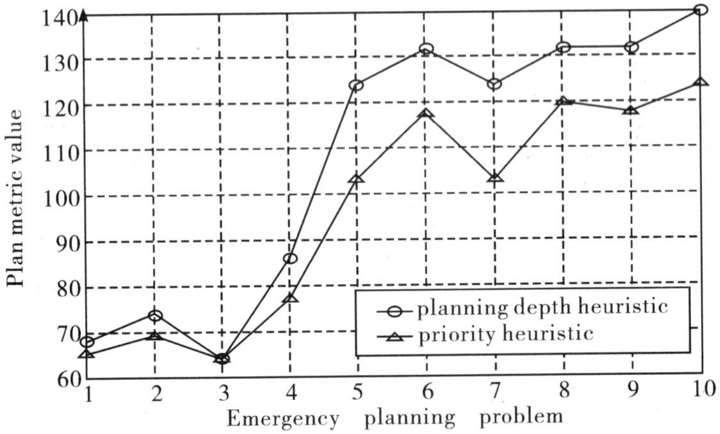

图 8-4　规划深度启发式函数与优先级启发式函数产生的应急行动方案评价值比较

为评价 HPXEDM 规划过程中执行的选择当前搜索节点的不同启发式函数，本部分在洪灾转移案例领域知识和以上给定的应急态势知识模型的基础上，随机生成了 10 组事件目标及其时限条件集合。同时，根据随机产生的事件目标集合，本部分设计了 10 个应急规划问题，并用以测试 HPXEDM 规划过程提供的选择当前搜索节点的不同启发式函数的性能。该实验中，HPXEDM 规划模型分别采用规划深度优先启发式函数和优先级启发式函数在规划过程中选择执行规划求精步骤的当前搜索节点。其中，权值 weight 设为 1。当规划过程产生第一个完全行动方案后，HPXEDM 规划过程即被中断。

HPXEDM 按照以上选择搜索节点的启发式函数不同版本，分别产生的第一个完全行动方案评价值比较分析结果如图 8 - 4 所示。图中水平轴表示应急规划问题，垂直轴表示生成的完全行动方案的评价值。

根据图 8 - 4，可知当 HPXEDM 采用优先级启发式函数时生成的第一个完全行动方案评价值优于采用深度优先启发式函数生成的第一个完全行动方案的评价值。仅仅在求解应急规划问题 3 时，HPXEDM 不同版本产生的第一个完全行动方案具有相同的评价值。

产生以上实验结果的原因是由于 HPXEDM 在规划过程中采用优先级启发式函数选择执行规划求精步骤的搜索节点时，较好地考虑了决策偏好信息，并用以指导规划过程搜索较优解。该实验结果能够证明 HPXEDM 能够有效处理应急管理人员的决策偏好信息，产生优化的应急行动方案，能够有效满足应急领域 HTN 规划设计需求 4。

（三）单调性评价

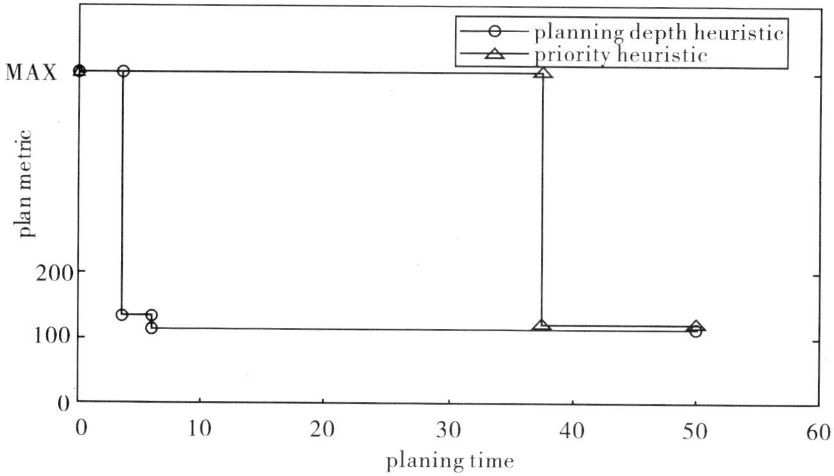

图 8 - 5　给定规划时间方案效用的变化

基于随机生成的给定应急规划问题，本部分设计实验用以评价 HPXEDM 规划算法在不同给定规划时间条件下生成行动方案评价值的单调性。本实验采用的应急规划问题的初始规划状态与第四节介绍的应急规划问题相同。同时，本实验应急规划问题事件目标为在 24 小时内将居民点 Area3 的居民和居民点 Area5 的居民疏散到指定的安置点。HPXEDM 规划过程中分别采用规划深度优先启发式算法和优先级启发式算法选择执行规划求精步骤的当前搜索节点。

实验结果如图 8 -5 所示。图中水平轴表示给定的规划时间约束条件，竖直轴表示生成的第一个完全行动方案的评价值。实验结果表明：随着规划时间的延长，HPXEDM 规划模型分别采用以上两种启发式算法生成的行动方案评价值逐步改进，从而满足应急领域 HTN 规划设计需求 5。

六、本章小结

本章围绕应用 HPXEDM 支持应急行动方案制定决策过程中存在的领域知识难于建模和缺乏实验评价等问题展开研究，主要内容如下：①介绍了一种基于 JSHOP2 的可配置的 HPXEDM 软件框架及其实现方法。②提出了一种将应急领域本体知识模型转化为 HPXEDM 知识模型的算法，能够有效解决利用 HPXEDM 规划模型生成应急行动方案过程中存在的领域知识难于建模的问题。同时，设计了一个某区域洪灾转移案例，并利用本章提出的知识建模方法对该案例涉及的领域知识和规划问题进行知识建模。③利用该洪灾转移案例及其知识模型，对 HPXEDM 的 Java 执行程序进行实验评价，证明了 HPXEDM 能够满足所有应急领域 HTN 规划设计需求。

第九章　带优先级异步事件目标条件下行动方案制定决策模型

一、引　言

非常规突发事件应急响应过程能够抽象为应急指挥团队持续制定和实施应急行动方案的过程，并对动态变化的应急态势作出有效响应。因此，应急响应规划与执行能够有效促进和提高响应过程的协调性，提高应急响应的效率。

然而，应急响应领域特征对利用 HPXEDM 规划器求解应急行动方案制定决策问题的实际过程提出了挑战。首先，事件目标在应急响应过程中动态识别，并异步输入给规划实体，甚至当完成其他事件目标的行动方案正在执行时产生新的事件目标；其次，应急响应过程具有时间受限和资源稀缺等特征，导致应急响应管理人员无法在有限的时间内，利用可以调配的资源完成所有事件目标。因此，应急响应管理人员在响应过程中对事件目标进行分级且优先保证完成优先级高的事件目标。目前，HTN 规划技术广泛应用于辅助应急管理人员制定应急行动方案。然而，现有 HTN 规划器未考虑以上领域特征，无法有效支持应急行动方案制定决策和执行过程。

本章的研究目的是针对应急响应领域的以上特征，在 HTN 规划模型 HPXEDM 的基础上进行扩展，设计一种应急行动方案制定决策模型（Emergency Action Plan Decision Model，EAPDM）以支持应急行动方案的制定和执行过程，并在应急响应过程有效处理带优先级的异步事件目标。

为实现上述研究目的，本章根据应急指挥团队制定应急行动方案的决策过程，提出一种应急行动方案制定决策模型框架及其运作流程，并设计一种集成规划与执行循环支持 EAPDM 的运行过程。同时，本章提出一种在该集成规划与执行过程中有效处理带优先级的异步事件目标的算法，并在第八章提出的某区域洪灾转移案例的基础上，对该算法开展实验评价。

二、决策模型系统框架及其运行过程

应急行动方案制定决策模型是为辅助应急指挥团队开展应急行动方案制定决策过程的计算模型。根据应急行动方案制定决策过程特殊约束条件，设计一种应急行动方案制定决策模型，是支持应急指挥团队制定应急行动方案的一种有效途径。

(一) 系统框架

本部分提出了一种应急行动方案制定决策模型 EAPDM，系统框架如图9－1所示，由应急态势管理模块、事件目标生成与管理模块、方案管理模块、规划模块和领域知识管理模块组成且各个模块相互关联。

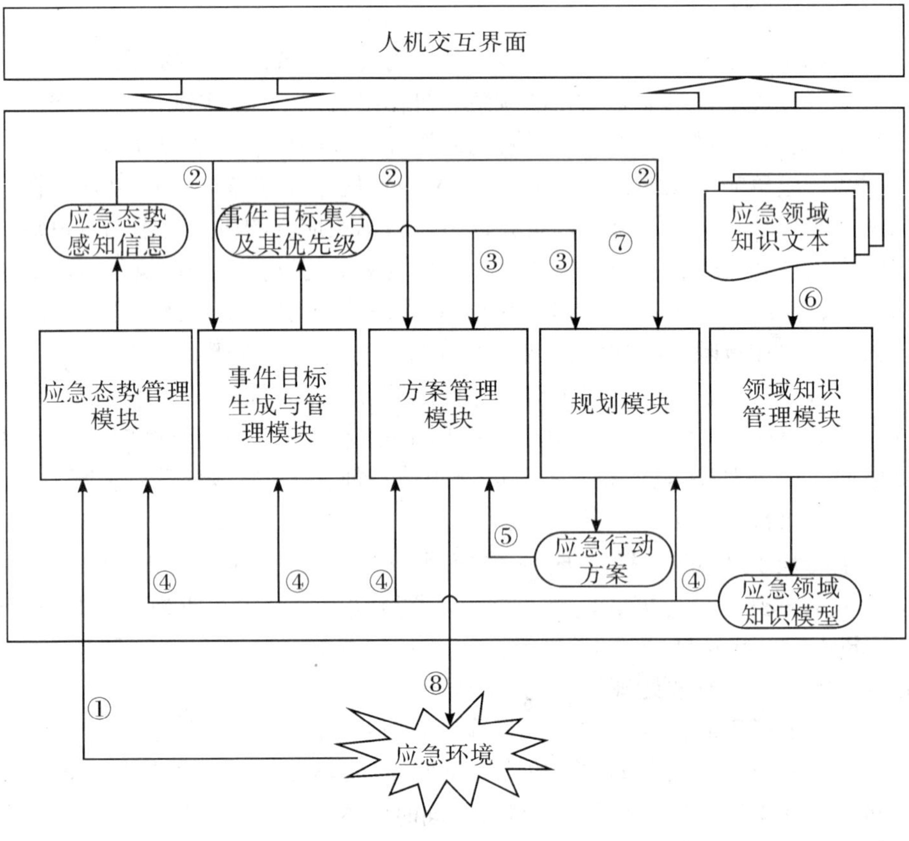

图9－1 EAPDM 系统框架

EAPDM 各组成模块功能描述及其输入和输出如下：

1. 应急态势管理模块

应急态势管理模块的基本功能为辅助应急指挥团队在应急行动方案制定决策过程中构建和管理应急态势感知信息，其主要内容如下：

（1）根据应急指挥团队确定的应急系统中的监测对象及其监测指标，实时获取监测对象及其相关指标的监测数据，并搜集下级单位上报的应急系统状态信息和应急行动执行信息。同时，根据 EPOM 定义的应急系统本体模型，辅助应急指挥团队对应急系统实体状态信息进行知识表示和分类管理。

（2）根据应急态势评估规则，辅助应急指挥团队对应急系统当前状态信息进行综合评估和分析，并对评估和分析结果进行管理。

（3）根据应急响应领域预测模型，辅助应急指挥团队，成员对应急态势发展趋势进行模拟预测，并对预测信息进行管理。

本模块输入的为应急环境（图中①所示）和应急领域知识模型（图中④所示）。

本模块生成与输出的为应急态势感知信息（图中②所示）。

2. 事件目标生成与管理模块

本模块的主要功能是辅助应急指挥团队在应急行动方案制定决策过程中动态识别事件目标，并对其进行分级，主要内容如下：

（1）根据应急态势管理模块管理的应急态势感知信息，辅助应急指挥团队利用应急领域知识动态识别和选择事件目标。

（2）根据事件目标的评价标准，对多个识别的事件目标进行评价，辅助应急指挥团队确定事件目标优先级。

（3）管理和显示应急响应过程中动态识别的事件目标集合及其完成状态。

本模块的输入为应急态势感知信息（图中②所示）和应急领域知识模型（图中④所示）。

本模块的输出为事件目标集合及其优先级（图中③所示）。

3. 方案管理模块

方案管理模块控制整个 EAPDM 系统框架的运行，连续接收应急态势管理模块生成的应急态势感知信息（图中②所示）和事件目标生成与管理模块输出的事件目标集合及其优先级（图中③所示），实时对动态识别的事件目标和外部事件作出响应，主要功能如下：

（1）评估应急态势和事件目标。

根据应急计划片段，对应急态势感知信息和事件目标集合进行评估，判断该应急态势是否为典型应急态势。若应急态势为典型应急态势，即满足应急计划片段给定的前提条件，则方案管理模块直接选取该 EPOM 描述的应急计划片段作为应急行动方案，并组织实施；否则，方案管理模块触发规划模块智能生成应急行动方案。

（2）生成和发布应急指令。

根据生成的应急行动方案，自动将应急行动步骤转换为应急指令，在经过应急指挥团队批准后，自动通知执行该应急行动的相关应急实体。

（3）管理方案执行信息。

接收和管理应急响应实体，按照应急指令执行应急行动的相关信息和执行结果。

本模块的输入为应急态势信息（图中②所示）、事件目标集合及其优先级（图中③所示）和应急领域知识模型（图中④所示）。

本模块的输出为应急环境（图中⑧所示）。

4. 规划模块

当预先定义的应急计划片段无法应对应急响应过程中的复杂应急态势或事件目标集合时，方案管理模块触发规划模块执行 HPXEDM 规划程序自动产生应急行动方案，基本功能如下：

（1）根据应急态势感知信息和事件目标集合执行战术规划过程，规划生成在当前应急态势下完成事件目标集合的应急行动方案。

（2）接收应急指挥团队规划过程的中断指令，在规划过程任意时刻停止，并输出应急行动方案。

本模块的输入为应急态势感知信息（图中②所示）、事件目标集合及其优先级（图中③所示）、应急领域知识模型（图中④所示）和规划过程中断指令（图中⑦所示）。

本模块的输出为应急行动方案（图中⑤所示）。

应急行动方案制定过程具有时间受限的特征，为避免较大搜索深度，规划模块在任意给定的规划时间内将搜索空间扩展到任意深度，从而满足应急响应环境动态需求。生成的应急行动方案包括完全行动方案和部分行动方案两类。前者是完全由操作符实例组成的行动方案，后者为存在部分任务未被扩展的 HPXEDM 搜索节点。

当接收规划过程中断指令时，规划模块停止搜索过程，并输出应急行动方案。若该方案为部分行动方案时，方案管理模块接收规划模块生成的搜索节点，并在执行过程中对其包含的任务节点实时进行求精，从而生成完全行动方案，并转换为应急指令。

5. 领域知识管理模块

应急领域知识是支撑应急指挥团队制定应急行动方案的基础。因此，对应急领域知识文本进行建模及对参与应急响应的各单位信息和领域知识进行集成管理，从而建立应急领域知识库，能够为支撑 EAPDM 各模块的运行奠定基础。

本模块的基本功能如下：

（1）提供应急领域知识文本建模和编辑环境，根据 EPOM 提供的应急领域知识模型，对不同类型的应急领域知识要素提供应急领域知识模板，从而实现对应急领域知识文本的知识建模。

（2）对应急领域知识进行集成管理，为应急指挥团队提供存储和查询等领域知识的管理功能。

本模块的输入为应急领域知识文本（图中⑥所示）。

本模块的输出为应急领域知识模型（图中④所示）。

与制定应急行动方案相关的应急领域知识文本包括应急预案、应急管理规章制度、标准操作程序和应急案例等。目前，本书的研究仅仅限于对应急预案文本进行知识建模。

（二）运行过程

EAPDM 为非常规突发事件应急响应环境中应急指挥团队制定应急行动方案提供了一种有效的决策模型并对其全过程提供支持，是设计应急行动方案制定决策支持系统的核心。

EAPDM 各组成模块以松耦合的方式，在互不干扰的情况下异步运行。利用 EAPDM 制定的应急行动方案的运行过程如下：

（1）应急态势管理模块在整个应急响应过程中执行态势感知行动，并为其他模块提供应急态势感知信息。

（2）根据应急态势管理模块管理的应急态势感知信息，事件目标生成与管理模块在整个应急响应过程中对应急态势感知信息进行连续和实时的推理，动态识别事件目标。

（3）事件目标生成与管理模块对识别的事件目标进行评价，确定事件目标的优先级，并添加到现有的事件目标集合中。

（4）方案管理模块评估应急态势感知信息和事件目标集合，判断该应急态势是否为典型态势。若应急态势为典型应急态势，方案管理模块直接选取应急计划片段，并对其进行实例化，作为应急行动方案；否则，方案管理模块触发规划模块智能生成新的应急行动方案。

（5）应急行动方案生成后，方案管理模块将应急行动方案自动转换为应急指令，并支持应急指挥团队下发相关应急响应实体。

（6）当方案管理模块触发规划模块执行的信息后，规划模块根据应急态势感知信息和事件目标集合执行 HPXEDM 规划程序，对领域知识管理模块管理的应急领域知识进行选择和重组，从而自动生成应急行动方案。

（7）当应急指令发布后，方案管理模块监视应急响应实体应急行动执行过程，并管理执行过程产生的相关信息。

EAPDM 将应急行动方案制定过程抽象为在线规划过程，涵盖应急行动方案制定决策过程中响应型决策行为和慎思型决策行为，能够很好地适应应急响应环境的动态性和不确定性以及应急响应过程涉及多个复杂和相互耦合的事件目标等特征。

然而，在应急响应过程中，利用 EAPDM 支持应急行动方案制定决策过程存在以下问题：首先，事件目标在应急响应过程中动态识别，并异步产生，甚至当完成其他事件目标的行动方案正在执行时，事件目标模块识别新的事件目标，并应及时作出响应。其次，完成不同事件目标的应急行动之间存在复杂的时间和资源冲突，EAPDM 应统一考虑所有事件目标，从而生成优化、高效的应急行动方案。最后，应急响应过程具有时间受限和资源稀缺等特征，应急响应过程中事件目标被赋予严格的优先级，并优先保证完成优先等级较高的事件目标。因此，EAPDM 制定应急行动方案的过程中应优先利用应急资源完成高优先级事件目标。当高优先级事件目标被保证能够完成或被证明无法完成时，EAPDM 规划生成实现低优先级事件目标的应急行动方案。本章以下内容就针对 EAPDM 运行过程中存在的以上问题提出解决方法。

三、集成规划与执行过程

此处介绍 EAPDM 集成规划和执行过程，为 EAPDM 中规划模块和方案管理模块设计一种运行机制。在应急响应过程中，当突发事件或确信的威胁发生时，EAPDM 触发集成规划和执行过程，将规划和执行程序交叠进行，从而对突发事件作出响应。首先，规划模块执行 HPXEDM 规划程序，构建在当前应急态势条件下实现给定事件目标集合的搜索空间。同时，应急响应过程的时间压力迫使应急指挥团队在规划过程中的任意时刻停止，并输出行动方案。当规划过程中断时，规划模块输出表示搜索空间的搜索节点集合 *openList*，选择其中最优搜索节点发送至方案管理模块，并开启该搜索节点的执行过程。

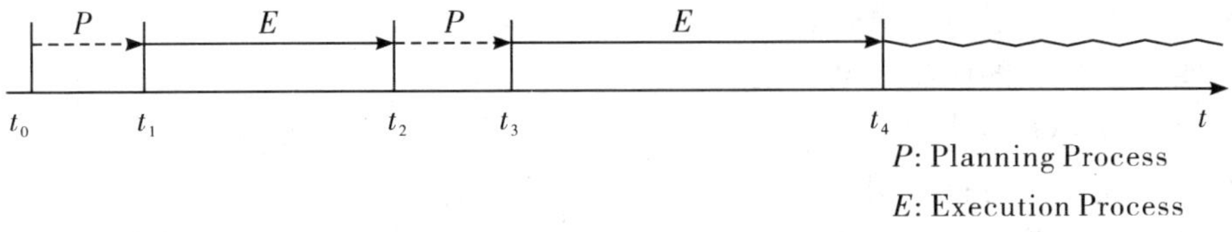

图 9-2 集成规划与执行过程

EAPDM 集成规划与执行过程如图 9-2 所示。在时刻 t_0，规划过程在应急响应开始时刻触发。在时刻 t_1，应急响应管理人员决定执行应急行动方案，中断规划模块当前规划过程，选择并发送最优搜索节点至方案管理模块，并开启应急行动方案执行过程。在时间点 t_0 至时间点 t_1 的时间区间内，规划模块执行 HPXEDM 规划程序，构建搜索节点空间，用以完成时刻 t_0 识别的事件目标集合。在时刻 t_2，若事件目标生成与管理模块识别更高优先级的事件目标，则停止当前方案执行过程，并触发新的规划过程，搜索完成新的事件目标的应急行动方案。另外，在时间点 t_1 至时间点 t_2 的时间区间内，EAPDM 执行时刻 t_1 生成的搜索节点，并利用执行过程产生的信息修改时间区间 $[t_0, t_1]$ 内规划过程构建的搜索节点空间，从而改进规划过程。

EAPDM 具体执行过程将在下文中作具体介绍。按照集成规划与执行的设计思想，EAPDM 规划过程和执行过程迭代进行，并贯穿整个应急响应过程，反映和刻画了应急行动方案的制条和执行过程。

（一）规划过程

EAPDM 规划过程执行 HPXEDM 规划算法。HPXEDM 是一种为支持非常规突发事件应急响应过程中有效制定应急行动方案而设计的 HTN 规划模型。与 SHOP2 相同，该规划器是一种基于状态的前序 HTN 规划模型，规划过程中的产生行动步骤的次序与行动实际执行次序相同。同时，HPXEDM 在规划过程中明确表示执行每个规划求精步骤的规划状态。因此，该规划器能够很好地适应规划过程和执行过程的迭代进行。另外，HPXEDM 规划过程按照 anytime 启发式搜索的原则执行规划过程，能够在任意时刻中断且生成的行动方案的质量随着给定规划时间延长而逐步提高。

HPXEDM 规划过程能够抽象为对搜索节点执行规划求精步骤的序列。为在该规划框架下处理事件目标的优先级，本部分对 HPXEDM 规划模型进行以下扩展：

（1）对任务模型和操作符模型添加项 *pri*，表示该任务的优先级别。规划过程中，当对复合任务进行分解时，子任务的优先级利用该复合任务的优先级进行初始化。同时，当执行原始任务时，该操作符实例的优先级利用该原始任务的优先级进行赋值。

（2）针对给定搜索节点 *searchNode*，本章提出了一种从搜索节点任务网络 *searchNode. w* 中不存在先序任务的任务集合 $searchNode.\ T_0$ 中选择执行规划求精步骤的当前任务的启发式算法。按照该启发式算法，如果 $searchNode.\ T_0$ 中存在多个任务能够在当前规划状态 *searchNode. s* 下执行规划求精步骤，应按照任务优先级从高到低的顺序对该任务集合进行排序，依次选择优先级较高的任务执行规划求精步骤。

按照以上处理方法，该启发式函数赋予优先级较高的任务更多执行规划求精步骤的机会，从而能够在规划过程中有效处理事件目标优先级，适应应急响应领域特征。

当应急响应管理人员决定开始执行应急行动方案或 HPXEDM 已产生完全且最优的行动方案时，EAPDM 中断当前规划过程。规划过程输入为变量 *openList* 存储的搜索节点集合，表示规划过程构建的搜索空间。同时，EAPDM 按照 HPXEDM 启发式函数对变量 *openList* 存储的搜索节点进行评价，选择最优搜索节点并发送至方案管理模块，启动该搜索节点的执行过程，对此下文将作具体介绍。

（二）执行过程

通常，传统 HTN 规划模型生成完全行动方案后，开始执行行动方案。与该规划模型不同，EAPDM 能够选择和执行 HPXEDM 规划过程中的搜索节点。该搜索节点包括描述应急行动的操作符实例，也包括需要进行规划求精的任务。对于给定的搜索节点 $curNode = (s, w, P, T_0)$，其执行程序根据 $curNode.P$ 中操作符实例及其顺序推进执行过程。同时，EAPDM 能够利用执行过程产生的相关信息对规划过程构建的搜索节点空间产生影响。

```
Function executionProcedure (curNode)
while (curNode.P   null)
for each a ∈ curNode.P
if a.startTime = executingTime   then
executingActionSet←executingActionSet ∪ {a}
for each searcthNode ∈ openList
if a ∉ searchNode.P
remove searchNode from openList
end if
end for each
translate a to incident commands and start to execute it
end if
end for each
for each a ∈ curNode.P
if a.endTime = executingTime   then
remove a from executingActionSet
executedTrace←executionTrace ∪ {a}
for each searchNode ∈ openList
```

```
19: if a ∈ searhNode. P
20:     remove a from searchNode. P
21: end if
22: end for each
23: end if
24: end for each
25: advance executingTime to minimum time points
26: end while
```

图 9－3　给定搜索节点的执行算法

图 9－3 描述了给定搜索节点 *curNode* 的执行算法。该算法中变量 *executingActionSet* 存储 *searchNode. P* 中当前时刻正在执行的行动；变量 *executingTime* 表示执行过程时间标记，并在执行过程开始时刻利用应急响应过程的绝对时间参考点进行初始化；变量 *executedTrace* 表示应急响应过程中的执行轨迹，描述了实际的应急响应执行过程，由已执行的操作符实例及其开始时间和结束时间组成。

当 *curNode. P* 不为空时，执行算法启动该搜索节点执行循环（第 2～25 行）。在给定时刻 *executingTime*，该算法执行以下程序：

（1）对行动 $a \in$ *searchNode. P*，若该行动的开始时间等于执行过程时间标记 *executingTime* 时，执行算法将行动 *a* 加入变量 *executingActionSet*（第 5 行）。另外，该算法从变量 *openList* 中删除不含行动 *a* 的所有搜索节点（第 6～10 行）。最后，该算法将行动 *a* 转换为应急指令，并将其下达给相关应急响应实体，开始执行应急行动 *a*。

（2）对行动 $a \in$ *searchNode. P*，若该行动的结束时间等于执行过程时间标记 *executingTime* 时（第 15 行），该执行算法将行动 *a* 从变量 *executingActionSet* 中删除（第 16 行），并将其添加到变量 *executedTrace*（第 17 行）。最后，该执行算法将行动 *a* 从变量 *openList* 中包含该行动的搜索节点中删除（第 18～22 行）。

最后，表示执行过程的时间标记的变量 *executingTime* 推进到下一个时间点，即 *curNode. P* 中所有行动开始时间和结束时间中最小的时间点。

如图 9－3 所示，EAPDM 执行算法描述的给定搜索节点的执行过程的实质是执行 *searchNode. P* 中操作符实例，从而产生系统状态转换的过程，与离散事件的仿真过程相似。同时，给定搜索节点的实际执行过程是应急响应实体对相关应急行动作出的实施承诺，能够通过在执行过程中用以修改或删除变量 *openList* 中存储的搜索节点，从而改进规划过程。目前，EAPDM 执行过程未考虑应急行动执行失败或执行过程中产生意外事件等情况，对此今后将做进一步的研究。

四、带优先级的异步事件目标处理算法

应急响应过程中，EAPDM 根据实时应急态势动态识别事件目标。因此，有效处理带优先级的异步事件目标构成了 EAPDM 的一个基本要求。基于集成规划与执行过程模型，本节提出一种带优先级的异步事件目标处理算法，支持 EAPDM 在运行过程对动态产生的事件目标及时作出响应。

EAPDM 处理带优先级的异步事件目标算法的主要设计思想是优先搜索完成具有较高优先级的事件目标；当在现有时间限制和资源条件下，优先级高的事件目标能够被保证完成或被证明无法完成时，机会性地处理优先级较低的事件目标。

带优先级的异步事件目标处理算法如图 9－4 所示，其输入为新识别的事件目标 *newIO*。与图 9－3 所示的算法相同，该算法中变量 *executingActionSet* 存储正在执行的行动，变量 *openList* 表示规划过程构建的搜索空间。当 EAPDM 识别新的事件目标 *newIO* 时，按照以下计算程序作出响应：

首先，当不存在正在执行的行动方案时，即 *executingActionSet* 为空时，该算法建立新的搜索节点（s，*newIO*，$\varnothing$，$\{newIO\}$）（第 3 行），将该搜索节点添加到变量 *openList*（第 4 行），并触发 HPXEDM 规划程序（第 5 行），从而执行以上集成规划与执行过程，对该事件目标作出响应。否则，当识别事件目标 *newIO* 时，EAPDM 正在执行完成其他事件目标的行动方案。该算法将事件目标 *newIO* 优先级与变量 *executingActionSet* 中记录的正在执行行动的优先级进行比较，并执行以下程序：

```
1: Function handlingAsynIncObj(newIO)
2:  if executingActionSet = ∅  then
3: newNode←(s, newIO, ∅, {newIO})
4:  add newNode to openList
5: planningAlgorithm(openList)
6:  else
7:  if¬ ( ∃a(a ∈ executingActionSet)&&(a. pri < newrIO. pri))   then
8:  for each a ∈ executingActionSet
9:  suspend the executing process of a
10:  for each searchNode ∈ OpenList
11:  replace action a ∈ searchNode. P with resume(a)
12:  end for each
13:  end for each
14:  for each searchnNode ∈ openList
15:  add newIO to searchNode. w
16:  end for each
17: planningAlgorithm(openList)
18:  else
19:  for each searchNode ∈ openList
20:  add newIO to searchNode. w
21:  end for each
22:  end if
23:  end if
```

图 9－4　带优先级的异步事件目标处理算法

当事件目标 *newIO* 的优先级高于变量 *executingActionSet* 中所有行动的优先级时（第 7 行），该算法中断变量 *executingActionSet* 中所有正在执行的行动（第 9 行）。同时针对变量 *openList* 中所有包含该中断行动 *a* 的搜索节点，利用该中断行动对应的重启行动 *resume*（*a*）进行置换（第 10 ~ 12 行）。重启行动 *resume*（*a*）的开始时间等于当前中断时间，结束时间设置为中断行动 *a* 的结束时间。最后，该算法将事件目标 *newIO* 加入到 *openList* 中所有搜索节点的任务网络 *searchNode. w*（第 14 ~ 16 行），并基于更新后的变量 *openList* 触发 EAPDM 集成规划与执行过程（第 17 行）。

（2）若存在某个行动 $a \in executingActionSet$ 且其优先级高于事件目标 *newIO* 的优先级，该算法将事件目标 *newIO* 添加到变量 *openList* 中所有搜索节点的任务

网络 *searchNode. w*（第 19 ~ 21 行）。同时，EAPDM 继续执行当前搜索节点的执行过程。当该搜索节点执行过程结束后，新识别事件目标 *newIO* 的集成规划与执行过程被触发，从而作出响应。

若应急响应过程中某时刻 EAPDM 识别多个事件目标时，首先，按照事件目标优先级对其进行降序排列，即按照事件目标 *pri* 值从小到大的顺序对多个事件目标进行排序。在此基础上，EAPDM 根据该排列顺序，按照如图 9 – 4 所示的带优先级的异步事件目标处理算法依次对多个事件目标进行处理。

五、实验评价

目前，在对 HPXEDM 原型系统进行扩展的基础上，本章提出的以上算法利用 Java 开发环境 Eclipse 实现。同时，基于第八章设计的洪灾转移案例及其应急领域知识模型，本节介绍在 EAPDM 原型系统上开展的一系列实验，用以评价带优先级的异步事件目标处理算法的有效性。

（一）实验设计与配置

本实验采用第八章设计的洪灾转移案例及其应急领域知识模型。同时，本实验设计的应急行动方案制定决策问题中，利用第六章提出的事件目标模型，对洪灾转移过程中动态产生的事件目标进行知识建模。

为评价带优先级的异步事件目标处理算法的有效性，本章设计了 10 组事件目标集合，分别代表描述洪灾转移案例中 10 个随机生成的应急规划问题。在该应急规划问题中，描述事件目标的参数包括需要疏散的居民区域、执行居民疏散任务的时限条件、事件目标优先级及其被识别的时间。本章随机产生了 10 组事件目标的参数取值，如表 9 – 1 所示。表中描述的事件目标，第一个参数定义需要进行疏散的居民区域；第二个参数表示该事件目标的时限条件；第三个参数表示该事件目标的优先级；第四个参数表示该事件目标被识别的时间。如图 9 – 4 所示，在给定的每组事件目标集合中，事件目标异步产生，在完成先识别的事件目标的行动方案正在执行的过程中，可能产生新的事件目标并作出响应。

本实验的目的是评价带优先级的异步事件目标处理算法的效率。本章在 Java 开发环境 Eclipse 中利用 HPXEDM 原型系统实现了先来先服务的事件目标处理算法和前面提出的带优先级的异步事件目标处理算法。同时，该实验在运行 Windows XP 操作系统，配置 Pentinum4 3. 06 GHz CPU 和 512 MB 内存的计算机上进行。

基于第三节提出的集成规划与执行循环，本章分别利用以上两种事件目标处理算法对 10 个设计的应急规划问题进行求解。实验中行动方案的执行过程实际是对规划过程输出的搜索节点包含的操作符实例执行过程的仿真。另外，在本实验搜索节点执行过程中不考虑行动执行失败和发生意外事件等情况，并假设行动执行过程与规划过程中的预期相同。

表 9－1　随机生成的 10 组事件目标集合

Problem number	Parameter Configuration
Problem 1	((flood-evacuate area2)((end@ 1)-TR < 40)2 0.0) ((flood-evacuate area5)((end@ 1)-TR < 60)1 8.0) ((flood-evacuate area3)((end@ 1)-TR < 60)3 12.0)
Problem 2	((flood-evacuate area2)((end@ 1)-TR < 24)2 0.0) ((flood-evacuate area5)((end@ 1)-TR < 48)1 8.0) ((flood-evacuate area1)((end@ 1)-TR < 60)3 12.0)
Problem 3	((flood-evacuate area1)((end@ 1)-TR < 18)2 0.0) ((flood-evacuate area4)((end@ 1)-TR < 32)1 8.0) ((flood-evacuate area5)((end@ 1)-TR < 60)3 12.0)
Problem 4	((flood-evacuate area2)((end@ 1)-TR < 24)1 0.0) ((flood-evacuate area5)((end@ 1)-TR < 48)3 4.0) ((flood-evacuate area4)((end@ 1)-TR < 24)3 10.0)
Problem 5	((flood-evacuate area3)((end@ 1)-TR < 18)3 0.0) ((flood-evacuate area4)((end@ 1)-TR < 48)1 8.0) ((flood-evacuate area1)((end@ 1)-TR < 60)2 10.0)
Problem 6	((flood-evacuate area4)((end@ 1)-TR < 18)3 0.0) ((flood-evacuate area3)((end@ 1)-TR < 32)1 8.0) ((flood-evacuate area2)((end@ 1)-TR < 60)2 10.0)
Problem 7	((flood-evacuate area1)((end@ 1)-TR < 18)1 0.0) ((flood-evacuate area5)((end@ 1)-TR < 32)2 6.0) ((flood-evacuate area2)((end@ 1)-TR < 58)3 8.5)
Problem 8	((flood-evacuate area1)((end@ 1)-TR < 24)1 0.0) ((flood-evacuate area4)((end@ 1)-TR < 48)3 6.0) ((flood-evacuate area2)((end@ 1)-TR < 52)2 8.5)
Problem 9	((flood-evacuate area5)((end@ 1)-TR < 24)1 0.0) ((flood-evacuate area2)((end@ 1)-TR < 48)2 7.0) ((flood-evacuate area3)((end@ 1)-TR < 52)2 9.5)

（续上表）

Problem number	Parameter Configuration
Problem 10	((flood-evacuate area4)((end@ 1)-TR <24)1 0.0) ((flood-evacuate area2)((end@ 1)-TR <48)3 5.2) ((flood-evacuate area5)((end@ 1)-TR <48)3 8.5)

（二）实验评价

表 9－2　实验结果

Problem	Handle mechanism 1		Handle mechanism 2	
	executing time (hours)	running time (milliseconds)	executing time (hours)	running time (milliseconds)
Problem 1	36.5	13 844	51.0	1 235
Problem 2	37.5	13 813	52.0	1 250
Problem 3	40.0	13 844	50.0	1 953
Problem 4	38.0	14 109	55.0	1 203
Problem 5	35.0	13 781	44.0	1 890
Problem 6	37.5	13 266	49.0	1 172
Problem 7	33.0	13 343	52.0	1 875
Problem 8	33.0	13 375	50.0	1 109
Problem 9	38.0	14 360	50.0	2 203
Problem 10	36.0	13 359	55.0	1 156

表 9－2 给出了设计的 10 组应急规划问题的实验运行结果。Handle mechanism 1 表示本章提出的带优先级的事件目标处理算法，handle mechanism 2 表示先来先服务事件目标处理算法，executing time 表示完成该应急规划问题中给定事件目标集合的应急行动方案的整个执行时间，running time 表示生成规划方案和仿真方案执行过程共同耗费的 CPU 运行时间。

由表 9－2，可知按照本章提出的带优先级的事件目标处理算法得到的应急行动方案的执行时间比按照先来先服务的事件目标处理算法生成的应急行动方案执行时间短。同时，实验结果表明按照带优先级的异步事件目标处理算法会耗费更多的运行时间。产生该情况的原因是按照该处理机制对事件目标作出响应时，将新识别的事件目标加入当前搜索空间，从而导致规划过程涉及更深的搜索深度，因此该算法消耗的规划时间较长。

先来先服务事件目标处理机制以线性方式顺序处理异步到达的事件目标且不考虑完成不同事件目标的应急行动之间存在交互性等特征。当完成事件目标的规划与执行过程结束后，对下一个事件目标作出响应。因此，该处理机制规划过程涉及的搜索深度较小，消耗的规划时间较短。

相对于应急行动方案的执行时间而言，整个计算运行时间较短，在实际应急响应过程中可以忽略不计。整个应急响应时间主要取决于应急行动方案执行时间。因此，本章在对以上两种事件目标处理机制进行比较和评价时，忽略 EAPDM 的计算时间，仅仅比较应急行动方案的执行时间。因此，实验结果表明本章提出的带优先级的异步事件目标处理机制优于先来先服务异步事件目标处理机制。

六、本章小结

本章研究工作的目标和动机是构建一种应急行动方案制定决策模型，以支持应急指挥团队有效制定和执行应急行动方案。

首先，本章提出了一种应急行动方案制定决策模型 EAPDM 系统框架及其运行过程。在此基础上，针对 EAPDM 运行过程中存在的实际问题，提出了一种集成规划和执行过程模型，为 EAPDM 提供了一种有效的运行模式。另外，设计了一种带优先级的异步事件目标处理算法，使得 EAPDM 优先完成高优先等级事件目标，并随机选择低优先等级事件目标进行处理。

本章研究工作为设计应急行动方案制定决策支持系统奠定了基础，并能够有效集成和利用本章的所有研究成果支持应急行动方案制定决策过程的开展。

第十章　应急响应信息管理

非常规突发事件应急响应管理过程涉及来自不同单位的信息和数据，需要综合运用多种手段来获取和集成突发事件的相关数据和信息，形成整个应急响应管理体系的信息交流平台，从而支持整个应急响应过程的高效进行。应急响应信息管理的主要内容是采集、存储、处理和传输非常规突发事件应急响应管理过程相关信息，以保证信息在应急响应组织内安全和畅通的传递，从而增强应急响应过程参与单位的整体性和联动性。同时，应急响应信息管理能够为应急响应管理人员科学和有效制定应急行动方案提供信息支持。

目前，我国政府对应急响应管理领域的信息化建设工作高度重视，有效提高了应急响应信息管理的水平。首先，本章分析应急响应信息的类型和特征，并给出非常规突发事件应急响应信息管理的概念和内涵。其次，在此基础上，本章介绍了应急平台的构成要素和我国应急平台体系以及应急平台的特征和要求。最后，本章提出了一种区域应急响应管理信息系统的分析和设计方案，能够为推进应急响应管理的信息化建设工作提供理论指导。本章内容有助于应急响应管理人员深刻理解非常规突发事件应急响应信息管理的内涵及其相关技术手段。

一、应急响应信息管理概述

本节介绍非常规突发应急响应信息的类型和特征，并提出应急响应信息管理的概念和内涵，为介绍应急响应信息管理的方法和技术奠定基础。

（一）应急响应信息的类型和特征

非常规突发事件应急响应过程涉及不同行政区域多级政府和不同部门的应急响应相关信息和数据，对应急响应过程涉及的信息和数据进行有效管理是开展应急行动方案制定决策过程的重要依据。

通常，应急响应信息包括以下类型：

（1）基础信息：开展应急响应管理区域的社会经济信息、人口统计信息、安全分区信息、地震地质信息、气象水文信息、土地信息、环保信息、矿业信息、主要森林信息等。

（2）重大危险源信息：开展应急响应管理区域的重大危险的名称、危险源描述、危险品类别、危险等级、所在位置、所属单位、安全责任人、联系电话、影响范围、可能灾害形式等。

（3）重点防护目标信息：国家级重要部门、国家骨干管网、核设施、战略物资储备基地、机场、港口等。

（4）突发事件信息：突发事件的实时态势信息以及区域内发生的突发事件的历史记录信息等。

（5）应急管理单位和人员的信息：开展应急管理区域内的相关应急响应管理责任单位、应急指挥机构，应急响应工作参与单位以及各单位人员信息。

（6）应急资源信息：应急响应过程中能够动用的人力、物资、装备、财务、应急避难场所和应急指挥场所信息。

（7）应急预案信息：开展应急响应管理区域编制的文本预案及其数字预案信息。文本预案数据描述了预案名称、预案类别、预案级别、版本号、主题词、发布时间、发布单位、预案内容等。数字预案是把文本预案的内容分解为多个组成要素，并对各组成要素进行形式化建模，从而对应急预案进行存储，能够很好地与应急响应数据信息进行关联。

（8）应急管理过程信息：应急响应过程中的监测和监控数据、事件接报与处置信息、预测与预警信息、指挥与调度信息和对外发布的突发事件信息等。

（9）应急管理案例信息：各类突发事件应急管理过程的典型案例信息。

（10）地理信息：开展应急响应管理区域的行政区划等，其承载形式有数字划线图、航空航天影像图、数字高程模型数据和地名数据等。

应急响应信息管理过程涉及对以上各类型信息的合理组织和科学管理。同时，不同类型的应急响应信息具有不同的特征和属性，对如何开展非常规突发事件应急响应信息管理提出了挑战，具体如下：

首先，非常规突发事件应急响应信息涉及参与应急响应工作的不同单位，按照我国应急管理的行政体系，应急响应信息具有明显的层次性特征，信息覆盖的范围不同，信息的抽象程度不同，在应急响应管理过程中要充分考虑各用户单位对应急响应信息的多方面需求。

其次，非常规突发事件应急响应信息覆盖与应急响应管理业务相关的所有领域，面向突发事件应急响应管理的全过程，涉及的范围十分广泛，导致应急响应信息管理的工作量大，难度高。

最后，非常规突发事件应急响应信息由地理上分布的不同单位进行管理，各单位应急响应信息的格式和表达方式不同，是一种典型的异构信息，对应急响应信息的采集、共享和管理提出了挑战。

（二）应急响应信息管理的概念和内涵

应急响应信息管理的根本目标是对开展应急响应管理区域内的不同层级的政府和单位的多种类型的应急响应相关信息和数据进行科学的管理，从而支持应急响应管理业务的高效开展。根据以上分析，本部分给出对应急响应信息管理的定义和概念如下：

应急响应信息管理是针对开展应急响应管理区域内的不同类型的突发事件应急响应管理的整个过程，有效采集、存储、处理和传输应急响应管理业务相关数据和信息的管理过程，能够利用信息化手段支持区域内各单位应急响应管理人员高效开展应急响应管理业务。

以上关于应急响应信息管理的定义包括多个方面的含义，具体如下：

首先，应急响应信息管理过程需要满足参与应急响应过程的不同层次的单位开展应急响应管理业务的信息需求，并支持其信息沟通关系。应急响应管理信息系统应定位为区域内多个不同层级单位开展应急响应管理业务的工作平台。

其次，应急响应信息管理应面向开展应急响应管理的区域内的所有风险和多种类型的突发事件，是一个综合性的信息管理过程，管理对象是区域内所有用户单位开展的与应急响应管理业务过程相关的信息和数据。

最后，应急响应信息管理应面向应急响应管理的整个过程，信息的采集、存储、处理和传输活动发生在非常规突发事件应急响应管理的整个过程，重点为有效开展应急决策工作提供信息和数据支撑，从而支持应急响应活动的有效开展。

二、应急平台

应急平台，也称应急响应管理平台或应急指挥平台，是开展非常规突发事件应急响应管理工作的支撑环境，能够提高应急响应管理工作的信息化水平，是开展应急响应信息管理工作的有效手段。目前，应急平台的建设工作引起了我国各级政府的高度重视。2006 年，《国务院关于全面加强应急管理工作的意见》中指出：“加快国务院应急平台建设，完善有关专业应急平台功能，推进地方人民政府综合应急平台建设，形成连接各地区和各专业应急指挥机构、统一高效的应急平台系统。”目前，具有应急响应管理职责的各级政府及其职能部门已经建成的应急平台体现了我国应急管理信息化工作的重要成果。本节分析应急平台的概念及其组成要素，并介绍我国应急平台的体系结构，最后总结我国应急平台的特征及其建设要求。

（一）应急平台的概念及其组成要素

应急平台是为满足应急管理单位开展应急管理工作的业务需求，以计算机和通信技术为支撑，按照突发事件的应急管理理论与方法搭建的一种集监测监控、预测预警、应急指挥、决策支持和资源管理等于一体的信息平台，能够高效支持该单位应急管理人员开展应急管理相关业务。

应急平台系统架构应如图 10－1 所示，其具体组成要素如下：

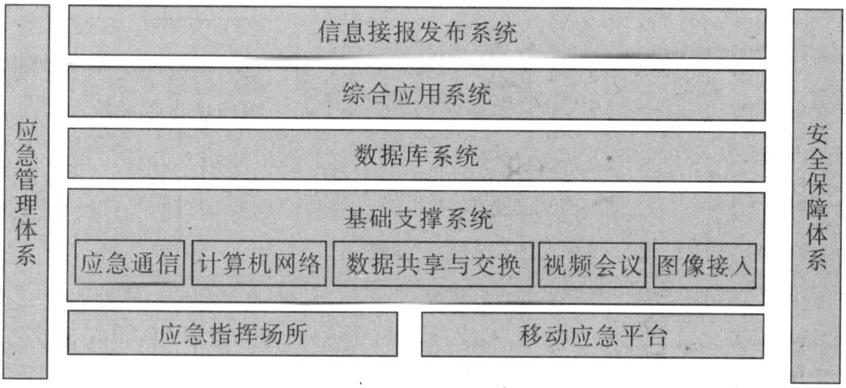

图 10－1 应急平台系统架构

（1）基础支撑系统：应急通信、计算机网络、数据共享与交换、视频会议、图像接入。

（2）数据库系统：基础信息库、地理信息库、事件信息库、模型库、预案库、知识库、案例库以及文档库等。

（3）综合应用系统：综合业务管理、风险隐患监测防控、预测预警、智能辅助方案、指挥调度、应急保障、应急评估和模拟演练等模块。同时，根据应急响应管理业务的实际需要，综合应用系统包含其中的一个或多个模块。

（4）具有多种展现方式的信息接报发布系统。

（5）安全保障体系和应急响应管理体系。

（6）应急指挥场所：该单位应急管理人员集中开展应急管理业务的主要地点。

（7）移动应急平台：提供在应急指挥场所（大厅）以外的场所进行现场指挥、调度、决策的保障环境。

（二）应急平台体系结构

按照我国应急管理的行政体系和应急平台建设规划，我国应急平台体系结构包括国家应急平台、省级政府应急平台、市（州）政府应急平台以及不同层级政府直属部门应急平台和社会相关单位应急平台。我国应急平台体系结构如图10－2所示。

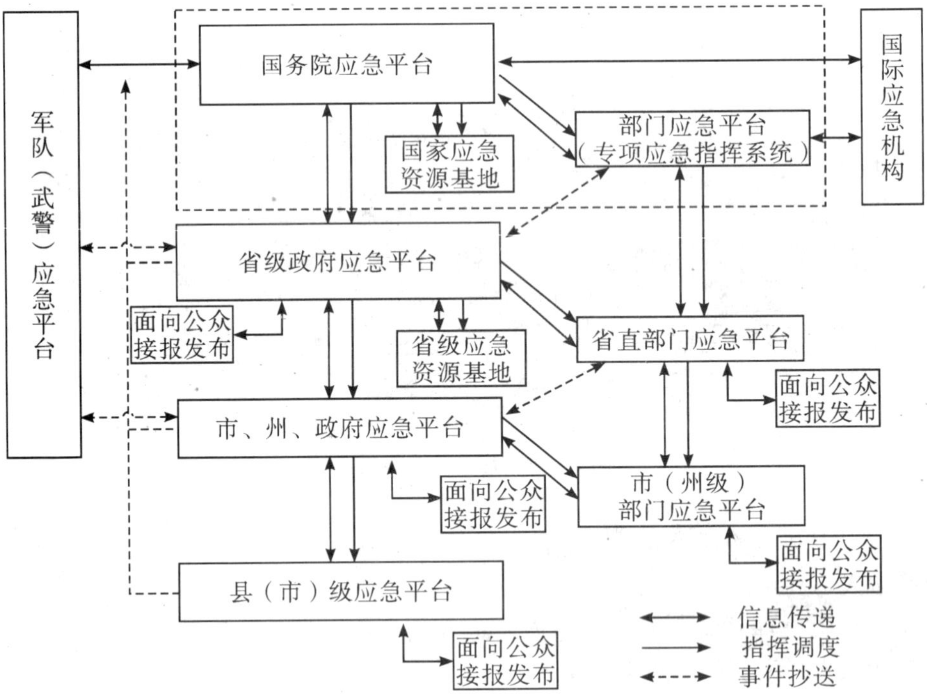

图10－2　我国应急平台体系结构

我国应急平台体系的组成要素如下：

1. 国务院应急平台

国务院应急平台处于我国应急平台体系的顶层，是我国应急平台体系的核心。平时满足国务院应急值守工作的需要，与各省级政府应急平台、国务院直属部门应急平台保持7×24小时联络畅通；可实时接报特别重大和重大突发事件信息，包括预测预警信息、现场图片、音视频多媒体等信息；采取多种方式和途径获取事发现场实时图像和情况；利用空间地理信息系统进行快速定位，在大屏幕上显示叠加人口分布、救援力量等事件相关信息的电子地图以及现场实时图像；

通过数据库系统进行智能检索，利用预测预警系统进行综合研判，生成形势分析报告，报送国务院相关领导同志，并对事态发展进行持续跟踪，同时，及时接收、传达国务院领导同志的批示、指示，并进行督办。

同时，在特别重大突发事件发生后，国务院领导同志可以在应急平台建设的应急指挥大厅召开会议；通过图像接入系统察看事发现场情况，了解事态发展；通过网络视频进行异地会商，听取事发地领导汇报和专家意见；调用各省级政府应急平台和国务院直属部门应急平台的数据和相关资料，结合其远程调用系统，利用智能方案系统对事态发展进行仿真模拟，比较多种应对方案，利用指挥调度系统和应急保障系统实施指挥和调度等。同时，利用面向公众的信息发布平台发布突发事件信息。

2. 国务院直属部门应急平台

国务院直属部门应急平台应满足有关行业或领域突发事件信息接报处理、跟踪反馈和应急处置等应急管理工作需要，与国家应急平台和本部门下级单位应急平台互联互通。按照本部门的职责，对可能发生的突发事件进行预测预警，将有关信息报送国家应急平台，并接收省级相关部门应急平台抄送信息。同时，对省级政府相关部门应急平台上报的或省级政府应急平台抄送的突发事件信息进行预测分析，提出应对方案，并对省级政府相关部门应急平台的处置工作进行指导。

属于特别重大、重大突发公共事件的，应在时限条件内向国务院应急平台报送信息。此外，还要提供国务院应急平台所需的数据、图像、资料等。同时，利用面向公众的信息发布平台发布本行业或领域突发事件信息。

3. 省级政府应急平台

省级政府应急平台处于我国应急平台体系的第二层。平时满足省级政府应急值守工作的需要，与国务院、省直部门、市（州）政府应急平台保持 7×24 小时联络畅通；可实时接报特别重大、重大和较大突发事件信息，包括预测预警信息、现场图片、音视频多媒体等信息；采取多种方式和途径获取事发现场实时图像和情况；利用空间地理信息系统进行快速定位，在大屏幕上显示叠加人口分布、救援力量等事件相关信息的电子地图以及现场实时图像；通过数据库系统进行智能检索，利用预测预警系统进行综合研判，生成形势分析报告报送省政府有关领导同志，并对事态发展进行持续跟踪。同时，及时接收、传达省政府领导同志的批示、指示，并进行督办。

属于特别重大、重大突发公共事件的，领导同志可以在省级政府应急指挥大厅召开会议；通过图像接入系统察看事发现场情况，了解事态发展；通过网络视频进行异地会商，听取事发地领导汇报和专家意见；调用省直部门应急平台和市（州）应急平台的数据和相关资料，结合其远程调用系统，利用智能方案系统对事态发展进行仿真模拟，比较多种应对方案，利用指挥调度系统实施指挥和调度等。同时，利用面向公众的信息发布平台发布突发事件信息。

4. 省直部门应急平台

省直部门应急平台满足有关行业或领域突发事件信息接报处理、跟踪反馈和应急处置等应急响应管理工作需要，与省级政府应急平台、市（州）政府应急平台和本部门上、下级应急平台互连互通。一方面根据省直部门职责，对可能发生的突发事件进行预测预警，将有关信息报送省级政府应急平台和本部门上级单位应急平台，接受市（州）政府应急平台抄送信息。另一方面对市（州）部门应急平台上报的或市（州）政府应急平台抄送的突发事件信息进行预测分析，提出应对方案后报省级政府应急平台和本部门上级单位应急平台，并对市（州）部门应急平台的处置工作进行指导。

属于特别重大、重大突发公共事件的，应在时限条件内向省级政府应急平台报送信息，保持与省级政府应急平台、本部门上级单位应急平台的就位状态，做好异地会商准备，按照省级政府应急平台、本部门上级单位应急平台指令要求，完成有关任务。此外，还要提供省级政府应急平台、本部门上级单位应急平台所需的数据、图像、资料等。同时，利用面向公众的信息发布平台发布本行业或领域突发事件信息。

5. 市（州）政府应急平台

市（州）政府应急平台应满足本地区突发事件信息的接报处理、跟踪反馈和应急处置等应急响应管理业务的需要，与省级政府应急平台、相关省直部门应急平台、县（市）级政府应急平台互联互通。对可能发生的突发事件进行预测预警，将有关信息报省级政府应急平台，抄送相关省直部门应急平台，并提出应对方案，对县（市）级政府应急平台的处置工作进行指导。属于特别重大、重大突发公共事件的，应在时限条件内向省级政府应急平台报送信息，并提供省级政府应急平台所需的数据、图像和资料等。同时，利用面向公众的信息发布平台发布本行业或领域突发事件信息。

6. 延伸部分

我国应急平台体系的其他应急平台和延伸部分包括县（市）级政府应急平台和市（州）级部门应急平台及其向下延伸部分，实现对突发事件的监测和数据采集，并与各单位的隐患监测系统相连，获取实时监测数据，一旦出现异常情况就在当地应急平台上自动报警，提醒值班员督促隐患监管部门尽快予以处理。事发时，迅速将现场图像、基本数据报至上级应急平台和有关方面，并按照分级管理的原则进行处置。事件升级后，按照上级应急平台指示，做好处置工作。

根据需要，我国应急平台体系中各级政府应急平台可与同级军队（武警）

应急平台互联。

（三）应急平台的特征和作用

目前，我国应急平台体系的建设工作正按照自上而下的方式稳步推进，并且制定了相关应急平台建设指导方案，为各级政府及其相关直属部门的应急平台建设工作提供了依据。同时，应急平台的建设对增强我国各级政府应急管理能力和提高应急管理信息化水平具有重要意义。本部分对应急平台的特征及其作用展开分析，能够深化对应急平台的认识，并用以指导当前应急平台建设工作。

应急平台的特征和作用具体如下：

1. 面向本单位应急响应管理职责内的所有突发事件，特别是非常规突发事件

我国应急平台体系中的各级政府应急平台是一种典型的区域应急平台，应面向开展应急管理区域内的所有类型突发事件和风险，是一种综合性的应急管理平台。各级政府相关职能部门应急平台是一种专业性的应急平台，应面向本部门应急响应管理职责内或需要该部门参与的所有类型突发事件的应急管理工作。同时，非常规突发事件涉及多个同时发生且相互耦合的突发事件，其应急响应过程涉及我国应急管理行政体系中的多级政府及其相关职能部门，需要我国应急平台体系中多级政府和多个职能部门的应急平台同时运行和相互合作，共同支持非常规突发事件应急响应过程的开展。

2. 全面支持多层次用户的应急响应管理工作全过程

我国应急平台体系构成了我国应急管理行政体系中各级政府及其职能部门开展应急管理业务的主要载体。应急平台的使用过程贯穿突发事件的全生命周期，并满足不同阶段应急管理工作的要求，主要包括预防与应急准备、预测与预警、应急响应和事件恢复等。同时，应急平台应支持参与应急响应管理工作的相关单位中不同层次的管理人员，按照应急平台确定的系统处理流程开展应急管理业务工作，从而规范应急响应管理业务开展过程，提高应急工作的效率。

3. 多个独立模块协同应用，重点支撑应急决策过程的开展

在整个应急响应过程中，应急平台发挥着非常关键的纽带作用，它包括多个相互独立且协同运行的模块，共同支持应急响应工作的开展。应急响应过程涉及的相关数据和信息的搜集、整理、分析和决策都在应急平台的架构下进行，并对应急响应过程涉及的不同类型的信息进行分类管理，包括基础信息、应急资源信息、应急组织机构信息、应急态势信息和空间地理信息等。同时，应急平台能够为我国应急管理行政体系中不同类型和不同层次的用户提供特定的应急管理信息，满足其应急管理活动的不同要求。因此，应急平台能够对不同层级的应急管

理人员解决不同类型的决策问题提供数据支撑和依据，从而有效支持应急决策过程的开展。

4. 利用信息化手段有效整合区域内应急资源，实现应急响应管理信息共享

应急响应管理过程涉及不同单位的应急资源，建立统一的应急平台体系，能够按照“物理分散，信息集成”的方式，通过设计统一的应急资源数据库，实现应急资源信息的统一管理，有效整合区域内所有单位的应急资源，提高应急管理相关人员实施和开展应急响应管理业务活动的水平。

根据以上分析，通过建设应急平台，能够有效管理应急响应过程涉及的相关信息，利用信息化手段促进信息的采集、处理、加工和共享等工作的开展，从而加快应急响应管理过程中的信息沟通和处理，有效提高应急响应工作的效率。同时，应急平台是我国应急响应管理行政体系中不同层次的应急管理人员进行有效的信息交流与沟通的纽带，使得不同层次的应急管理人员相互合作，共同应对突发事件，从而增强了应急响应过程的协调性。

三、区域应急响应管理信息系统

目前，非常规突发事件时有发生，规模大，复杂性强，其应急响应管理过程涉及大量相关信息和数据的搜集、传递和处理工作，对应急管理人员的信息管理能力提出了挑战，需要利用信息技术支撑非常规突发事件应急响应管理过程的有效开展。应急响应管理信息系统是能够有效采集、存储、处理和传输应急响应管理相关数据和信息，支持应急响应管理人员有效开展应急响应管理业务的信息系统，能够有效提高应急响应工作的效率。同时，应急响应管理信息系统是应急平台的核心，应面向开展应急响应管理区域内的多种可能发生的突发事件应急管理的全过程，对应急响应管理的各个环节和节点进行监控，并有效搜集和管理应急响应过程涉及的信息，从而全面支持应急决策过程的开展。

本节提出区域应急响应管理信息系统的分析和设计方案。首先，本节以区域政府应急响应管理业务为研究对象，分析区域应急响应管理组织体系和不同层次的用户，并提出了区域应急响应管理信息系统的业务需求，将其归结为综合业务管理、应急行动方案制定、应急指挥和控制、应急资源管理等若干方面。其次，根据区域应急响应管理信息系统需求分析，本部分提出一种区域应急响应管理信息系统的总体设计方案，并对各功能模块的设计方案进行了具体介绍。

（一）区域应急响应管理信息系统需求分析

区域应急响应管理信息系统应满足开展应急响应管理的区域内不同层次单位的信息管理要求，并支持应急响应管理人员不同类型的应急响应管理活动。针对以上两

个方面，本部分对区域应急响应管理信息系统进行用户需求分析和业务需求分析。

1. 用户需求分析

科学、合理的组织机构是保障应急响应管理工作顺利和有效开展的基础条件之一。因此，分析区域应急响应管理信息系统的用户构成及其需求是设计区域应急响应管理信息系统的基础性工作。根据第三章提出的适合我国国情的应急响应组织结构，本章将该组织结构中全面负责行政辖区内应急响应管理工作的政府作为研究对象，分析区域政府应急管理涉及的相关人员及其层级结构。

本部分将区域政府应急响应管理相关人员划分为应急决策与指挥层、管理与协调层和执行层三个层级，构成了区域应急响应管理信息系统不同层次的用户，具有不同的业务需求和特征。因此，分析和设计区域应急响应管理信息系统的首要原则是满足以上三个不同层次的应急响应管理人员的业务需求。

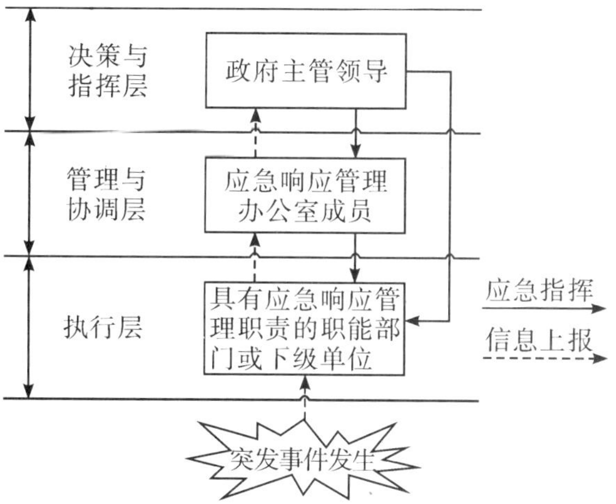

图 10－3 区域突发事件应急响应管理组织层次结构

区域政府应急管理人员层次结构如图 10－3 所示，具体包括：

（1）决策与指挥层。

决策与指挥层包括该区域政府主要领导或授权履行应急指挥职责的相关人员。政府主要领导是该行政单位应急响应管理工作的第一责任人。应急决策与指挥层主要成员全面负责应急响应管理过程中的重大事项，开展应急决策工作，并履行突发事件应急指挥职责。

这类用户能够利用区域应急响应管理信息系统查询和统计应急资源、重大危险源和关键防护目标及其分布情况，了解当前应急态势和应急响应工作的实时情况，并开展相关应急决策工作。

（2）管理与协调层。

管理与协调层包括区域政府应急管理办公室人员和区域政府各职能部门值班人员。应急管理办公室人员接受应急决策与指挥层人员的领导，是突发事件应急管理工作的具体协调人员，并负责应急值班工作和办理应急决策与指挥层人员交代的其他事项。

应急管理办公室成员是应急平台的主要使用者和管理人员，主要工作包括应急值守、基础信息管理、应急预案编制和管理、信息上报和接报，应急资源管理，以及对突发事件进行初步处理，并及时向上级汇报。

（3）执行层。

执行层包括区域政府的相关职能部门、承担应急响应管理职责的下级单位或该区域政府直接管理的其他单位。执行层的相关单位构成了该区域非常规突发事件应急响应管理的基础，负责执行具体的应急行动，并全面开展本单位的应急管理工作等。

执行层的主要工作包括危险源登记和管理、应急预案管理和上报、应急资源管理，向该上级单位报送应急响应管理相关信息。

区域应急响应管理信息系统应满足不同层次用户的应急响应管理业务需求，并对应急响应过程涉及的相关信息和数据进行有效管理，全面支持以上三个层次的用户在应急响应过程中协调配合，共同应对突发事件。

2. 业务需求分析

区域应急响应管理信息系统业务需求分析是设计和开发区域应急响应管理信息系统的第一步，它关系到开发该系统的成败以及该系统的使用效果。分析区域应急响应管理业务过程及其业务需求是设计区域应急响应管理信息系统的基础和前提。区域应急响应管理信息系统应与开展应急管理区域的实际情况相结合，满足以上三个层次应急管理人员的不同需求，从而以信息化手段支持应急响应管理业务活动的开展。

区域突发事件应急响应管理是面对该区域内可能发生的所有突发事件的综合应对和全面管理，本部分将该区域政府应急响应管理业务需求划分为若干方面且每个方面的业务涉及该区域三个不同层次的应急管理人员。同时，在对区域应急响应管理业务流程进行分析的基础上，本部分提出了区域政府应急响应管理信息系统的业务需求，为设计区域应急响应管理信息系统提供基本依据。区域应急响应管理信息系统的业务需求具体如下：

（1）基础信息管理。

决策与指挥层人员和管理与协调层人员应对该行政区域内的行政区划、人口数据、社会经济数据、重点危险源、疏散区域及其安置场所等基础信息进行登记和统一管理。在充分做好基础信息管理的基础上，使得应急响应管理组织能够快速确定相关责任人，并就近配置应急资源，提高应急响应管理工作的效率。

（2）应急值守管理。

管理与协调人员负责该区域日常应急值班，完成电话、传真、录音、录像、文电、公文等日常值班业务和突发事件信息的接报和处理等应急值守业务。应急值守管理业务主要包括以下几个方面：

其一，信息接报和处理。

管理与协调层人员按照“信息统一接报、分类分级处理”的工作机制，统一接收本区域的突发事件信息，并按照信息报送规定及其时限条件向相关单位和领导报送事件相关信息。同时，执行层人员能够通过使用区域应急响应管理信息系统或通过手机和电话上报本单位突发事件信息，由管理与协调层人员统一受理和登记。

其二，事件信息管理。

管理与协调层人员应统一管理本区域事件接报信息，对初始上报信息和事件续报信息进行关联，并对事件信息进行统一存储、维护、查询和统计等。

其三，应急响应管理机构通讯录管理。

管理与协调层人员负责统一管理区域应急响应管理机构及其相关负责人的通讯信息，便于在事件接报后及时联系相关应急响应管理人员，并上报事件信息。管理与协调层人员应对该区域应急管理组织及相关应急管理人员信息进行录入、维护和查询等。

（3）应急预案管理。

管理与协调层人员负责应急预案管理的相关工作，建立应急预案库，统一管理该区域应急响应工作相关应急预案和标准操作程序，支持应急响应过程的有效开展。应急预案管理业务是该区域应急管理工作的重要方面，主要内容如下：①接收应急管理人员编制的综合应急预案、专项应急预案和现场处置预案以及下级应急管理单位报备的应急预案信息；②决策与指挥层人员和管理与协调层人员统一管理本区域所有应急预案，能够在应急响应的过程中快速查询和检索相关应急预案；③决策与指挥层人员和管理与协调层人员能够掌握区域内各应急预案编制情况，并对应急预案进行分类统计。

（4）应急行动方案制定。

突发事件发生后，决策与指挥层人员和管理与协调层人员通过制定和实施统一的应急行动方案，协调各应急响应参与单位的应急行动，保障应急响应工作的成功开展。应急行动方案是当非常规突发事件发生后，应急指挥人员在分析和预测应急态势的基础上，结合空间环境信息、应急资源信息、事件现场情况信息，通过对应急预案和有关案例进行智能检索和分析，并咨询相关专家意见，形成应对突发事件的应急流程与行动方案。应急行动方案的内容要素包括事件接报信息、周边信息、组织机构、处置流程和措施、应急资源等。应急行动方案是决策与指挥层人员开展应急指挥工作的基础和前提，能够降低行动风险，减轻时间压力，减少环境破坏状态下造成的混乱，是协调各应急响应参与单位应急行动的根本手段。因此，及时规划和制定应急行动方案是减少应急响应过程中存在的冲突、促进应急响应过程协调开展的有效途径，也是开展非常规突发事件应急响应管理工作的基础和核心。

应急行动方案制定过程示意图如图 10－4 所示。在应急响应过程中，决策与指挥层人员和管理与协调层人员会同应急响应管理相关领域的专家，根据事件接报信息和该区域基础信息，通过对应急预案、预测预警信息、周围环境分析结果、应急资源保障情况等进行综合，由此制定的应急行动方案具有很强的实战指导性。

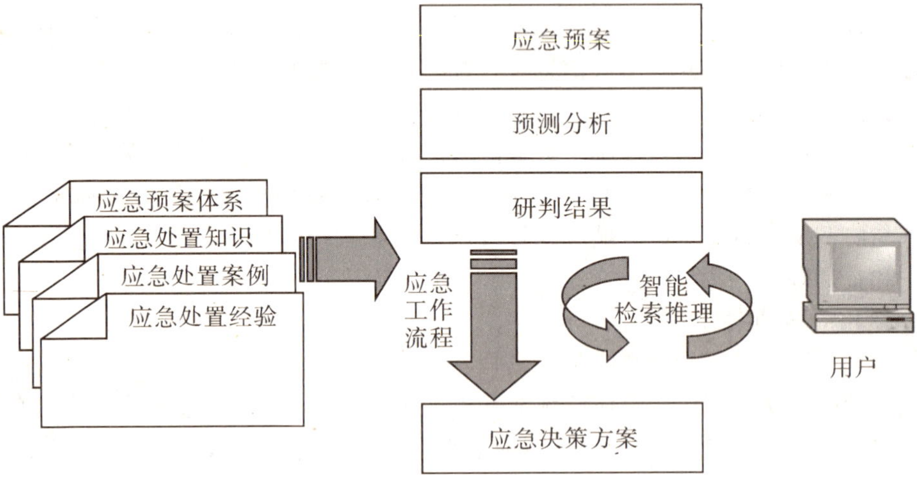

图 10－4　应急行动方案制定过程示意图

（5）应急指挥。

应急指挥是区域决策与指挥层人员实施应急行动方案和协调各应急响应参与单位应急行动的过程。应急响应过程中，决策与指挥层人员有效部署和调度应急队伍、应急物资、应急装备等应急资源，及时将突发事件相关情况和应急处置情况传递给相关人员，实现科学指挥、有序调度和有效监督，提高应急响应工作的效率。

应急响应过程中，当制定应急行动方案后，决策与指挥层人员和管理与协调层人员根据应急行动方案，将相关应急任务和指令下达到执行层相关单位和人员，从而完成应急指挥工作。同时，管理与协调层人员根据下达的应急任务，对任务执行情况进行实时跟踪，实时掌握任务执行情况，并对事件现场相关情况进行标绘，利用大屏幕进行显示，从而辅助决策与指挥层人员全面掌握应急行动方案的执行情况和应急响应过程实时情况。

（6）应急资源管理。

应急资源是区域应急响应管理过程中涉及的人员、设施、设备和物资等。区域应急响应管理单位应根据风险分析，评估本区域应急工作的资源需求，采购和管理各种类型的应急资源，为应急响应工作提供资源保障。因此，科学和合理的应急资源储备是有效处置突发事件的关键和前提。同时，因为区域突发事件应急响应过程中涉及的资源种类多，数量大，储备和管理足够的应急资源非常困难，所以区域应急响应管理单位应充分利用和有效集成社会单位应急资源，支持应急响应工作的开展。

应急资源管理业务主要内容如下：

其一，应急物资管理。区域内应急物资管理条块分割、各单位间缺乏沟通和协调，不能满足突发事件应急响应工作的资源需求。建立区域间、部门间应急物资余缺调剂和联动工作机制，完善应急物资的综合动态管理和资源共享机制，提高应急物资统一调配能力，从而建立和健全应急物资综合管理系统，是实现对各类应急物资进行高效管理的有效手段。有效地整合各单位在该区域的应急物资储备，形成层次合理、反应迅速的应急物资管理和运行管理体系，并利用信息化手段统一管理区域内所有单位的应急资源信息，从而有效支持各层级应急管理人员登记、维护，查询和统计应急资源信息。

其二，应急队伍管理。应急队伍包括以公安、消防、医疗救护、武警和军队、民兵、预备役部队等为支撑的应急救援专业骨干力量。同时，区域内各单位组建了完成特定应急任务的专、兼职应急队伍。应急队伍管理的主要内容是统一管理以上各类应急队伍的相关信息，全面支持相关层次应急管理人员对应急队伍信息进行登记、分类管理、查询和统计等工作。

其三，应急专家的管理。应急专家是应急响应过程的重要参谋和提供决策咨询的主体，能够对应急指挥工作提供专业的智力支持。为有效支持应急响应工作开展，区域内开展应急响应管理工作的单位聘请了不同专业领域的应急专家，为决策与指挥层人员开展应急指挥和协调工作提供决策支持。因此，区域应急管理单位应建立应急专家数据库，支持管理与协调层人员维护和管理应急专家信息，统一管理应急专家的知识领域信息和通讯信息等，并在应急响应过程中快速查询和联络具有特定领域知识的相关应急专家。

（二）区域应急响应管理信息系统设计

设计合理的区域应急响应管理信息系统，是辅助应急管理人员高效展开应急响应管理业务和提高应急响应管理信息化水平的基本手段。针对应急响应管理信息系统的设计问题，Rui（2005）认为设计应急响应信息系统必须考虑多个部门工作需求，提出了协调的多突发事件应急响应管理信息系统框架的设计需求，能够很好支持多部门的应急响应行动，并实现资源优化分配和部署。同时，Rui（2007）在分析应急响应管理过程的依赖关系和协调行为的基础上，提出了重大突发事件应急响应管理信息系统的设计原则。Bartel（2007）在分析卡特里娜飓风和“9·11”恐怖袭击的基础上，提出了实现应急响应组织快速和有效协调的途径，能够为应急响应管理人员提供准确和及时的信息。Manoj（2007）将应急响应的主要问题归结为信息交流，认为有效的共享和分发信息是应急响应管理的主要挑战，并提出了相应的技术处理方法。在应急响应管理信息系统设计理论和实践的基础上，本部分提出了区域应急响应管理信息系统的总体设计方案及其功能模块设计方案。

1. 总体设计方案

按照以上系统设计原则，本部分提出区域应急响应管理信息系统的总体设计方案，如图 10－5 所示。区域应急响应管理信息系统层次结构可以分为显示层、应用层、GIS 层以及数据层。

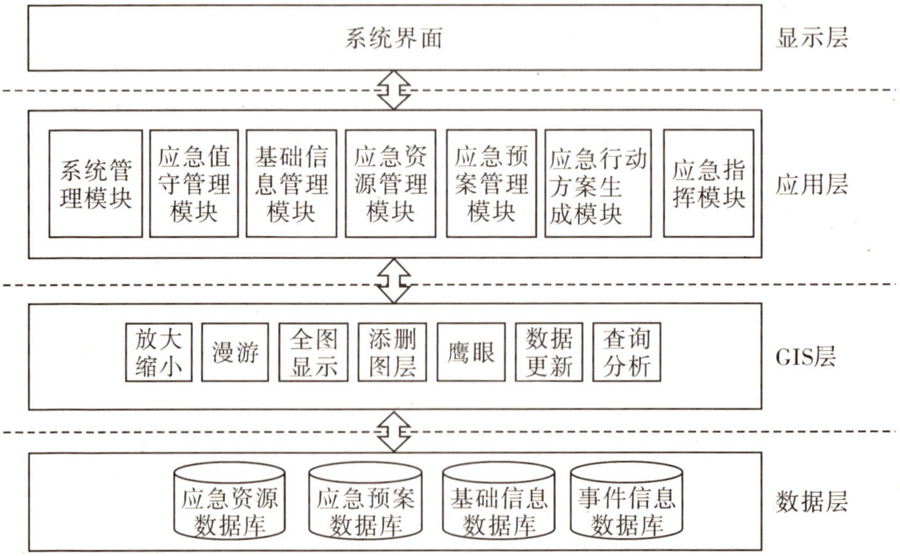

图 10－5　系统总体结构

（1）显示层：为用户提供开展应急响应管理的区域、应急环境和应急态势信息的可视化界面。同时，该层为区域应急响应组织不同层次的应急管理人员提供人机交互界面，使得应急管理人员能有效使用该系统。

（2）应用层：为区域应急响应管理不同层次的人员提供各种功能操作，从而实现系统的各项功能，包括系统管理模块、应急值守管理模块、基础信息管理模块、应急资源管理模块、应急预案管理模块、应急行动方案生成模块和应急指挥模块。同时，以上功能模块相互关联，且强调各功能模块的集成使用。

（3）GIS 层：采用 ArcGIS 软件进行图形构建、编辑、存取和管理，并对地图文件进行二次开发，从而支持对区域应急响应管理过程中涉及的空间地理数据进行有效管理且支持信息的 GIS 展示。

（4）数据层：对区域应急响应管理过程中涉及的基础信息、应急资源、应急预案和突发事件信息等进行统一建模和管理，构建统一的区域应急响应管理数据库，实现区域应急响应管理信息共享和信息整合。

按照区域应急响应管理信息系统的总体设计方案，区域应急响应管理信息系统是区域应急平台的重要组成部分，是一个由软件、硬件共同组成的信息系统，能够支持区域应急响应管理组织各层次人员有效开展应急响应管理工作。

2. 功能模块设计

根据区域应急响应管理信息系统总体设计方案，本部分着重对应用层中的各个功能模块的设计方案进行具体介绍，主要包括系统管理模块、应急值守管理模块、基础信息管理模块、应急资源管理模块、应急预案管理模块、应急方案生成模块、应急指挥模块和 GIS 模块。

（1）系统管理模块。

应急响应管理组织中不同层次的应急管理人员构成了区域应急响应管理信息系统的不同类型和不同层次的用户，拥有特定的访问权限和用户界面。系统管理模块的主要功能是辅助管理与协调层人员对系统用户进行统一管理，并配置系统用户的访问权限。

（2）应急值守管理模块。

本模块辅助管理与协调层应急管理人员开展应急值班业务，包括应急机构通讯管理子模块、信息接收管理子模块、信息报送管理子模块和事件信息管理子模块，具体内容如下：

其一，应急响应机构通讯录管理子模块。本子模块的用户为管理与协调层人员，主要功能为录入、查询和修改该区域内各级应急管理相关应急指挥机构、应急响应管理协调机构、应急保障力量等组织结构和人员的通讯信息，支持管理与协调层人员在应急响应过程中及时联系相关人员。

其二，信息接收管理子模块。本子模块支持管理与协调层人员接收该行政区域内发生的突发事件信息，实现突发事件接报信息及其续报信息在GIS平台上的标注显示，并在数据库中对事件信息进行存储。同时，支持管理与协调层人员查看事件接收信息，可将事件信息纳入相关系统处理流程中，并实现事件接收信息和续报信息的自动关联。

其三，信息报送管理子模块。本子模块支持管理与协调层人员将事件信息和应急响应过程信息录入系统，并按照突发事件信息报送制度，通过系统向上级单位和相关部门报告事件的相关信息。同时，执行层应急管理人员可通过电话、传真等方式向管理与协调层人员报告事件的相关信息，由管理与协调层人员将事件信息录入本系统。

其四，事件信息管理子模块。本子模块辅助管理与协调层人员将各下级单位报送的事件信息关键要素进行关联和组织，综合形成事件的统一描述，并能够作为领导决策的依据，并随事态变化而随时更新，主要功能包括新增事件信息，维护事件和统计事件信息。事件关键要素包括事件名称、事发地点、事件产生初步原因、事件影响后果和影响范围等。

（3）基础信息管理模块。

本模块辅助管理与协调层人员统一管理开展应急响应管理区域的基础信息，主要功能如下：①辅助管理与协调层人员和执行层人员登记危险源、行政区域单位社会经济信息等，并按照相关条件在基础信息库中查询满足条件的基础信息记录。②辅助管理与协调层人员对各类基础信息进行统计，并输出相关报表。

（4）应急资源管理模块。

区域应急响应管理业务过程涉及区域内多个单位的应急资源，应以“物理分散，信息集成”为技术路径，构建统一的应急资源管理信息模块，从而有效整合该区域内不同单位的应急资源，支撑应急响应工作的开展。本模块包括应急物资管理子模块、应急队伍管理子模块和应急专家管理子模块，具体功能如下：①应急物资管理子模块的主要功能包括辅助管理与协调层人员和执行层人员登记、修改和注销本单位应急物资信息；支持决策与指挥层人员和管理与协调层人员对应急物资进行分类管理，按照不同条件查询应急物资信息，并按要求进行统计输出。②应急队伍管理子模块的主要功能包括辅助管理与协调层人员和执行层人员对区域内的应急队伍信息进行添加、修改、查询和统计输出；辅助执行层人员录入本单位应急队伍信息记录。③应急专家管理子模块的主要功能包括辅助管理与协调层人员对应急专家按照知识领域进行分类管理，能够录入、修改、查询和统计相关领域应急专家信息。

（5）应急预案管理模块。

本模块主要功能为辅助管理与协调层人员对本单位编制的应急预案和备案应急预案按照文本预案和数字化预案两种方式进行存储和管理。文本预案管理是登记应急预案的基本信息，包括预案名称、预案级别类型、事件类型、摘要、编制单位、承办人、编制时间和版本等，并在此基础上直接保存应急预案文本。数字化预案管理是采用结构化思想将应急预案内容分割为多个相对独立的信息块，如编制依据、应急组织结构、预测预警、应急计划程序与措施、应急资源等，并按照人机交互模式分别录入各要素相关内容，从而将预案内容与应急响应数据信息进行有效关联。

另外，本模块支持管理与协调层人员按照给定的条件查询相关应急预案，并对预案进行分类和统计。

（6）应急行动方案生成模块。

本模块支持决策与指挥层人员和管理与协调层人员在应急响应过程中，根据事件接报信息，对突发事件的研判结果，结合应急组织体系、工作流程和应急保障力量，通过对应急预案等进行智能检索和分析，并会同应急专家的意见，科学制定应急行动方案，并实现方案的显示和管理，对方案进行查询以及对方案的相关要素进行配置。

（7）应急指挥模块。

应急指挥模块辅助决策与指挥层人员和管理与协调层人员根据应急行动方案，有效部署可调用的应急队伍、应急物资和装备等，开展实施应急响应工作，实时或及时将突发事件发生、发展情况和应急处置状况传递给相关人员，实现协调指挥、有序调度和有效监督，提高应急效率。同时，该模块辅助应急指挥人员将最新的情况汇总报告并转发到执行层人员。该模块的主要功能如下：①新建应急任务，通过应急通信系统下发应急任务，实现应急指令的自动下达；②接收任务执行人员的信息，对任务执行情况进行动态跟踪。

（8）GIS 模块。

地理信息系统是区域应急响应管理信息系统的重要支撑技术。本模块辅助决策与指挥层人员和管理与协调层人员利用 GIS 显示应急态势、应急资源信息、事件信息等，增加应急响应信息的可视化程度，提高应急响应的效率。同时，本模块能够辅助各层级应急管理人员对基础信息、应急资源等相关的地理信息数据进行录入、标绘和展示。

四、本章小结

应急响应信息管理是非常规突发事件应急响应管理的重要方面，是提高应急响应效率和水平的重要手段。本章分析了非常规突发事件应急响应信息管理的概念和内涵，介绍了应急平台的组成要素和我国应急平台体系。最后，本章着重提出了一种区域应急响应管理信息系统的分析与设计方案，为开展非常规突发事件应急响应信息管理工作提供了一种有效手段。

当前，我国各级政府和相关社会单位斥巨资开发了各种应急响应管理信息系统，为应急响应管理信息化建设积累了宝贵经验，能够有效支持应急响应管理过程的开展。然而，现有应急响应管理信息系统往往不能满足应急响应管理业务的需求，无法充分利用，处于不断试错的过程。非常规突发事件应急响应信息管理工作，特别是应急响应管理信息系统的设计与开发将会是未来的一项重要研究工作。

第十一章　总结与展望

一、本书总结

非常规突发事件应急管理是当前社会热点问题，也是一项复杂的系统工程，其核心是如何有效协调各应急响应参与单位的应急行动。科学制定和执行统一的应急行动方案，能够减少应急响应过程中存在的混乱和冲突，是协调应急响应参与单位应急行动的根本手段，也是应急响应管理人员开展应急指挥工作的基础和前提。

本书把应急指挥团队在非常规突发事件应急响应过程中制定应急行动方案的决策过程作为主要研究对象，深入介绍应急行动方案制定方法及技术。同时，本书对非常规突发事件应急响应管理工作中涉及的与应急行动方案制定相关的其他方面展开研究，包括应急响应组织设计、应急预案管理和应急响应信息管理，共同构成了非常规突发事件应急响应管理的重要内容。

本书的研究工作及创新点主要体现在以下几个方面：

（1）根据我国应急响应管理行政体系的特征和应急响应管理工作的实践要求，基于组织设计理论和 ICS 组织结构，提出一种非常规突发事件应急响应组织设计方案，将其划分为后方应急响应组织和现场应急响应组织，并提出了应急响应组织的具体组织结构及其特征，能够有效地对参与应急响应工作的相关主体进行编组，实现应急响应过程组织化运作。

（2）围绕应急行动方案制定过程涉及的应急领域知识进行建模和集成管理的问题，本书将应急预案文本这一应急领域知识的重要载体作为建模对象，研究应急领域知识的建模方法和技术。针对应急预案是跨领域的异构性知识，缺乏统一的术语且是非结构化的文档，计算机无法理解等问题，在分析应急预案文本组成要素及其结构特征的基础上，重用现有本体知识模型，并进行词汇扩充，提出了一种应急预案本体模型，能够对预案文本描述的应急领域知识进行合理表达和组织，实现应急领域知识共享、重用和互操作。同时，该研究成果也为提出基于 HTN 规划的应急行动方案制定方法解决了知识建模的问题。

（3）分析和提出了非常规突发事件应急行动方案制定的决策主体、决策对象和决策环境及其特征，从而按照以上三个方面对应急行动方案制定决策问题进行科学界定。在此基础上，根据应急决策理论现有的研究成果，提出了应急指挥团队制定应急行动方案的决策过程模型，能够描述和解释应急指挥团队制定应急行动方案的决策行为及其特征。同时，本书对应急行动方案制定决策过程涉及的相关概念进行形式化定义，为建模和解决应急行动方案制定决策问题奠定基础。

（4）围绕应急行动方案制定决策问题的求解过程，本书提出了应急领域HTN规划设计需求，并设计了一种anytime启发式时态HTN规划模型，包括时态扩展的HTN知识模型和anytime启发式搜索算法，具有更强的表达能力和更高的计算效率，能够用以对应急行动方案制定决策问题进行建模和求解。

（5）本书在Eclipse平台上实现了以上设计的应急领域HTN规划模型。同时，针对HPXEDM应用于解决实际应急行动方案制定决策问题中存在领域知识难于建模和规划效率缺乏评价的问题，设计了一种将应急预案本体知识模型转换为HPXEDM知识模型的算法，并设计某区域洪灾转移实验案例，对该知识模型转换算法展开应用研究。同时，基于该洪灾转移案例，设计了相关测试问题，对HPXEDM原型系统进行实验评价，证明该HTN规划模型能够满足本书提出的所有应急领域HTN规划设计需求。

（6）提出了一种应急行动方案制定决策模型框架EAPDM，能够有效支持应急行动方案制定的全过程。同时，针对EAPDM运行过程中存在的事件目标动态识别和具有严格优先级的问题，本书提出了一种集成规划与执行过程模型和带优先级的异步事件目标的算法，能够有效适应应急响应领域特征，提高应急响应效率。

二、研究展望

本书以非常规突发事件应急响应管理过程中存在的实际问题和应用需求为导向，研究了应急响应组织管理、应急预案管理、应急行动方案制定方法及技术和应急响应信息管理四个重要方面，其核心和重点是应急行动方案制定的决策过程及其涉及的相关问题。为完成以上研究目的，本书基于知识建模理论和智能规划技术，研究应急行动方案制定方法和技术，能够用以对应急行动方案制定决策问题进行建模和求解，支持应急指挥团队科学和有效地制定应急行动方案。本书介绍的工作能够为研究应急决策理论和决策支持技术提供科学指导，并为推进知识建模理论和智能规划技术的理论研究作出积极贡献，具有理论创新和应用研究的双重价值。

在现有研究工作的基础上，本书未来的研究工作将针对以下若干方面进行扩展和完善：

（一）现场应急响应组织的组建和调整方法

在非常规突发事件应急响应过程中，应急响应组织，尤其是现场应急响应组织是一种高度柔性的组织，随着应急态势的变化进行动态调整。如何根据高度动态的应急态势，实时组建和调整现场应急响应组织结构，并动态分配人员，从而满足应急响应工作的需求，是非常规突发事件应急响应组织管理过程面临的一个现实和迫切的问题。

因此，本书在提出非常规突发事件应急响应组织结构模型的基础上，研究非常规突发事件现场应急响应组织的组建和调整方法，为应急响应过程中有效开展应急响应组织管理工作提供理论指导和操作实施依据。

（二）应急领域知识建模方法和知识管理工具

在非常规突发事件应急响应管理中，应急行动方案制定过程涉及参与应急响应的多个单位的应急领域知识，包括应急预案、标准操作程序、应急响应管理规章制度等显式应急领域知识以及应急指挥团队的经验等隐性知识。因此，对应急行动方案制定决策过程中涉及的各种不同类型的应急领域知识进行统一建模和集成管理是科学制定应急行动方案的基础和前提，也是开展应急领域知识管理的基本工作。

本书以应急预案文本为建模对象，仅仅提出应急预案文本关键部分的本体知识建模方法。因此，本书今后研究工作将针对开展应急管理的具体领域，研究多种类型应急领域知识的建模方法及其验证技术。同时，在建立应急领域知识模型的基础上，建立应急领域知识建模和管理工具，设计和开发应急领域知识数字化管理系统，实现对应急领域知识的科学建模和有效管理。

（三）Anytime 时态 HTN 规划过程启发式函数设计

针对应急领域 HTN 规划模型的研究工作，设计有效的启发式函数是提高 HTN 规划效率的根本途径和关键手段。在 HPXEDM 规划过程搜索框架的基础上，分析应急行动方案制定过程中存在的启发式信息及其特征，提出领域相关的启发式信息建模和应用方法，因而 HTN 规划启发式函数是今后亟待开展的一项研究工作。

（四）动态条件下的 HTN 规划模型

应急响应过程具有动态性特征，对应急行动方案制定和执行过程产生重要影响。首先，应急响应环境具有不确定性，导致应急态势在应急行动方案规划过程和执行过程中可能出现无法预测的状态变化，无法满足经典智能规划提出的"封闭世界"的假设条件。其次，应急行动方案执行过程无法与规划过程预期完全符合且应急响应过程中可能存在应急行动执行失败的情况。

因此，针对应急响应过程的以上特征，今后的研究工作将在本书提出的 anytime 时态 HTN 规划模型的基础上进行进一步扩展，建立考虑应急态势动态变化和应急行动执行效果不确定特征的 HTN 规划模型。

（五）规划和调度集成条件下的 HTN 规划模型

在非常规突发事件应急响应过程中，相对于实现事件目标集合的应急行动方案的资源需求，应急资源往往不足，只能保证完成部分事件目标。因此，应急资源稀缺的特征对应急行动方案制定过程造成重要影响，导致应急行动方案规划过程和应急资源调度过程具有高度耦合的特征，应在制定应急行动方案的过程中进行统一考虑。

本书今后的研究工作将针对以上特征，以 HPXEDM 规划模型为基础，研究规划过程中应急资源信息表达模型，研究资源调度传播算法，并将其有效集成到 HPXEDM 的规划过程中，从而建立考虑资源约束条件的应急任务 HTN 规划模型。

（六）人机交互应急决策支持系统的设计与实现

应急行动方案制定决策过程涉及的应急领域知识和信息具有不完备性特征。同时，应急行动方案制定决策过程具有风险性，一旦失败后果严重。因此，应急行动方案制定过程无法完全由计算机单独完成，应急响应管理人员的领域知识和决策能力在该过程中具有决定性的作用。本书研究工作的最终目的是建立人机结合、以人为主的应急行动方案制定决策支持系统，提高该决策过程的效率。

根据以上分析，本书的另一个研究方向为研究 HPXEDM 与应急响应管理人员的交互过程，设计合理的交互结构和界面，建立主动式 HTN 规划系统，从而有效支持非常规突发事件应急行动方案制定的决策过程。

附件 1　洪灾转移案例领域知识模型

```
(defdomain floodevacuation
  (
   ;; ------------------ axioms ------------------
   (: - (same ?x ?x) nil)
   (: - (different ?x ?y) ((not (same ?x ?y))))
   ;; ------------------ Methods ------------------
   (:method (flood - evacuate ?area)
            ;; Case1
            ;; instantaneous preconditions - 1
            (
              (
              ((flood - level loc1 - 1 ?h)(call > ?h 42)
                (capability ?tc Command)
                (inhabitate - at ?r ?area)
                (population - num ?r ?area ?num))
                @ 0)
              (
              ((flood - level loc1 - 1 ?h)(call > = ?h 45))
              @ 20)
            )
            ;; subtasks - 1
            (
              (issue - evacuate - command ?tc ?r ?area)
              (:unordered
                    (!prepare - evacuate ?r ?area)
                    (organize - transport ?r ?area ?num))
            )
            ;; time constraint list - 1
```

```
        (
         ((end@ 1) - TR < 2)
        )
)
(:method (issue - evacuate - command ?tc ?r ?area)
        ;;Case1
        ;;instantaneous preconditions - 1
        (
         (
          ((tool - state Alert - System Good)(not(in - busy ?tc)))
          @ 0)
        )
        ;;subtasks - 1
        (
         (!!assert ((in - busy ?tc)))
         (!command - by - Alert ?tc ?r ?area)
         (!!ra ((in - busy ?tc)) nil)
        )
        ;;time constraint list - 1
        ()
        ;;Case2
        ;;instantaneous preconditions - 2
        (
         (
          ((not(tool - state Alert - System Good))
            (not(in - busy ?tc))
            (tool - state Phone Good))
            @ 0)
        )
        ;;subtasks - 2
        (
         (!!assert ((in - busy ?tc)))
         (!command - by - phone ?tc ?r ?area)
         (!!ra ((in - busy ?tc)) nil)
```

```
            )
            ;; time constraint list - 2
            ()
)
(:method (organize - transport ?r ?area ?num1)
            ;; instantaneous precondition - 1
            (
              (
               ((collection - loc ?area ?loc - c)
                 (Team ?t) (capability ?t Transport)
                 (not(in - use ?t)) (capacity ?t ?num2)
                 (call <= ?num1 ?num2))
               @ 0)
            )
            ;; subtask - 1
            (
              (transport - evacuee ?t ?r ?area ?loc - c ?num1)
            )
            ;; time constraint list
            ()
)
(:method (organize - transport ?r ?area ?num1)
            ;; instantaneous precondition - 1
            (
              (
               ((collection - loc ?area ?loc - c)
                 (Team ?t) (capability ?t Transport)
                 (not(in - use ?t)) (capacity ?t ?num2)
                 (call > ?num1 ?num2)
                 (assign ?newNum (call - ?num1 ?num2)))
               @ 0)
            )
            ;; subtask - 1
            (:unordered
```

```
            (transport - evacuee ?t ?r ?area ?loc - c ?num2)
            (organize - transport ?r ?area ?newNum)
        )
        ;; time constraint list
        ()
)
  (:method (transport - evacuee ?t ?r ?area ?loc ?num)
        ;; the transportation team is not at the area.
        ;; instantaneous precondition - 1
        (
         (
         ((at ?t ?loc - depot)
           (different ?loc ?loc - depot)
           (destination - shelter ?area ?shelter)
           (at ?shelter ?loc - shelter))
         @ 0)
        )
        ;; subtask - 1
        (
           (!!assert ((in - use ?t)))
           (!drive ?t ?loc - depot ?loc)
           (!board ?t ?r ?num ?loc)
           (!drive ?t ?loc ?loc - shelter)
           (!debark ?t ?r ?num ?shelter ?loc - shelter)
           (!drive ?t ?loc - shelter ?loc - depot)
           (!!ra ((in - use ?t)) nil)
        )
        ;; time constraint list
        ()
        ;; the transportation team is at the area.
        ;; instantaneous precondition - 2
        (
         (
         ((at ?t ?loc - depot)
```

```
        (same ?loc ?loc - depot)
        (destination - shelter ?area ?shelter)
        (at ?shelter ?loc - shelter))
      @ 0)
    )
    ;; subtask - 1
    (
        (!!assert ((in - use ?t)))
        (!board ?t ?r ?num ?loc)
        (!drive ?t ?loc ?loc - shelter)
        (!debark ?t ?r ?num ?shelter ?loc - shelter)
        (!!ra ((in - use ?t)) nil)
    )
    ;; time constraint list
    ()
)
;; ---------------- Operators ----------------
(:operator (!command - by - Alert ?tc ?r ?area)
      ;; instantaneous preconditions
      nil
      ;; invariant conditions
      ()
      ;; delete list for instantaneous effects
      ()
      ;; add list for instantaneous effects
      ()
      ;; delete list for delayed effects
      ()
      ;; add list for delayed effects
      (
        ((evacuate - command ?area) + 1)
      )
      ;; duration
      1
```

```
            ; ; cost
            1
)
( : operator ( ! command – by – phone ?tc ?r ?area)
            ; ;  instantaneous preconditions
            nil
            ; ;  invariant conditions
            ( )
            ; ; delete list for instantaneous effects
            ( )
            ; ; add list for instantaneous effects
            ( )
            ; ; delete list for delayed effects
            ( )
            ; ; add list for delayed effects
            (
              ( ( evacuate – command ?area)   +  1)
            )
            ; ; duration
            1
            ; ; cost
            1
)
( : operator  ( ! prepare – evacuate ?r ?area)
            ; ; instantaneous preconditions
            (
              (
               ( ( evacuate – command ?area )
                 ( population – num ?r ?area ?num1)
                 ( collection – loc ?area ?loc)
                 ( collection – time ?area ?time) )
               @  0)
            )
            ; ; invariant conditions
            ( )
```

```
            ;; delete list for instantaneous effects
            (
              (population - num ?r ?area ?num1)
            )
            ;; add list for instantaneous effects
            ()
            ;; delete list for instantaneous effects
            ()
            ;; add list for instantaneous effects
            (
              ((population - num ?r ?loc ?num1)  + ?time)
            )
            ;; duration
            ?time
            ;; cost
            2
)
(:operator (!board ?t ?r ?num ?loc)
            ;; instantaneous precondition
            (
              (
               ((team ?t)(resident ?r)(at ?t ?loc)
                 (population - num ?r ?loc ?num1)
                 (capacity ?t ?c)
                 (call  < = ?num1 ?c)
                 (boarding - time ?duration))
               @ 0)
            )
            ;; invariant conditions
            (
              ((at ?t ?loc)  ~  (0,  ?duration))
            )

            ;; delete list for instantaneous effects
            (
```

```
            (population - num ?r ?loc ?num1)
           )
           ;; add list for instantaneous effects
           ()
           ;; delete list for delayed effects
           ()
           ;; add list for delayed effects
           (
            ((have - load ?t ?r ?num1)  + ?duration)
           )
           ;; duration
           ?duration
           ;; cost
           0.5
 )
(:operator (!board ?t ?r ?num ?loc)
           ;; instantaneous precondition
           (
            (
             ((team ?t)(resident ?r)(at ?t ?loc)
               (population - num ?r ?loc ?num1)
               (capacity ?t ?c)
               (call > ?num1 ?c)
               (assign ?newNum (call - ?num1 ?c))
               (boarding - time ?duration))
               @ 0)
           )
           ;; invariant conditions
           (
            ((at ?t ?loc) ~ (0, ?duration))
           )
           ;; delete list for instantaneous effects
           (
            (population - num ?r ?loc ?num1)
           )
```

```
            ;; add list for instantaneous effects
            (
              (population - num ?r ?loc ?newNum)
            )
            ;; delete list for delayed effects
            ()
            ;; add list for delayed effects
            (
              ((have - load ?t ?r ?c)  + ?duration)
            )
            ;; duration
            ?duration
            ;; cost
            0.5
)
(:operator (!drive ?t ?loc - from ?loc - to)
            ;; instantaneous precondition
            (
              (((at ?t ?loc - from)
                (distance ?loc - from ?loc - to ?d)
                (velocity ?t ?v)
                (assign ?duration (call / ?d ?v)))
               @ 0)
            )
            ;; invariant conditions
            ()
            ;; delete list for instantaneous effects
            ((at ?t ?loc - from))
            ;; add list for instantaneous effects
            ()

            ;; delete list for the delayed effects
            ()
            ;; add list for the delayed effects
            (
```

```
                ((at ?t ?loc - to)  + ?duration)
              )
              ;; duration
              ?duration
              ;; cost
              10
)
(:operator (!debark ?t ?r ?num ?shelter ?loc)
              ;; instantaneous precondition
              (
                (
                 ((at ?t ?loc)(have - load ?t ?r ?num1)
                   (debarking - time ?duration))
                 @ 0)
              )
              ;; invariant conditions
              (
                ((at ?t ?loc)  ~ (0, ?duration))
              )
              ;; delete list for instantaneous effects
              ((have - load ?t ?r ?num1))
              ;; add list for instantaneous effects
              ()
              ;; delete list for delayed effects
              ()
              ;; add list for delayed effects
              (
                ((population - num ?shelter ?r ?num1)  + ?duration)
                )
              ;; duration
              ?duration
              ;; cost
              0.5
)
(:operator (!!assert ?g )
```

```
            ; ; instantaneous precondition list
            nil
            ; ; invariant condition list
            ()
            ; ; instantaneous effects
            ()
            ?g
            ; ; delayed effects
            ()
            ()
            ; ; duration
            0
            ; ; cost
            0
    )
    (: operator ( ! ! ra ?D ?A )
            ; ; instantaneous precondition list
            nil
            ; ; invariant condition list
            ()
            ; ; instantaneous effects
            ?D
            ?A
            ; ; delayed effects
            ()
            ()
            ; ; duration
            0
            ; ; cost
            0
    )
  )
)
```

附件2　洪灾转移案例应急规划问题知识模型

```
(defproblem problem floodevacuation
  ;; - - - - - - - - - - - the atoms for the initial state - - - - - - - - - - -
  (
    (flood - level loc1 - 1 43)
    (flood - volume loc1 - 1 2500)

    (tool - state Alert - System Good)
    (tool - state Phone Good)

    (resident resident1) (resident resident2) (resident resident3)
    (resident resident4) (resident resident5)

    (inhabitate - at resident1 area1) (inhabitate - at resident2 area2)
    (inhabitate - at resident3 area3) (inhabitate - at resident4 area4)
    (inhabitate - at resident5 area5)

    (collection - loc area1 loc2 - 1) (collection - loc area2 loc2 - 2)
    (collection - loc area3 loc2 - 3) (collection - loc area4 loc2 - 4)
    (collection - loc area5 loc2 - 5)

    (collection - time area1 3) (collection - time area2 1)
    (collection - time area3 2) (collection - time area4 5)
    (collection - time area5 6)

    (destination - shelter area1 shelter1)
    (destination - shelter area2 shelter2)
    (destination - shelter area3 shelter3)
    (destination - shelter area4 shelter3)
```

(destination – shelter area5 shelter2)

(population – num resident1 area1 100)
(population – num resident2 area2 120)
(population – num resident3 area3 160)
(population – num resident4 area4 100)
(population – num resident5 area5 150)

(shelter shelter1) (shelter shelter2) (shelter shelter3)

(at shelter1 loc3 – 1) (at shelter2 loc3 – 2) (at shelter3 loc3 – 3)

(Team Team1) (Team Team2) (Team Team3) (Team Team4) (Team Team5)
(Team Team6) (Team Team7)

(capability Team1 Command) (capability Team2 Transport)
(capability Team3 Transport) (capability Team4 Transport)
(capability Team5 Transport) (capability Team6 Transport)
(capability Team7 Transport)

(capacity Team2 250) (capacity Team3 200) (capacity Team4 150)
(capacity Team5 250) (capacity Team6 100) (capacity Team7 200)
(at Team2 loc4 – 2) (at Team3 loc4 – 3) (at Team4 loc4 – 4)
(at Team5 loc4 – 5) (at Team6 loc4 – 6) (at Team7 loc4 – 7)

(velocity Team2 40) (velocity Team3 20) (velocity Team4 50)
(velocity Team5 20) (velocity Team6 40) (velocity Team7 20)

(distance loc4 – 2 loc2 – 1 80) (distance loc4 – 3 loc2 – 1 80)
(distance loc4 – 4 loc2 – 1 100) (distance loc4 – 5 loc2 – 1 100)
(distance loc4 – 6 loc2 – 1 120) (distance loc4 – 7 loc2 – 1 60)
(distance loc4 – 2 loc2 – 2 120) (distance loc4 – 3 loc2 – 2 80)
(distance loc4 – 4 loc2 – 2 200) (distance loc4 – 5 loc2 – 2 100)
(distance loc4 – 6 loc2 – 2 80) (distance loc4 – 7 loc2 – 2 100)

```
    (distance loc4 -2 loc2 -3 60) (distance loc4 -3 loc2 -3 100)
    (distance loc4 -4 loc2 -3 120) (distance loc4 -5 loc2 -3 80)
    (distance loc4 -6 loc2 -3 60) (distance loc4 -7 loc2 -3 100)
    (distance loc4 -2 loc2 -4 80) (distance loc4 -3 loc2 -4 100)
    (distance loc4 -4 loc2 -4 100) (distance loc4 -5 loc2 -4 60)
    (distance loc4 -6 loc2 -4 120) (distance loc4 -7 loc2 -4 80)
    (distance loc4 -2 loc2 -5 80) (distance loc4 -3 loc2 -5 120)
    (distance loc4 -4 loc2 -5 100) (distance loc4 -5 loc2 -5 80)
    (distance loc4 -6 loc2 -5 100) (distance loc4 -7 loc2 -5 60)
    (distance loc2 -1 loc3 -1 60) (distance loc2 -1 loc3 -2 80)
    (distance loc2 -1 loc3 -3 100) (distance loc2 -2 loc3 -1 50)
    (distance loc2 -2 loc3 -2 80) (distance loc2 -2 loc3 -3 80)
    (distance loc2 -3 loc3 -1 80) (distance loc2 -3 loc3 -2 100)
    (distance loc2 -3 loc3 -3 60) (distance loc2 -4 loc3 -1 50)
    (distance loc2 -4 loc3 -2 80) (distance loc2 -4 loc3 -3 100)
    (distance loc2 -5 loc3 -1 60) (distance loc2 -5 loc3 -2 80)
    (distance loc2 -5 loc3 -3 100) (distance loc3 -1 loc4 -2 80)
    (distance loc3 -1 loc4 -3 120) (distance loc3 -1 loc4 -4 80)
    (distance loc3 -1 loc4 -5 60) (distance loc3 -1 loc4 -6 80)
    (distance loc3 -1 loc4 -7 100) (distance loc3 -2 loc4 -2 1 20)
    (distance loc3 -2 loc4 -3 100) (distance loc3 -2 loc4 -4 60)
    (distance loc3 -2 loc4 -5 80) (distance loc3 -2 loc4 -6 60)
    (distance loc3 -2 loc4 -7 100) (distance loc3 -3 loc4 -2 80)
    (distance loc3 -3 loc4 -3 60) (distance loc3 -3 loc4 -4 60)
    (distance loc3 -3 loc4 -5 100) (distance loc3 -3 loc4 -6 80)
    (distance loc3 -3 loc4 -7 100)

    (boarding -time 0.5) (debarking -time 0.5)
)
;; ----------- the events for the initial state -----------
(
    ((flood -level loc1 -1 43)  -  10)
    ((flood -level loc1 -1 46)  +  10)
)
```

```
  ;; -------- the task list for the initial incident objectives --------
  (: unordered
        (flood - evacuate area1) (flood - evacuate area2) )
  ;; -------- the time constraint list for the initial task net --------
  ( ((end@ 1) - TR < 24) ((end@ 1) - TR < 24) )
;; ------------ decision preference ------------------
  (plan - metric: minimize (4 * totalTime + totalCost))
)
```

参考文献

1．国家自然科学基金委．非常规突发事件应急响应管理重大研究计划建议书．2008.

2．Extreme Event Decision Making. Workshop Report. http://www. albany. edu/cpr/xedm/, National Science Foundation Board Room.

3．计雷，池宏，陈安等．突发事件应急响应管理．北京：高等教育出版社，2006.

4．R. Chen, R. H Rao, R. Sharman, S. J. Upadhyaya, C. Cook-Cottone. *Examination of Emergency Response from Knowledge and Psychology Perspectives.* Proceedings of the 7th International ISCRAM Conference of Seattle, USA, 2010.

5．中国应急响应管理编辑部．领导干部预防和处置突发公共事件实用指南与案例分析．北京：国家行政学院出版社，2008.

6．W. Smith, J. Dowell. A Case Study of Coordinative Decision-making in Disaster Management. *Ergonomics*, 2000, 43（8）.

7．R. Chen, R. Sharman, H. R. Rao, S. J. Upadhyaya. Coordination in Emergency Response Management. *Communications of the ACM*, 2008, 51（5）.

8．R. Chen, R. Sharman, H. R. Rao, S. J. Upadhyaya. Design Principles of Coordinated Multi-incident Emergency Response Systems. *IEEE International Conference on Intelligence and Security Informatics*, 2005, 3495.

9．R. Chen, R. Sharman, H. R. Rao, S. J. Upadhyaya, P. Catherine. *Organizational Coordination in Extreme Events: A Case Study of October' 06 Snowstorm in Western New York.* In the Fifth Pre-ICIS SIG DSS Workshop, Montreal, Canada, 2007.

10．U. S. Department of Homeland Security. National Incident Management System. http://www. icisf. org/articles/NIMS. pdf.

11．D. Mendonça, Decision Support for Improvisation in Response to Extreme Events: Learning From the Response to the 2001 World Trade Center Attack. *Decision Support Systems*, 2007, 43（3）.

12．范维澄．国家突发公共事件应急响应管理中科学问题的思考和建议．中国科学基金，2007（2）.

13. K. Erol, J. Hendler, D. Nau. *HTN Planning: Complexity and Expressivity. Proceedings of the National Conference on Artificial Intelligence*, 1994.

14. J. N. D. Gupta, G. A. Forgionne, Manuel M. T. , *Intelligent Decision-making Support Systems Foundations, Applications and Challenges*. Berlin: Springer, 2006.

15. 国家突发公共事件总体应急预案 . http: //www. gov. cn/yjgl/2005-08/07/content_ 21048. htm.

16. 陈安，陈宁，倪慧荟．现代应急响应管理理论与方法．北京：科学出版社，2009.

17. Herbert Simon. 管理行为．詹正茂译．北京：机械工业出版社，2004.

18. Rui Turoff, M. Past and Future Emergency Response Information Systems, *Communications of the ACM*, 2002, 45 (4) .

19. Murray Turoff, Michael Chumer, Bartel Van de Walle, Xiang Yao. The Design of a Dynamic Emergency Response Management Information Systems. *Journal of Information Technology: Theory and Application*, 2004, 5 (4) .

20. Daft R. L. 组织理论与设计．王凤彬，张秀萍译．北京：清华大学出版社，2009.

21. G. A. Bigley, K. H. Roberts, The Incident Command System: High Reliability Organizing for Complex and Volatile Task Environments. *The Academy of Management Journal*, 2001, 44 (6) .

22. Incident Command System/Unified Command, http: //www. nrt. org/Production/NRT/NRTWeb. nsf/AllAttachmentsByTitle/SA – 52ICSUCTA/ $ File/ICSUCTA. pdf.

23. 国家自然灾害救助应急预案 . http: //www. gov. cn/yjgl/2011 – 11/01/content_ 1983551. htm.

24. 国家防汛抗旱应急预案 . http: //www. gov. cn/yjgl/2006 –01/11/content_ 155475. htm.

25. A. Grigoris, V. H. Frank. 语义网基础教程．陈小平译．北京：机械工业出版社，2008.

26. 王文俊，孟凡阔，王月龙，罗英伟，许卓群．基于本体的应急预案建模．计算机工程，2006，32 (19) .

27. C. Lagoze, J. Hunter. The ABC Ontology and Model. *Journal of Digital Information*, 2001, 2 (2) .

28. OWL – S: Semantic Markup for Web Services, http: //www. w3. org/Submission/OWL – S/.

29. SWRL: A Semantic Web Rule Language Combining OWL and RuleML, http: //www. w3. org/Submission/SWRL/.

30. Time Ontology in OWL, http: //www. w3. org/TR/owl-time/.

31. V. A. Wil, V. H. Kees. 工作流管理：模型、方法和系统．王建民，闻立杰 译．北京：清华大学出版社，2004.

32. L. Castillo, J. Fdez-Olivares, García-Pérez, F. Palao. *Temporal Enhancements of an HTN Planner*. Lecture Notes in Computer Science, Verlag Spanish, 2006.

33. C. Siebra. Planning Requirement for Hierarchical Coalitions in Disaster Relief Domains, *Expert Update*, 2005, 8 (1).

34. R. Dechter, I. Meiri, J. Pearl. Temporal Constraint Networks. *Artificial Intelligence*, 1991, 49.

35. M. Fox, D. Long. PDDL 2. 1: An Extension to PDDL for Expressing Temporal Planning Domains. *Journal of Artificial Intelligence Research*, 2003, 20.

36. Protégé 2000, http: //protege. stanford. edu/download/download. html.

37. G. Phillips-Wren, N. Ichalkaranje, L. C. Jain. *Intelligent Decision Making: An AI-Based Approach*. Berlin: Springer, 2008.

38. 岳超源．决策理论与方法．北京：科学出版社，2003.

39. H. A. Simon. 管理行为（修订版）．詹正茂译．北京：机械工业出版社，2004.

40. 郎淳刚，刘树林．国外自然决策理论研究述评．技术经济与管理研究，2009（4）.

41. G. A. Klein. Naturalistic Decision Making. *Human Factors*, 2008, 50 (3).

42. G. A. Klein. *Recognition-primed Decisions*. Advances in Man-machine Systems Research, JAI Press, 1989.

43. G. A. Klein. *Sources of Power: How People Make Decisions*. MIT Press, Cambridge, 1998.

44. T. Kontogiannis. Stress and Operator Decision Making in Coping with Emergencies. *International Journal of Human-Computer Studies*. 1996, 45 (1).

45. M. R. Endsley. Toward a Theory of Situation Awareness in Dynamic Systems. *Human Factors*. 1995, 37 (1).

46. L. Martin, R. Flin. Building Fire Commander Situational Awareness From Team Shared Mental Models. *IEE Colloquium on Computer Mediated Complex Supervisory and Decision Making in Teams*. 1997 (2).

47. B. A. Wong, B. L. William. Situation Awareness in Emergency Medical Dis-

patch. *International Journal of Human Computer Studies*. 2004, 61 (4) .

48. W. J. Luc, K. K. Madland. Command Centers and Emergency Management Support. *Safety Science*, 1998. 30 (2) .

49. F. Burstein, P. Brézillon, A. Zaslavsky, *Supporting Real Time Decision-Making: The Role of Context in Decision Support on the Move*. Germany: Springer, 2011.

50. R. Chen, R. Sharman, H. Rao, S. J. Upadhyaya. Design Principles for Critical Incident Response Systems. *Information Systems and E-Business Management*. 2007, 5 (3) .

51. C. A. Ntuen, O. Balogun, E. Boyle, A. Turner. Supporting Command and Control Training Functions in the Emergency Management Domain Using Cognitive Systems Engineering, Ergonomics, 2006, 49 (12) .

52. Herber A. Simon，管理决策新科学．李柱流，汤俊澄 译．北京：中国社会科学出版社，1980.

53. S. Kathleen, K. Trakofler, C. Vaught, T. Scharf. Judgment and Decision Making Under Stress: An Overview for Emergency Manager. *International Journal of Emergency Management*. 2003, 1 (3) .

54. J. Cosgrave. Decision Making in Emergencies. *Disaster Prevention and Management*, 1996, 5 (4) .

55. L. L. Hereth. *Setting Objectives in a Unified Command: The "COST" of leadership*. Proceeding of 2005 International Oil Spill Conference, 2005.

56. G. F. Luger. 人工智能：复杂问题求解的结构和策略（第6版）. 郭茂祖，刘杨译．北京：机械工业出版社，2009.

57. G. E. G. Beroggi, W. A. Wallace. Operational Risk Management: A New Paradigm for Decision making. IEEE Transactions on Systems. *Man and Cybernetics*. 1998, 24 (10) .

58. D. Mendonça, G. E. G. Beroggi, W. A. Wallace. Decision Support for Improvisation During emergency Response Operations. *International Journal of Emergency Management*. 2001, 1 (1) .

59. Mendonça, David. *Improvisation in Emergency Response Organizations: A Cognitive Approach*. Ph. D. Thesis, 2001.

60. D. Mendonca, W. A. Wallace. A Cognitive Model of Improvisation in Emergency Management, IEEE Transactions on Systems. *Man, and Cybernetics-Part A (Systems & Humans)*, 2007, 37 (4) .

61. 董存祥，王文俊，杨鹏．基于约束满足问题的应急决策．计算机工程，

2010, 36 (7).

62. 史波, 梁静国. 基于预案的企业应急决策方法研究. 现代管理科学, 2008 (2).

63. 郭瑞鹏. 基于预案的危机决策方法研究. 科技进步与对策, 2006 (2).

64. M. Asuncion, L. Castillo, J. Fdez-Olivares, et al. SIADEX: An Integrated Planning Framework for Crisis Action Planning. *AI Communications*. 2005, 18 (4).

65. M. Asuncion, L. Castillo, J. Fdez-Olivares, et al. Knowledge and Plan Execution Management in Planning Fire Fighting Operations. http: //www. plg. inf. uc3m. es/ ~ dborrajo/ecai04-workshop/papers/AsuncionEtAl. pdf.

66. H. Muñoz-Avila, D. W. Aha, D. Nau, R. Weber, L. Breslow, F. Yaman. *SiN: Integrating Case-based Reasoning with Task Decomposition*. Proceeding of the Seventeenth International Joint Conference on Artificial Intelligence, Seattle, August, 2001.

67. H. Muñoz-Avila, D. W. Aha, L. Breslow, D. Nau. *HICAP: An Interactive Case-Based Planning Architecture and its Application to Noncombatant Evacuation Operations*. Proceedings of Sixteenth National Conference on Artificial Intelligence, 1999.

68. S. Biundo, B. Schattenberg. *From Abstract Crisis to Concrete Relief. A Preliminary Report on Flexible Integration on Nonlinear and Hierarchical Planning*. Proceedings of the 6th the European Conference on Planning, Spain, 2001.

69. Gerhard Wickler, Stephen Potter, Austin Tate. *Using I-X Process Panels as Intelligent To-Do Lists for Agent Coordination in Personnel Recovery*. Proceedings of the 3rd International ISCRAM Conference, USA, 2006.

70. G. Tecuci, M. Boicu, D. Marcu, M. Barbulescu, C. Boicu, et al. Teaching Virtual Experts for Multi-Domain Collaborative Planning. *Journal of Software*. 2008, 3 (3).

71. D. Nau, A. Tsz-Chiu, O. Ilghami, et al. Applications of SHOP and SHOP2. *IEEE Intelligent Systems*. 2005, 20 (2).

72. M. Ghallab, D. Nau, P. Traverso. *Automated Planning: Theory and Practice*. Morgan Kaufmann, 2004.

73. D. Nau, T. C. Au, O. Ilghami, et al. SHOP2: An HTN Planning System. *Journal of Artificial Intelligence Research*. 2003, 20.

74. 宋泾舸, 查建中, 陆一平. 智能规划研究综述: 一个面向应用的视角. 智能系统学报, 2007, 2 (2).

75. K. Erol, J. Hendler, D. Nau. Complexity Results for Hierarchical Task-Net-

Work Planning. *Annals of Mathematics and Artificial Intelligence*. 1996, 18.

76. D. E. Wilkins, M. desJardins. A call for Knowledge-based Planning. *AI Magazine*, 2001, 22 (1).

77. D. E. Wilkins, K. L. Myers. *A Multi-agent Planning Architecture*. Proceeding of the 1998 International Conference on AI Planning Systems, 1998.

78. Erol K., Nau D., Hendler J. *UMCP: A Sound and Complete Planning Procedure for Hierarchical Task-network Planning*. Proceedings of Second International Conference on Artificial Intelligence Planning System (AIPS-94), 1994.

79. D. Nau, Y. Cao, A. Lotem, H. Munoz-Avila. The SHOP Planning System. *AI Magazine*. 2001, 22 (3).

80. L. Castillo, J. Fdez-Olivares, García-Pérez, F. Palao. *Temporal Enhancements of an HTN Planner*. Lecture Notes in Computer Science. Verlag Spanish, 2006.

81. L. Castillo, J. Fdez-Olivares, García-Pérez, F. Palao. *Efficiently Handling Temporal Knowledge in an HTN Planner*. Proceedings of Sixteenth International Conference on Automated Planning and Scheduling, English Lake District, U. K., 2006.

82. D. E. Wilkins, K. L. Myers, J. D. Lowrance, L. P. Wesley. Planning and Reacting in Uncertain and Dynamic Environments. *Journal of Experimental and Theoretical Artificial Intelligence*. 1995, 7 (1).

83. A. Tate, B. Drabble, R. Kirby. *O-Plan2: An Open Architecture for Command, Planning and Control*. Intelligent Scheduling, Morgan Kaufmann, San Francisco, 1994.

84. P. Laborie, M. Ghallab. *IxTeT: An Integrated Approach for Plan Generation and Scheduling*. Proceedings of Emerging Technologies and Factory Automation, 1995.

85. M. Ghallab, H. Laruelle. *Representation and Control in IxTeT: a Temporal Planner*. Proceedings of Artificial Intelligence Planning System, 1994.

86. B. Schattenberg, S. Biundo, M. Ghallab, J. Hertzberg, P. Traverso. *On the Identification and Use of Hierarchical Resources in Planning and Scheduling*. Proceedings of the 6th International Conference on Artificial Intelligence Planning Systems, 2002.

87. M. Silvia. Plan Management in the Medical Domain. *AI Communications*, 1999, 12.

88. F. F. Ingrand, M. P. Georgeff, A. S. Rao. An Architecture for Real-Time Reasoning and System Control. *IEEE Expert*. 1992, 7 (6).

89. PRL-CL, http://www.ai.sri.com/~prs/prs-arch.html.

90. P. Stone, M. Veloso. *User-guided Interleaving of Planning and Execution*. Proceeding of New Directions in AI Planning, Amsterdam, Netherlands, 1996.

91. D. E. Wilkins, K. L. Myers. A Common Knowledge Representation for Plan Generation and Reactive Execution. *Journal of Logic and Computation*. 1994, 5 (6).

92. D. E. Wilkins, R. V. Desimone. Applying an AI Planner to Military Operations Planning. http://citeseer. ist. psu. edu/viewdoc/summary? doi = 10. 1. 1. 44. 4532.

93. K. L. Myers. CPEF: Continuous Planning and Execution Framework. *AI Magazine*, 1999, 20 (4).

94. S. Lemai, F. Ingrand. *Interleaving Temporal Planning and Execution: IxTeT-eXeC*. Proceedings of ICAPS03 Workshop on Plan Execution, Trento, Italy, 2003.

95. H. Hayashi, S. Tokura, T. Hasegawa, P. Ozaki. *Dynagent: An IncreMental Forward Chaining HTN Planning Agent in Dynamic Domains*. Lecture Notes in Computer Science, 2006.

96. Shlomo Zilberstein, Using Anytime Algorithms in Intelligent Systems, *AI Magazine*, 1996, 17 (3).

97. E. A. Hansen, R. Zhou. Anytime Heuristic Search. *Journal of Artificial Intelligence Research*, 2007, 28.

98. Sapena, E. Onaindía. Planning in Highly Dynamic Environments: An Anytime Appoach for Planning Under Time Constraints. *Applied Intelligence*. 2008, 29 (1).

99. Sapena, E. Onaindía. Domain Independent Anytime Planning for Dynamic Environments. *Proceedings of IBERAMIA*, 2002, 2527.

100. N. A. Hawes. *Anytime Deliberation for Computer Game Agents*. PhD Thesis, 2003.

101. N. A. Nareyek, E. C. Freuder, R. Fourer, E. Giunchiglia et al. Constraints and AI planning. *IEEE Intelligent Systems*, 2005, 20 (2).

102. S. Edelkamp, J. Hoffmann. The Language for the 2004 International planning Competition. http://www. plg. inf. uc3m. es/ ~ pad/papers/pddl%202. 2. pdf.

103. F. Bacchus, M. Ady. *Planning with Resources and Concurrency: A Forward Chaining Approach*. Proceeding of Seventeenth International Joint Conference on Artificial Intelligence, 2001.

104. M. B. Do, S. Kambhampati. Sapa: A Multi-objective metric temporal planner. *Journal of Artificial Intelligence Research*. 2003, 20.

105. Ilghami. Documentation for JSHOP2. http://nowis. googlecode. com/svn-history/r205/trunk/tddd48/lab3/JSHOP2. pdf.

106. M. Turoff, J. Michael, C. S. Hiltz. *Emergency Planning as a Continuous Game*. Proceedings of the 3rd International ISCRAM Conference, 2006.

107. 国务院关于全面加强应急响应管理工作的意见，http://www. gov. cn/gongbao/content/2006/content_ 352222. htm.

108. 清华大学公共安全研究中心，国家应急平台设计方案.

109. 陈安，马建华，李季梅. 现代应急响应应管理应用与实践. 北京：科学出版社，2010.

110. R. Chen, R. Sharman, H. R. Rao, S. J. Upadhyaya. Design Principles of Coordinated Multi-incident Emergency Response Systems. *IEEE International Conference on Intelligence and Security Informatics*. 2005, 3495.

111. Rui Chen, Raj Sharman, H. Raghav Rao, Shambhu Upadhyaya. Design Principles for Critical Incident Response Systems. *Information Systems and E-Business Management*. 2007, 5 (3).

112. Bartel Van Walle, Murray Turoff. Emergency Response Information Systems: Emerging trends and Technologies. *Communication of the ACM*. 2007, 50 (3).

113. Jim Ki Kim, Raj Sharman, H. Raghav Rao. Efficiency of Critical Incident Management Systems: Instrument Development and Validation. *Decision Support System*, 2007, 44.

114. http =//tagpan001. blog. 163. com/blog/static/38261147201142765564356.